LA TUA OPINIONE CONTA

Quale curatore della collana *Web & Marketing 2.0*, sono felice che tu abbia scelto questo libro e sono interessato a conoscere la tua opinione, per migliorare ancor di più il valore della serie.

Per scrivermi, usa la seguente email o indirizzo postale, specificando il titolo su cui vuoi esprimere la tua opinione, critica o suggerimento e l'autore relativo. Inserisci nel messaggio il tuo nome, indirizzo email, in modo da poter leggere con attenzione i tuoi commenti, girarli se utile ai rispettivi autori e risponderti adeguatamente.

Email: wm2@hoepli.it

Posta: Luca Conti
c/o Hoepli S.p.A.
Via Hoepli 5, 20121 Milano
Redazione - 5° piano

W0374214

Grazie fin da ora!

CONTENUTI EXTRA

Ogni libro della collana Hoepli *Web & Marketing 2.0* offre contenuti extra. Per potervi accedere iscriviti con la tua email al seguente indirizzo. Riceverai aggiornamenti, materiali da scaricare e molto altro.

www.pandemia.info/WM2

STRATEGIA DIGITALE

Giuliana Laurita Roberto Venturini

STRATEGIA DIGITALE

Comunicare in modo efficace su Internet e i social media

Seconda edizione

Serie a cura di Luca Conti

EDITORE ULRICO HOEPLI MILANO

via Hoepli 5, 20121 Milano (Italy)
tel. +39 02 864871 – fax +39 02 8052886
e-mail hoepli@hoepli.it

www.hoepli.it

ISBN 978-88-203-7507-2

Ristampa:

4 3 2 1 0 2016 2017 2018 2019 2020

Progetto editoriale: Maurizio Vedovati – Servizi editoriali (info@iltrio.it)
Copertina: Sara Taglialegne

Stampa: L.E.G.O. S.p.A., stabilimento di Lavis (TN)

Printed in Italy

A Roberto

SOMMARIO

PREFAZIONE (E NON SOLO)

Questo libro è nato da un desiderio: quello di fermare su carta quanto avevamo imparato, Roberto e io, nel corso di alcuni lustri di lavoro nel marketing e nella comunicazione digitale. Il desiderio era suo ma non osava. Il desiderio era mio ma non osavo. Ce lo siamo confidato un giorno mentre lavoravamo su altro e abbiamo capito che se non l'avessimo fatto insieme non l'avremmo fatto più. E la prima edizione, le presentazioni, i feedback da parte di chi lo aveva letto, le università che ci comunicavano di averlo adottato sono stati per noi la conferma del fatto che quel desiderio aveva un senso. Tanto da continuare con una seconda edizione.

Roberto non ha fatto in tempo a vedere questa evoluzione, alla quale ha lavorato tanto.

Ho pensato che una prefazione "normale" non fosse sufficiente. Perciò ho chiamato alcuni dei suoi amici più cari e ho proposto loro di partecipare a una prefazione corale. Tante voci, tanti punti di vista, tanti mestieri, tutti legati da questo filo rosso che è il digitale. La risposta è stata entusiastica e il risultato di questo esperimento è in queste pagine, in questa prefazione che di normale non ha proprio niente.

Credo che Roberto avrebbe apprezzato.

Giuliana Laurita

In un'epoca di iper-specializzazione, super tecnici, e grandi esperti di programmatic, SEO, social, viral *et similia*, sembra controcorrente parlare di strategia digitale. Eppure per chi ha almeno un decennio di esperienza, o ha avuto la fortuna di fare più esperienze lavorative diverse nella sua carriera, il senso di un testo come quello che hai fra le mani è molto chiaro: gli specialisti saranno sempre essenziali alla buona riuscita di una strategia, ma prima di tutto, appunto, deve esistere una solida strategia, comprensione dei bisogni anche inespressi, e definizione di come raggiungerli (i bisogni, quindi il prodotto, e le persone che li hanno, quindi i clienti). Senza questa strategia, si vedono sempre più spesso iniziative tattiche, magari anche piacevoli e di relativo successo in termini di premi alla creatività o di like, ma non di immagine di brand o di vendite per l'azienda che le ha messe in campo. È importante, quindi, se vuoi crescere e comprendere davvero come si fa marketing oggi, allargare la visione specifica di quello che già sai fare bene e guardarti intorno, comprendere altri aspetti del marketing, diventare quello che in inglese qualcuno chiama "full-stack marketer", attraverso l'esperienza che si acquisisce solo nel tempo e l'informazione che invece si può acquistare.
Uno degli autori di questo libro è Roberto Venturini, un amico che come pochi si intendeva di marketing a 360 gradi, che sapeva cosa volesse dire allargare la visione, che comprendeva davvero cosa voglia dire fare strategia digitale, al di là delle mode. Un comunicatore eclettico e un professionista preparato e coerente, come ce ne sono pochi in Italia. Il suo approccio critico e curioso alle cose del marketing è un testamento alla sua carriera che mi accompagnerà ancora attraverso i suoi scritti.
Buona lettura.

Elena Antognazza
Digital Marketing, Payments and eCommerce professional;
Executive Board Member and Mentor, Founder di MList

***

Secondo una vecchia storia indiana, alcune persone si trovano al buio con un elefante. Il loro obiettivo è capire come l'animale sia fatto. Ognuna di loro ne tocca una parte e condivide l'esperienza con gli altri. C'è chi tocca la proboscide e chi una zampa, c'è chi tocca una zanna e chi la coda. Raggiungere un accordo è impossibile, perché ciascuno vede solo una parte, e nessuno se ne accorge.
Molte delle nostre discussioni sul digitale assomigliano a questa storia dell'elefante. Chi guarda alla tecnologia, chi ai processi e agli aspetti organizzativi, chi alla comunicazione, chi al prodotto, chi è semplicemente

in cerca di un "marketing stunt" per far dire ai media "la mia azienda è digital perché abbiamo fatto una cosa con i Google glass". Infine, chi è consapevole dei molti fallimenti suggerisce di farlo "agile", come se questo bastasse a evitare di farci fare meglio le cose sbagliate.
A guardare il digitale come fattore di profonda trasformazione e discontinuità in molti ambiti delle nostre vite, dal business alle sfere più personali, sono veramente in pochi. Di solito i saperi specialistici prevalgono, mentre sono pochi quelli che insistono sulla capacità di costruire, sperimentando, una visione di insieme.
Roberto è uno di questi. Forte dello straordinario bagaglio professionale del pubblicitario classico, una specie di "Mad Man" uscito direttamente dalla serie televisiva americana, Roberto è riuscito a combinare una curiosità per altre dimensioni e altri saperi, e una passione per ogni nuova tecnologia. Lo ricordo sperimentare prodotti digitali con mesi di anticipo, e dire con precisione quale ce l'avrebbe fatta e quale no, e di questi quale caratteristica o funzionalità sarebbe comunque sopravvissuta a un prodotto per altri versi mal disegnato.
Questa capacità di connettere ambiti diversi e offrire prospettive più ampie, ma al tempo stesso in grado di orientare l'azione nel lavoro di ogni giorno, è tutta in questo libro.

Paolo Barbesino
Head of Digital, CEE Retail, UniCredit Group, Vienna

***

Se dovessi dire in poche parole cosa mi piace di questo libro direi che è "il fascino della passione e della competenza". È quello che traspare, ma non è un esercizio stilistico perché è concreto. Conoscevo professionalmente Roberto, non conosco tutt'ora di persona Giuliana, anche se digitalmente siamo in contatto, ma da quanto mi raccontano tanti amici li accomuna la stessa passione e competenza che si respira in ogni pagina. Questo libro raccoglie proprio l'essenza di tanta professionalità, una sorta di finestra da cui sporgersi per vedere potenzialità e rischi del digitale. *Strategia Digitale* potrebbe avere mille sfumature, 2.000 pagine di testo riempite di infinite interpretazioni, tanto che esiste una fiorente letteratura al riguardo, invece qui si punta alla pratica, a far comprendere i meccanismi che stanno alla base di decisioni e operatività complesse.
Mi risulta più facile, dovendo presentare questo libro, parlare di Roberto e di quello che mi ha lasciato. Da tecnologo quale sono, il digitale rappresenta per me quasi un'ossessione, ma per lui era lo sguardo verso l'inevitabile futuro perché "la comunicazione e la pubblicità si cibano di futuro tutti i

giorni, perché è domani che devono ricordarsi di te e comprare i tuoi prodotti". Condividevamo un *approccio agnostico* verso la tecnologia e il desiderio di sporcarci le mani. Il nostro era l'incontro tra due mondi solitamente in contrasto, io troppo concentrato a raccontare l'ultima innovazione o presunta tale, lui interessato a trovare il modo per spremere il meglio dalla stessa per raggiungere la soddisfazione dei clienti. Ci sarebbero mille racconti, aneddoti divertenti e riflessioni profonde su questo mondo spesso effimero che vede sbocciare e sfiorire idee e opportunità a ritmi serrati. Di tanti, vorrei ricordare un episodio perché lo ritengo significativo della passione, curiosità e voglia di scoprire il futuro, di Roberto. In redazione era arrivata una sua telefonata con una richiesta: voleva fissare due ore di incontro per capire "come funziona l'editoria elettronica". Era il 1999, eravamo all'inizio della *bolla di Internet* (giusto per inquadrare il periodo) ma Roberto era affascinato da come avevo trasformato una creazione di Stephen King in quella che aveva definito come "un'idea di marketing straordinaria". In quell'incontro mi sorprese tre volte. La prima è che non era interessato ai dettagli tecnici, ma a come si poteva replicare il progetto (e pensare che mi ero preparato portando tutti i programmi utilizzati e un piccolo PowerPoint per raccontarne la genesi). La seconda sorpresa avvenne subito dopo, quando mi disse: "Gigi, ti dispiace se usciamo a passeggiare mentre mi spieghi, penso meglio quando cammino". Avremo fatto almeno 5 chilometri, di cui la seconda metà praticamente in silenzio, nel mio imbarazzo totale. Poi Roberto avvertì il bisogno di rientrare in ufficio. Prese a scrivere quel che aveva capito e riempì quattro o cinque di quei foglioni che si usano nelle sale riunioni, fino a che rileggendoli trovò, terza sorpresa, l'essenza in tre righe: "personalizzabile, distribuzione, tutti saranno editori". Questo sarebbe stato il messaggio da rivolgere ai propri clienti: aveva colto l'innovazione e il punto di maturazione. All'epoca non c'erano gli ebook reader, non esistevano formati standard! Questo è l'insegnamento che mi ha lasciato Roberto: non fermarsi ai tecnicismi, ma sviluppare competenza che possa servire per replicare i progetti. Cercare di scoprire come può essere utile una certa tecnologia per integrarla all'interno di una strategia che magari è già in essere. Di ogni tecnologia, così come ogni tecnica comunicativa, esistono i vantaggi e gli svantaggi e non tenerne conto è il peggiore degli errori. Per questo Roberto amava sviluppare delle strategie, perché se ben strutturate si possono declinare in ogni attività tenendo conto dei pro e contro di ognuna di esse. La parola strategia oggi è piuttosto abusata, si rischia di confondere la strategia con la tattica e quindi creare dei danni.

Tornando al libro, si tratta di un testo che accompagna il lettore per mano a muovere i primi passi nel mondo del digitale, ma completo, nel senso che fornisce i punti di riferimento necessari vista la dinamicità, la propensione al cambiamento e le insidie che si celano. Per chi come me in questa *industry* ci sguazza, è utile perché mi è capitato spesso di andare a rileggere delle pagine proprio per ancorarmi alle basi: è fin troppo facile naufragare nel mare digitale. Il libro è ricco di analisi, di dati, di informazioni, ma anche consigli pratici. Lo scopo non è convincere il lettore, ma accompagnarlo nelle decisioni che si prendono tutti i giorni.

Gigi Beltrame
Giornalista

***

Strategia Digitale è un libro che avrei voluto scrivere io. Probabilmente non l'avrei chiamato così, ma più didatticamente *Manuale di Marketing Multicanale* o simili, ma Roberto e Giuliana hanno voluto chiaramente cogliere un bisogno profondo di molti manager, non solo di marketing, che hanno approcciato il "digitale" non con una strategia ma con il tatticismo e il mestiere di coloro che si occupano di ICT e negli anni o si sono fatti male o hanno vissuto un senso di impotenza o ribrezzo di fronte a strani termini come il Click-Through Rate, il numero di fan, il numero di download delle mobile application ecc.

La seconda edizione mantiene l'approccio della prima sia in termini di visione, pragmatismo e metodologia, sia soprattutto trasmettendo quel senso di aggiornamento live e "vivido", tipico dei blog che Roberto gestiva con post quasi quotidiani, mai banali. Spiegava casi interessanti con un suo tocco interpretativo e di decodifica della strategia che hanno sempre fatto la differenza e per me sono sempre stati fonti di ispirazione e approfondimento, ma anche di una sorta di invidia non tanto per come facesse a postare la novità del momento ma piuttosto a trovare sempre casi fuori dal comune, sia con effetti wow sia soprattutto con chiari insight strategici e innovazione digitale.

Già, con Roberto abbiamo sempre condiviso la forte necessità di aiutare le persone a riscoprire la bellezza della disciplina del marketing, spesso dimenticata o mai conosciuta da molti che negli ultimi anni si sono affacciati come consulenti appunto di "digital", "social", "mobile" alle aziende, e un punto chiave è sempre stato l'insight, parola spesso abusata e che nel libro è ben spiegata e su cui ruotano attorno le diverse metodologie proposte e i casi.

Insieme a "insight", l'altra parola su cui abbiamo spesso scherzato è stata "target" e anche nella seconda versione, non avendo fatto in tempo a incontrarci per raccontargli le mie visioni di superamento dello stesso con

le Dynamic Personas, Roberto e Giuliana se la sono cavati dicendo che "in mancanza di un termine altrettanto efficace, e non volendo imbarcarci nella costruzione di neologismi più o meno sensati, useremo per chiarezza e semplicità il consueto termine target. Indicando però strettamente le persone cui vogliamo parlare".
Insomma un libro a cui va stretto l'aggettivo "digitale" in quanto si tratta innanzitutto di un ottimo manuale applicato di marketing e comunicazione di marca, non tanto declinato sul digitale (altro concetto che abbiamo assieme abolito e nel libro ben si parla di come evitare la "sindrome da declinazione", ahimè molto contagiosa) ma in cui i punti di contatto digitali vivono per le loro peculiarità specifiche in un disegno multicanale, centrato sulla persona e sul contenuto come elemento chiave per risolvere bisogni in maniera unica e differenziale, in cui il brand ritorna a essere il protagonista seppur con linguaggi e meccaniche nuove.

Andrea Boaretto
Founder & CEO Personalive

***

Ho incontrato Roberto un giorno, dopo anni che ci conoscevamo attraverso i social. Durante l'incontro abbiamo "continuato" le conversazioni, fatte o pensate, che avevamo più volte aperto nei mondi digitali ed è stato straordinario vedere come le persone vere attraversano i media e i device in modo fluido, rimanendo sempre le stesse, pur cambiando il contesto di comunicazione. La sua autenticità, guidata da passione e competenza, è un grande insegnamento anche per i brand e per i comunicatori: non fate mai sorprendere il consumatore quando vi incontra su uno scaffale, e viceversa, non disturbatelo quando vi incontra su Facebook. Tuttavia la realtà delle comunicazioni digitali non sempre rispetta questi canoni e troppo spesso non segue una strategia e il DNA del brand e la sua missione: per questo occorre un libro che ne parli come questo che avete tra le mani. La definizione della strategia digitale è un momento fondamentale nel processo di gestione delle proprie aziende, in quanto definisce il ruolo che il digitale ha per il brand e le regole da rispettare affinché le varie iniziative siano il risultato di un quadro di riferimento coerente e armonico.

Federico Capeci
CEO Italia di Kantar Insights (operating brands TNS e Millaward Brown)

***

Che cosa mi ha lasciato Roberto, in termini professionali
Grazie a Roberto ho imparato ad apprezzare la possibilità di non essere d'accordo pur condividendo una visione comune, arrivando a un risultato migliore dei punti di partenza di entrambi. Far funzionare insieme prospettive e soluzioni eterogenee, se non opposte, è uno dei grandi vantaggi dei media digitali e l'ho scoperto, approfondito, capito anche nelle lunghe discussioni che amavamo fare via mail o di persona.

Il senso di parlare di strategia digitale: i rischi e le opportunità
Senza strategia non si va lontano, ma si va veloce: questo è insieme il rischio e l'opportunità. Tutti sembrano andare velocissimi da nessuna parte, molti si innervosiscono se glielo fai notare, qualcuno capisce che è meglio iniziare un mese dopo e mettercene due, ma raggiungere gli obiettivi di business desiderati.

A chi consiglierei questo libro
A chiunque abbia ancora il dubbio che "Internet non serve a niente", perché è verissimo: senza una strategia è nella migliore delle ipotesi inutile, nella peggiore dannoso. Gli scettici scopriranno che, qualunque sia lo strumento, se non ci metti dentro un pensiero, talento, coraggio, competenza e tantissima energia non funziona. Meglio saperlo prima che lamentarsi dopo.

Mafe De Baggis
Freelance Media Strategist

***

Di questo libro, che avevo già letto nella sua versione 1.0, mi piace tutto: la scelta degli argomenti, le modalità con cui sono presentati. Lo stile di scrittura. Su una sola cosa non sono d'accordo e non è di poco conto, il titolo. Immagino ci siano motivazioni editoriali e commerciali ma "strategia digitale" mi sembra un po' stretto. Si sarebbe potuto chiamare "strategia". Forse avrebbe avuto meno appeal ma oramai questa distinzione (contrapposizione?) fra "strategia analogica" (che comunque non è da buttare o trascurare) e "strategia digital" e mi sembra un po' superata, come peraltro questo libro dimostra più volte. Esiste una e una sola strategia che si avvale di tanti strumenti diversi. Mi sarebbe piaciuto chiedere a Roberto cosa ne pensava. Roberto era un velista e come tutti i velisti sapeva che una regata si vince studiando e mettendo a punto una strategia. Analogica o digitale non conta. Una strategia per conquistare l'agognata coppa che probabilmente (parlo da profano totale) utilizza strumenti e tecniche analogiche e digitali insieme senza distinzioni di "razza".

Paolo Guadagni
CEO The Visual Agency

***

L'eredità delle macchine (sono le persone)

Se è vero che la cultura digitale ci ha abituato ad avere ogni giorno qualcosa da imparare, è altrettanto vero che ci ha abituato – per questo – a credere di avere ogni giorno anche qualcosa da insegnare. Anzi, non *qualcosa*: qualsiasi cosa.

O meglio: qualsiasi cosa che possa rispondere a una domanda messa in bocca a Google. Dalle 10 regole per scrivere il post perfetto ai 20 trucchi per un pitch da jackpot, dai 5 segreti per ottenere 1.000 visualizzazioni su Snapchat (e spernacchiare chi ne ha 1.000.000 su YouTube) ai 50 errori da non commettere su un sito aziendale (esclusi quelli di ortografia e sintassi, di cui tanto non si preoccupa più nessuno), oggi il web è diventato un brodo primordiale di ricette per tutte le stagioni e panacee per tutti i mali. Formulate per erudire una macchina – il motore di ricerca – a farci sentire *esperti strateghi dell'Internèt*; in 3 minuti, ché poi il cliente scalpita e nelle restanti 23 ore e 57 ci sono 191 slide di Power Point da preparare.

Roberto Venturini, invece, non ha mai preteso di insegnare a nessuno (men che meno per intercessione di Google) quale fosse la soluzione. E ha sempre preso pubblicamente le distanze da chi risolve ogni problema con un taglio su una tela "e se poi non funziona è colpa degli stupidi che non lo capiscono".

Perché per Roberto, e per Giuliana che lo ha accompagnato in questa sfida (ai tagli sulla tela, ma anche alla tela stessa – non è un caso che questo sia uno dei pochissimi libri dedicati alla cultura digitale di cui esce una seconda edizione, laddove quasi tutti gli altri sono già diventati vecchi prima ancora di arrivare sullo scaffale), *Strategia* è un metodo, un processo, uno stream di logiche di causa ed effetto. È capire anche il chi, il come, il perché, il dove, il quando e il quanto, non semplicemente il cosa. È governare le macchine attraverso le persone, non il contrario.

Perché, e adesso che Roberto non è più con noi ci appare (tragicamente ma felicemente) evidente, l'eredità delle macchine sono le persone. Non sono i numeri, che durano il tempo di lettura di un foglio Excel. Non sono le regole, che cambiano da un giorno all'altro in base ai capricci di un algoritmo. E non sono nemmeno i contenuti, di cui oggi salutiamo con

entusiasmo da ultras la scomparsa istantanea o addirittura la rimozione eterna.
Sono le persone. Che analizzano, scoprono, verificano e pianificano. E certo, che creano. E forse che influenzano. Ma, più di ogni altra cosa, che pensano.
E mi auguro di cuore che in questo momento, a leggere queste righe (ma, più di ogni altra cosa, quelle che seguono), ci siano persone che hanno – ancora – voglia di pensare. Perché è a loro che Roberto oggi chiede di portare avanti la sua missione. Una missione che, con buona pace di Google, vale molto più di un post perfetto, di un pitch da jackpot e di 1.000 visualizzazioni su Snapchat.

Antonio Incorvaia
Creative Strategist e consulente IED Milano

***

Digital strategy: tra strategia di marca e digital planning
Roberto Venturini era un professionista dotato di tre grandi caratteristiche: visione strategica, capacità di creare "piani" di lavoro e senso dell'umorismo. Partendo dal terzo, il sapersi non prendere troppo sul serio, di cui Roberto era maestro per tutti noi, torna utile anche per non farsi intimorire dalla "digital strategy" e guardarci un po' dentro.

Parlare oggi di strategia digitale porta sempre con sé una domanda e la domanda è il suo rapporto con la brand strategy e la strategia di comunicazione. Perché, se c'è una buona strategia di comunicazione, serve una strategia "digitale"? La risposta, spesso condivisa con Roberto e Giuliana, è che "in teoria non serve, ma in pratica sì".
È vero che chi scrive oggi una buona strategia di comunicazione risponde già alle domande che emergono da mobile e digital. Ma non sempre ci sono strategie così. Anzi, quasi mai. Vuoi perché sono documenti storici, che si trascinano negli anni, vuoi perché aziende e agenzie lavorano in modo separato. Oltre a ciò il mondo digitale è un mondo complesso che richiede pianificazione e organizzazione. La strategia digitale dunque assolve anche a questo. È una "strategia" ibrida, che contiene elementi strategici ed elementi organizzativi.

Difficile quindi farne a meno. Utile, invece, capirne i confini e le regole.

Siete strategic planner e state lavorando sulla strategia di marca o di lancio di un prodotto? Il digital è parte della vostra strategia, e questo libro vi può essere utile.

Lavorate in un'agenzia digital come planner e dovete curare la comunicazione online? Dovete fare un passo da gambero e chiede di condividere la brand strategy e capire se e come il digital è indirizzato e come fare una digital strategy che sia *compliant* con la strategia di marca o di prodotto. Questo libro vi guida a capire tutto quello che dovete mettere nel vostro documento.
Siete un account digital? Dovete assicurarvi che la digital strategy non solo sia in linea con il brand, ma che contenga anche tutti gli elementi di planning della comunicazione. Quali canali attivare? Con quel messaggio? Definizione degli obiettivi e KPI.
La digital strategy, insomma, vive sospesa a metà tra strategia di marca e planning operativo. È il suo bello e il suo brutto, e sarà così per ancora molti anni, fino a che smetteremo di distinguere tra comunicazione digital e non digital. Nel frattempo il libro di Roberto Venturini e Giuliana Laurita aiuta chi è parte di questi processi a creare strategie complete e di successo.

Marco Massarotto
Founder and Partner at DOING

***

Il modo migliore per apprezzare un amico è leggerlo. Soprattutto quando non c'è più. A maggior ragione quando si è trattato di un grande professionista. Questa seconda edizione è un lascito che Roberto, grazie alle amorevoli cure di Giuliana, ci porge per ricordarci che il nostro lavoro è un percorso, lungo il quale ognuno di noi decide dove porre il proprio traguardo. Chi avesse letto la prima edizione lo vivrà come un'evoluzione del pensiero degli autori; chi lo legge per la prima volta si lascerà prendere per mano e condurre verso quel luogo rivoluzionario della mente che è il pensiero digitale. Non ci sono stravolgimenti, non sarebbe stato coerente con l'Uomo Roberto; c'è un cammino, che viene ripercorso e appianato di quelle asperità che nella precedente edizione potevano apparire come sfide intellettuali da superare. Ora che la via è stata tracciata, non ci resta che seguirla e ringraziare Roberto (e Giuliana) per quel valore che l'odore delle pagine fresche di stampa non è in grado di trasferire fino a che non sono state lette.

Pepe Moder
Head of Digital Marketing & CRM EMEA at Fiat – Chrysler Automobiles Spa

***

In un film del 1962, *Jules et Jim*, Truffaut faceva raccontare a uno dei personaggi un aneddoto sulle aspirazioni e le professioni.

> *Il poco che so lo devo al mio professore, Albert Sorel. "Cosa vuol diventare?", mi domandò. "Diplomatico." "Ha una grossa fortuna?" "No." "Può con qualche apparenza di legittimità aggiungere al suo cognome un nome celebre?" "No." "E allora rinunci alla diplomazia." "Ma allora cosa posso fare?" "Il curioso." "Non è un mestiere." "Non è ancora un mestiere. Viaggi, scriva, traduca, impari a vivere dovunque, e cominci subito. L'avvenire è dei curiosi di professione. I francesi sono rimasti chiusi in casa per troppo tempo. Troverà sempre un giornale che paghi le sue scappatelle."*

Se Truffaut potesse riprendere la sua poetica e portarla ai giorni nostri probabilmente aggiornerebbe questo dialogo. Nel frattempo, dagli anni '60 del Novecento, il giornalismo è sempre più in difficoltà e, quasi come per la professione di diplomatico descritta dal film, sembra appannaggio di chi se lo può permettere (trattasi di generalizzazione, ovviamente, quelli bravi emergono indipendentemente da ogni variabile, di grazia).
C'è dunque un mestiere che permetta di mantenere viva la curiosità e, in un certo senso, di viaggiare costantemente? Esiste eccome e ha che fare con il digitale.
È infatti la curiosità la leva che non deve mancare allo stratega digitale di professione: grazie a Internet e ai nuovi media, è aumentata esponenzialmente la possibilità di informarsi, ricevere stimoli, scoprire per serendipity – che, anche se non è proprio così, amo vedere come la capacità di trovare qualcosa di bello in via inaspettata – nuovi trend da portare in Italia, capire perché una cosa funziona in un Paese piuttosto che un altro, coglierne le diverse sensibilità culturali.
Tuttavia, la curiosità è nulla senza disciplina, un metodo e schemi che portino l'interlocutore a ragionare su perché sia meglio prendere una direzione già all'inizio.
Ecco, Roberto Venturini – dopo aver inventato, con pochi, nel nostro Paese una nuova figura professionale – ha diffuso dalle colonne del suo blog il bello e la profondità di essere un comunicatore, e non solo, digitale. Portando un costante contributo in termini di rigore e conoscenza, ha fatto innamorare del digitale più di una generazione di professionisti della Rete proprio perché inseriva nelle sue righe – ricche di temi, coerenti e leggere come avesse assorbito le *Lezioni Americane* di Calvino – la conoscenza senza confini della Rete, unita a una capacità critica di lettura e di creazione di schemi che rendono una strategia digitale meglio di altre.

Questa stessa ragion d'essere è riconoscibile nel libro scritto a 4 mani con Giuliana Laurita, ormai due anni fa.

Strategia Digitale è, difatti, un prezioso *vademecum* che non dà formule taumaturgiche, bensì pone domande intelligenti, mette in rilevo i punti focali di come andare su Internet e come trattare gli utenti, mette al riparo dal vedere il digitale come la panacea di tutti i mali.

Il nostro Paese, bellissimo e per certi versi sventurato, ha questo retaggio tra il religioso e il culturale del *deus ex machina*. Il digitale rischia di fare spesso questa fine, come se una formula aristotelica permettesse automaticamente dei risultati di un certo tipo.

Portare una strategia digitale è invece spesso un gioco di fino vicino alla psicologia, sempre in equilibrio tra le esigenze dell'utente e quelle della committenza, a sua volta suddivisa tra parrocchie, entusiasti, critici.

Roberto e Giuliana con questo volume, aggiornato di alcune riflessioni che emergono sempre a posteriori una volta pubblicata la prima edizione, fanno un corso di igiene mentale su ciò che si può fare e non fare con il digitale, preparano le aspettative e anticipano i limiti delle azioni.

Troppi progetti falliscono oggi perché mancano di base nel cliente le giuste cognizioni, sostituite troppo spesso dall'intercessione di consulenti inclini a chiudere i contratti alzando le aspettative. A proposito, il vecchio capo che ha accomunato Roberto e me in diversi periodi avrebbe detto "over promising, under delivering".

Questo libro non è solo un manuale ma dovrebbe essere una guida per orientare nelle scelte dei consulenti (e delle agenzie) e nei compiti di controllo gli imprenditori, i responsabili marketing e chiunque metta dei soldi per sfruttare il digitale, che altrimenti – a risultati non ottenuti – rischia di fare la fine del bambino e dell'acqua sporca.

Serve anche ai professionisti del digitale, quelli seri, perché *repetita iuvant*, agli studenti e a tutti coloro che vogliono imparare fin da subito a padroneggiare il linguaggio di una materia apparentemente facile e spesso relegata a cose da ragazzini.

Invece, se studiato a dovere, proprio un libro come questo risulta essere il tassello che mancava per una misura di ciò che di buono o meno buono può essere fatto.

L'augurio per questo libro è che, al rinnovarsi delle edizioni, resti sulle scrivanie dei comunicatori digitali così come altre professioni – gli ingegneri e gli avvocati, *in primis* – hanno i loro manuali tra gli scaffali, usurati dal tempo e dalle rapide consultazioni.

Zeno Tomiolo
Knowledge Center Manager at DCG.net

INTRODUZIONE

A cosa serve questo libro

Questo libro è nato dal desiderio di raccogliere, in forma ordinata, quello che da anni facciamo attraverso il nostro lavoro: creare strategie digitali, ma anche spiegarle, insegnarle, renderle comprensibili. Desiderio legittimato, peraltro, dal fatto che, mentre nel mondo della comunicazione tradizionale (advertising, PR, direct marketing) è tutto più o meno codificato – con manuali, moduli, best practice – non si può dire lo stesso per il mondo digitale, dove ogni attore – azienda, agenzia, consulente, divulgatore – spesso sviluppa, adotta e applica un fare proprio e "non standard". Ecco, a noi è sembrato giunto il momento di mettere per iscritto questo fare, perché sia più agevole avvicinarsi al digitale, anche se non si ha ancora avuto il tempo (o l'occasione) di sviluppare, adottare e applicare il proprio approccio, aziendale o personale, a questo mondo.
Abbiamo scelto di non verticalizzarci su nessuna delle mille specializzazioni che abitano il digitale: SEO/SEM, social, digital PR e così via sono mondi a sé, mestieri e pratiche che meritano spazi diversi da quelli che noi avremmo potuto dedicare loro in un singolo libro (nella logica che abbiamo scelto). Il nostro pensiero è andato piuttosto a chi, in azienda, si sente dire "E ora andiamo su Internet!", e magari Internet neanche lo frequenta. Abbiamo pensato anche al momento in cui questo signore riceve un'offerta da un fornitore esterno (agenzia, consulente, cugino, poco importa), corredata da un documento di svariate slide con un grosso titolo davanti: "Strategia digitale per XYZ". Vogliamo, ci piacerebbe, che il nostro lettore avesse gli strumenti per capire se quello che le slide gli stanno vendendo sia sensato e abbia davvero la possibilità di fare bene al suo business.

Il nostro pensiero è andato, poi, a chi crede ancora che il digitale sia, nell'ordine: 1) un optional; 2) una roba da tecnologi (da smanettoni, da "ggiovani" e così via, sostituite a piacere il soggetto, purché sia vissuto come poco affidabile dal punto di vista del business); 3) gratis.
Infine, abbiamo pensato a quelli come noi, che fanno il nostro mestiere, per i quali questo manuale potrà dare qualche spunto di riflessione, una metodologia con cui confrontarsi, un approccio ordinato e sistematico al lavoro che potrà essere utile.
Questo libro vuole essere una guida che spiega, a chi non è esperto, quali sono gli step necessari, e ordinati, per pensare e realizzare un'attività di comunicazione digitale pianificata strategicamente, fornendo una metodologia facile da comprendere e da seguire. Una guida che fornisca spunti a chi già conosce il campo, su come applicare una logica di pensiero strategico per rendere più efficiente ed efficace il processo di sviluppo di un progetto digitale e la sua implementazione. Una guida destinata a tutti, per fornire spunti di riflessione, idee, casi; per evidenziare regole culturali e pratiche utili a capire meglio la Rete e a sviluppare progetti migliori, che producano più risultati.
Questo manuale è diviso in quattro parti, che si possono leggere in sequenza o che si possono leggere (se già si è familiarizzato con Internet) in modo indipendente. Che si possono consultare alla bisogna per trovare uno spunto, un'idea, un come si fa.
La prima parte contiene alcuni tra i pensieri più forti che hanno cambiato, attraverso il digitale, il pensiero del marketing contemporaneo. Idee, spunti, trend, evidenze su cui si deve riflettere se si vuole essere in grado di capire davvero il marketing digitale.
La seconda parte definisce che cos'è una strategia digitale e come affrontare il processo di sviluppo di una strategia, come prepararsi, cosa serve, quali possono essere gli ostacoli da superare.
La terza parte è quella più operativa: orientata a trasmettere come si realizza, nella pratica quotidiana, una strategia digitale. Fornendo un template dettagliato di una struttura di piano strategico, approfondendo nello specifico le varie sezioni, dando indicazioni pratiche su come ideare il piano. Presentando (come nelle altre sezioni) numerose case history e spunti creativi.
La quarta parte, debitrice delle prime tre, fornisce ulteriori spunti, avvertenze e raccomandazioni per sviluppare correttamente il proprio approccio ai progetti di comunicazione digitale.

Cenni sugli autori

Giuliana Laurita. Digital strategist, docente di web e social media. Coordinatrice del Master in Social Media and Digital PR presso IED, Milano. Autrice, insieme a Roberto Venturini, di *Strategia Digitale. Il manuale per comunicare in modo efficace su Internet e i social media* (Hoepli 2014).

Dal 1997 al 2009 con Inferentia (ora Fullsix), ha portato in rete alcune importanti aziende italiane, tra cui Barilla, Alfa Romeo e Corriere della Sera. Nel 2007 ha creato il primo osservatorio italiano sui social media.

Nel 2010 ha fondato The Talking Village, occupandosi di cocreazione, ricerca e innovazione (tra i progetti, i pluripremiati Nesquik, Huggies, P&G).

Oggi si occupa di consulenza, formazione e ricerca sui temi del digitale. Svolge attività di formazione e divulgazione presso diversi atenei (Università di Udine, Politecnico, Bocconi).

Come attività volontaristica, parla di educazione al digitale con ragazzi e genitori presso le scuole medie di Milano.

Scrive sul blog giulianalaurita.com

- https://it.linkedin.com/in/giulianalaurita
- https://twitter.com/forbiceverde

Roberto Venturini. Digital Planner in Digital PR/Hill+ Knowlton, blogger, è stato tra i pionieri dell'Internet Marketing in Italia.

Dopo una lunga esperienza nel mondo della pubblicità, in Saatchi & Saatchi e poi in BBDO Italy, ha iniziato a occuparsi di Internet nel 1996, tra i primi in Italia. È stato partner di Commstrategy, Digital Manager per McCann Interactive, Digital Planner per Leo Burnett. Come consulente ha lavorato su progetti digitali per le Olimpiadi Invernali di Torino, il Teatro alla Scala di Milano e molte aziende nazionali e multinazionali, in Italia e in Spagna. Giornalista e formatore, è stato docente presso vari istituti di formazione, come International University di Barcelona, IED, Sole 24 Ore formazione, Scuola Superiore G. Reiss Romoli e altri. In qualità di giornalista è stato tra i membri storici di *Web Marketing Tools*, prima rivista dedicata all'online marketing in Italia, e un collaboratore di *la Repubblica*, *Panorama*, ADV, Media Key, TechEconomy.

Ha scritto *Relazioni pubbliche digitali* (Egea 2015) e, insieme a Giuliana Laurita, la prima edizione di *Strategia Digitale* (Hoepli 2014). È prematuramente scomparso a inizio 2016.

Parte I

Pensieri forti che cambiano il marketing

Avvertenze per l'uso

In questa prima parte del manuale abbiamo raccolto pensieri e fenomeni che l'arrivo e l'evoluzione dei mezzi digitali hanno portato nella cultura e nei comportamenti delle persone. Abbiamo selezionato in particolare quelli che hanno il maggiore impatto sulle attività di marketing e di comunicazione. È una delle parti che abbiamo modificato in modo anche sostanziale rispetto alla prima edizione, sia perché in due anni molti elementi di scenario sono cambiati, sia perché abbiamo avuto modo di raccogliere i feedback della piccola community che si è raccolta attorno al libro e di usarli – speriamo cogliendoli nel modo corretto.

A fronte di cambiamenti importanti nel mercato, stiamo assistendo a un riallineamento tra le persone e le aziende (organizzazioni, brand) che ha richiesto e sempre più richiede al marketing di continuare a evolversi per rimanere efficace. Perciò abbiamo posto una particolare attenzione a rileggere e a raccontare il marketing e la comunicazione come sono oggi: evoluzione in senso digitale, certamente, ma con una solida base che rimane ancorata a tutto lo sviluppo, la ricerca e l'esperienza che le due discipline hanno accumulato negli ultimi 60 anni. Un'esperienza in certa parte superata, ma in larga parte ancora attualissima – proprio perché il digitale ha permesso al marketing e alla comunicazione di sfoderare il loro potenziale (spesso) inespresso: quello di parlare (davvero) con le persone, di dialogare.

Quindi, in certa parte, potete anche vederlo come un ripasso di marketing e comunicazione – anche se la verità, nella nostra esperienza, è che molte persone che si avvicinano al mondo digitale non hanno una solida formazione né nell'uno né nell'altra. Abbiamo quindi deciso, per rendere questo libro veramente utile, di non dare per scontati i concetti di base.

Per finire, il mondo digitale entra in azienda in molti modi; ma fedeli al motto "parla di ciò che conosci" abbiamo scelto di parlare solo di cose che conosciamo bene – ovvero di restringere il campo a quello del marketing e della comunicazione.

Anche se il lettore può passare direttamente alle sezioni successive del libro, maggiormente dedicate al "come si fa", è comunque fortemente raccomandato leggere questa prima parte per riflettere sulle implicazioni e conseguenze per il proprio caso specifico. Si rischia infatti di non comprendere esattamente cosa sta succedendo, perché sta succedendo e cosa è richiesto al comunicatore per riuscire a capire i fenomeni e rispondere adeguatamente. Si rischia di lavorare su un "cosa" senza aver capito il perché. E questo è un approccio diametralmente opposto a quello che un buono stratega sceglie sempre di applicare.

CAPITOLO 1

COME CI HA CAMBIATO IL DIGITALE

La televisione non durerà. È solo un po' di luce in faccia.
Mary Sommerville, pioniera delle trasmissioni radiofoniche educative, 1948

"Non durerà", si è detto della televisione e di troppe altre cose. Il fatto è che la TV, come tante altre invenzioni, era destabilizzante nel momento in cui si è manifestata. Un po' come il digitale: una moda passeggera che, di fatto, ha inciso profondamente nelle nostre abitudini, di consumo ma non solo, trasformando i nostri comportamenti quotidiani fino a investire tutti gli ambiti della nostra vita. Un'analisi esaustiva del ruolo del digitale nei cambiamenti della società sarebbe impresa ardua, ed esula dai nostri obiettivi. Qui ci limitiamo a un'esplorazione delle tematiche che, più da vicino, vedono aziende e organizzazioni coinvolte in un reale cambiamento del paradigma tradizionale dell'incontro tra domanda e offerta. Incontro nel quale, fondamentalmente, il campo dell'offerta si è dotato di strumenti di analisi critica e selezione che ne hanno modificato il ruolo, le funzioni e le richieste.

Consideriamo acquisito che il digitale fa parte della vita di tutte le persone e di tutte le organizzazioni. Come la TV, lo smartphone, la luce elettrica. E sì, non tutti ne fanno lo stesso uso – da un certo punto di vista, non tutti ne fanno uso, a dirla tutta – ma insomma è qui per restare. Ce ne siamo appena fatti una ragione che ecco il grido di allarme: "Attenzione, il digitale non basta, dobbiamo pensare all'omnichannel!".

Innanzitutto cerchiamo di fare un po' di ordine. Alla lettera, omnichannel è la comunicazione che utilizza tutti i canali, mentre quella che ne utilizza solo alcuni è multichannel. In pratica:

> "Omnicanale descrive una trasformazione fondamentale e un vero e proprio cambiamento di prospettiva: la visione cliente-centrica che oggi guida [...] tanti casi di trasformazione digitale [...].

> La multicanalità si basa sul presupposto che le aziende selezionano alcune modalità come prioritarie nel rapportarsi con i propri clienti, sia nei negozi fisici sia sul Web. In molte aziende, ogni canale è ancora gestito in modo isolato. Con un team di lavoro dedicato, budget, processi, strumenti, strutture di reporting e obiettivi di fatturato specifici. [...].
> L'obiettivo dell'omnicanale è offrire al cliente esperienze coerenti e senza discontinuità tra loro in modo da poterlo coinvolgere al meglio e convertire i suoi viaggi in acquisti.
> L'omnicanale spesso comporta la necessità di adottare un processo di trasformazione digitale, con un approccio graduale nella progettazione che parta dai sistemi esistenti e dalle loro interconnessioni."[1]

Che cosa succede in pratica? Che le persone non recepiscono i messaggi "per canale": nessuno di noi è esposto solo alla TV, o solo al punto vendita, o solo al digitale. Molto più verosimilmente, viviamo la nostra esperienza relativa a un brand attraverso tutte queste cose insieme – e anche di più – a seconda del momento e della situazione nella quale ci troviamo. In altre parole, ragioniamo "per touchpoint", cioè per occasioni di contatto in un tempo e in uno spazio preciso con il messaggio – indipendentemente dal canale: leggiamo la realtà come un unico testo, all'interno del quale possiamo distinguere testi più piccoli che provengono da fonti diverse.
Quindi l'unico modo ragionevole per progettare la comunicazione è ragionando per "ambienti" in cui vivono parti di contenuto, destinate a essere lette in un insieme unico, come se fossimo immersi in una grande storia fatta di frammenti di storie. L'attribuzione di senso a questo racconto (la narrazione del brand) cambia in funzione di una molteplicità di varianti e si basa su sistemi di valori diversi per ciascuno di noi – il che significa che, a parità di stimoli, ciascuno di noi si costruirà il suo vissuto del brand in questione. Quando un brand diventa efficace nella sua comunicazione? Quando la sua proposta di valore incrocia la nostra vita in qualche momento – significativo al punto di diventare piattaforma di azione: ci porta cioè ad acquistare un prodotto o un servizio, ad aderire a una causa, anche solo a condividere un'opinione.

> *"Comunicare un brand è disseminare di frammenti di storia la vita del consumatore."*

Dunque, comunicare un brand è disseminare di frammenti di storia la vita del consumatore. Se riusciamo a raccontare una storia che stia in piedi di per sé (e non una collezione di frammenti singo-

1. Erwan Paccard (Director, Solution Marketing di Dynatrace) in "Ominicanale versus multicanale: qual è la differenza", *Business Community*, 21/10/2015 (http://bit.ly/23MLERC).

li) è tutto molto più semplice, perché possiamo riempire di senso il momento di incontro con le persone.
A questo punto sorge la domanda: ma ha senso parlare di strategia digitale, considerato che la costruzione della storia deve attraversare tutti i momenti della vita delle persone? Non è forse arrivato il momento di abbandonare l'aggettivo "digitale" e parlare direttamente di omnichannel?
Sarebbe anche arrivato il momento, in effetti. Se non che non tutti gli attori coinvolti (nel marketing, nella comunicazione, nel branding in generale) sono pronti a lavorare insieme al punto da escludere le separazioni di campo d'azione. Tanto che le agenzie più strutturate hanno sempre una parte dedicata all'ATL[2], una al BTL[3] e una al Digital – diciamo che questa è l'organizzazione di base, poi c'è chi inserisce anche gli eventi, il media e così via. In una struttura come questa, per quanto illuminata, la situazione più frequente è che una delle branche "guidi" tutte le altre – tipicamente guida l'ATL e tutti gli altri gli vanno dietro.
È chiaro che per realizzare l'omnichannel questo tipo di organizzazione non regge. Come minimo richiederebbe una revisione, oltre che dei processi utilizzati, delle competenze coinvolte. Una direzione strategica e creativa comuni, per esempio. Persone che sappiano progettare la comunicazione su tutti i canali da coinvolgere. Una struttura commerciale che sappia poi vendere tutto questo impianto. Un'azienda cliente che sappia recepire l'approccio.
Difficile. Oggi, nel 2016. Poi ci si arriverà, o per lo meno si spera.
Per il momento un esempio che viene portato quasi sempre per spiegare la dinamica dell'omnicanale è l'e-commerce, che potremmo definire come un super touchpoint, uno spazio all'interno del quale le esperienze e le occasioni di contatto con il brand sono di segno diverso e provengono da fonti diverse. Già nel suo concept, l'e-commerce deve avere una natura ibrida, sia dal punto di vista pratico che comunicativo. A un e-commerce che funziona si richiede, oltre che un servizio impeccabile e una piena usabilità, la capacità di essere attrattivo come l'ATL, di proporre l'approfondimento come il BTL, di consentire la piena interazione garantita dal digitale. Un insieme di frammenti, quindi, che trovano come loro punto di atterraggio il sito. Poi ci saranno i manifesti in metropolitana, i tablet nei

2. Sono dette ATL (Above The Line) tutte le attività di comunicazione pubblicitaria che utilizzano televisione, radio, cinema, affissioni, quotidiani e periodici. Parliamo perciò di above the line come di tutta la comunicazione pubblicitaria tradizionale, che sfrutta i media classici.
3. È BTL (Below The Line) tutta la comunicazione non prettamente pubblicitaria, ovvero quella che non prevede uno spazio pubblicitario pagato in base al tempo di esposizione e alle visualizzazioni potenziali, quindi le relazioni pubbliche, il direct marketing, le sponsorizzazioni, le promozioni, le attività sul punto vendita.

punti vendita, Instagram nei salottini prova e così via: ma nessuno di questi touchpoint esclude l'altro. Una logica che è senz'altro omnichannel ma che deve necessariamente fare i conti con l'approccio al digitale, il quale tanto più deve essere ragionato in termini strategici quanto più complesso è l'universo che si porta dietro. E un approccio ragionato al digitale è di fatto una strategia digitale.

Un altro motivo per il quale ha ancora senso parlare di strategia digitale è che senza di essa il brand si ritroverebbe ad ammucchiare frammenti di storia e di esperienza che non arrivano a una messa a terra: lo vediamo quotidianamente con le azioni sporadiche di marche anche non secondarie che "fanno internet" in modo tattico e slegato da tutto, spesso anche dalla loro stessa identità. Aggiungiamo a questo tutti i brand che vivono ancora con timore e/o con superficialità la loro vita digitale e il quadro sarà completo.

Un po' di contesto

Ragionare di digitale senza tener conto del contesto in cui esso si inserisce non ha molto senso. In particolare, è utile capire quali sono i trend che guideranno il mondo nel prossimo futuro, in modo da comprendere anche come si inserisce la nostra realtà (in termini di Paese, di mercato, di aziende) in questo movimento – e quante sono le probabilità di rimanere al passo.

L'indagine Ipsos Megatrend si annuncia così: "At Ipsos, we have identified a number of megatrends that are reshaping the world. Each one of these trends holds profound implications for how people live, how we market to them, and the ways in which we seek to understand them."[4]

Stiamo cioè parlando di fenomeni che sono qui per restare e che avranno un impatto su come diventerà il mondo da qui a un po' di tempo. I megatrend individuati sono nove:

1. Le megalopoli, destinate a crescere di dimensione, diventando fonti di pressione sociale.
2. La convergenza culturale: tanti immigrati, un'offerta commerciale potenzialmente all'altezza del melting pot culturale, ma dall'altra parte un aggravarsi degli estremismi.
3. Una popolazione dinamica, che cresce moltissimo (nel 2030 saremo più di 10 miliardi), vive più a lungo e la cui classe media si fa portatrice di un relativo benessere.

4. http://bit.ly/223Gph8.

4. La salute: anziani sempre più longevi grazie a stili di vita più corretti, ma anche malattie come l'obesità, che colpisce tutti. Le malattie che dipendono dalle condizioni ambientali sono trasversali, riguardano tutte le fasce della popolazione.
5. Più connessione e meno privacy per tutti: più siamo connessi, più i governi e le aziende possono entrare nel merito delle informazioni che riguardano noi e le nostre abitudini di vita.
6. Scelte individuali vs mass market: i grandi brand non sono solo americani, e nel mercato di massa emergono sempre di più le scelte delle piccole realtà.
7. Il declino della coesione sociale: l'individualismo è qui per restare. La "famiglia media" non esiste più e tutti si sentono poco rappresentati dalla politica. La buona notizia è che i crimini contro la persona e contro i beni stanno drasticamente diminuendo.
8. Al crescere delle opportunità crescono anche le diseguaglianze. I ricchi diventano più ricchi e i poveri più poveri. Il 60% della popolazione mondiale non ha accesso a Internet, ma un uso di Internet per almeno il 50% delle persone potrebbe avere un reale impatto sull'economia.
9. Gli ambienti di lavoro diventano sempre più flessibili. Le aziende che garantiscono un buon equilibrio tra vita e lavoro sono percepite come socialmente evolute.

Questi megatrend (Figura 1.1) danno per scontato il digitale: come strumento di comunicazione, di dialogo sociale, di crescita economica. E l'atteggiamento non è quello delle magnifiche sorti e progressive, giacché un discorso sul digitale come voce a sé è praticamente assente.
Ma noi ci occupiamo di comunicazione, per cui è importante che comprendiamo come si riverberi tutto questo nell'agenda del mondo, e su cosa si concentrerà l'attenzione delle persone. Ce lo racconta, in un'altra ricerca, Rose Pastore di Fast Company, che individua i 10 temi caldi sui quali verteranno le news.[5]

1. Al centro, anche in questo caso, ci sarà la questione dei migranti e dei rifugiati, sulla quale si misureranno le diplomazie di tutto il mondo.
2. Seguiranno a ruota i cambiamenti del clima. L'accordo di Parigi sul clima, sottoscritto da 195 paesi, è solo l'inizio, ora si tratta di fare.
3. Ritroviamo, al terzo posto, il tema della sicurezza dei dati, che coinvolge governi, aziende e individui.

5. http://bit.ly/1QFWQxI.

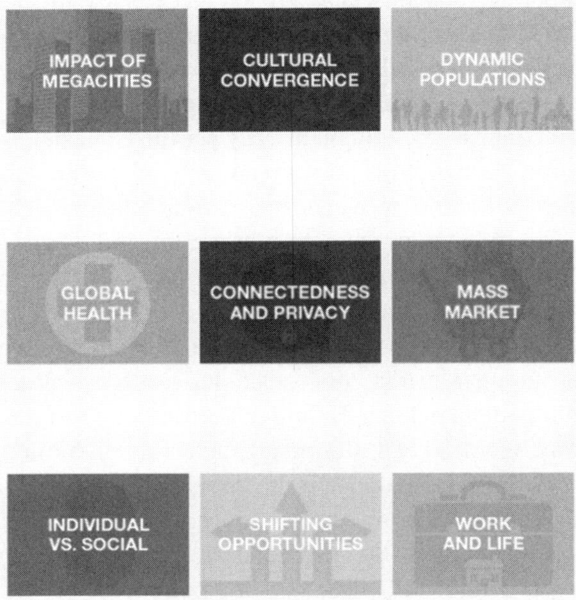

Figura 1.1 – Una sintesi dei megatrend individuati da Ipsos.

4. L'elezione del presidente degli Stati Uniti dovrà per contro fare i conti con diversi fattori: oltre a quelli già citati, il controllo delle armi, il terrorismo e la riforma delle prigioni. La corsa è appena iniziata e il futuro del mondo è forse legato anche ai suoi esiti.
5. Sempre sul tema del controllo, al quinto posto di questa agenda si posizionano i temi legati ai droni e alle auto senza conducente, che ancora non hanno una regolamentazione.
6. Un argomento tipicamente americano è poi il controllo delle armi, già emerso per quanto riguarda l'elezione del prossimo presidente USA.
7. È in parte legato al mondo del digitale il settimo punto, l'ISIS. "The terrorist group ISIS has gained power around the world, thanks in part to its powerful social media presence. A recent proposal would force Facebook and Twitter to report terrorist activity, and both Hillary Clinton and President Obama have called on tech companies to join the fight against terrorism. 'I will urge high-tech and law enforcement leaders to make it harder for terrorists to use technology to escape from justice', President Obama said in December."
8. Anche in questa classifica l'accesso alla rete globale rappresenta un fattore critico per il futuro del pianeta.

9. Infine, la giustizia sociale e il ruolo giocato su questo tema dai social. Potranno Facebook & company essere lo strumento chiave di una reale strutturazione e organizzazione della presa in carico sociale di una vera battaglia per la libertà?

Come si vede, il digitale è ovunque, citato esplicitamente o come implicito strumento di volta in volta di business, di cambiamento sociale, di circolazione delle idee.
Eppure, se questa è l'agenda del mondo, l'Italia *speriamo che se la cava*. Perché, appurato che non è un paese per vecchi – e neanche per giovani – sta di fatto che è anche un paese dove è difficile farsi capire.
Iniziamo però dalle buone notizie. *L'Annuario statistico italiano 2015* dell'Istat[6] ci racconta, per esempio, che il 2015 è stato un anno d'oro per i musei: record di visitatori nei musei e nei luoghi di cultura. Senz'altro l'Expo ha aiutato, ma il ruolo giocato dai social è stato fondamentale per diffondere, far conoscere e invogliare all'immersione nella cultura del nostro strano Paese, che da questo punto di vista è sempre stato una Cenerentola.
Ma proprio quando abbiamo appena iniziato a esultare ecco anche il resto: nell'ultimo anno circa 1 italiano su 6 non ha mai letto un libro e 1 su 5 non ha frequentato musei e teatri. E no, non è colpa del calcio: è proprio che *panem et circenses* a quanto pare non ci coinvolgono più. Secondo la ricerca, infatti, il 18,5% della popolazione non svolge alcuna attività culturale, nemmeno occasionale: queste persone nell'ultimo anno non hanno letto né libri né giornali, non hanno visitato nessun un museo o mostra o sito archeologico, non sono andati né a teatro né al cinema e neanche a un concerto, ma soprattutto, nemmeno a un evento sportivo o a ballare. Un popolo triste, si direbbe, depresso.
Il quale, peraltro, è talmente triste da non avere neanche voglia di informarsi, giacché il 51,9% degli italiani durante il 2015 non ha mai letto un quotidiano nell'arco di una settimana mentre 6 su 10 non hanno letto neanche un libro. E per quanto riguarda i musei, ben il 68,3% non li ha frequentati del tutto. Ancora peggio i dati che riguardano la musica, che sia classica o no, disertata da circa l'80%, come per il teatro.
In compenso quello relativo alla navigazione su Internet è un dato in crescita: la rete è utilizzata dal 60,2% degli italiani, con un aumento del 2% rispetto all'anno precedente e del 33% rispetto al 2011.
Bene. La gente naviga, siamo salvi.
Mica tanto.

6. http://bit.ly/1OZ9d1O.

La gente naviga ma fa fatica a capire quello che legge. Si chiama "analfabetismo funzionale" e riguarda il 47% degli italiani. Significa che queste persone sanno leggere e scrivere in un italiano base, senza conoscere con completezza la grammatica corretta, ma non sanno interpretare le notizie, non sanno crearsi un pensiero completo e critico sulle questioni che le circondano. Proviamo a parlare loro di un programma politico che vada oltre il proprio interesse: troveremo il nulla dall'altra parte. In generale, l'analfabeta funzionale ha una mentalità tradizionalista e ostile al progresso.
Ricapitolando, abbiamo sul tavolo per l'immediato futuro una serie di grandi temi che coinvolgono a diversi livelli il digitale, e, sedute attorno al tavolo, un gran numero di persone alle quali i grandi temi non interessano o, nella migliore delle ipotesi, che fanno fatica a capire. Questo richiederà una riflessione molto approfondita quando andremo ad approcciare la nostra strategia digitale. Dovremo pensare cioè sia ai temi da utilizzare per realizzare una comunicazione rilevante, sia al modo per renderli comprensibili alle persone con le quali intendiamo relazionarci. Conoscere il nostro pubblico sarà sempre più vitale.

Le generazioni: Baby Boomer, Generazione X, Millennial, Generazione Z

Un primo modo per imparare qualcosa di più sulle persone con le quali intendiamo stabilire una relazione sarà capire a quale generazione appartengono. Attenzione, però, non aspettiamoci che tutti coloro che sono nati dall'anno X all'anno Y siano uguali (sarebbe un po' come ricascare nella trappola dei target su base solo sociodemografica, o come fidarsi dell'oroscopo); è importante più che altro perché ciascuno di questi gruppi condivide alcuni atteggiamenti e comportamenti che danno un'indicazione di massima su cosa può andare bene per loro.
Perciò vediamo innanzitutto chi sono.

I Baby Boomer

Sono i nati tra il 1945 e il 1965, figli del miracolo economico. Spesso sotto accusa per il loro modo disinvolto di guardare alla Cosa Pubblica – curando peraltro con entusiasmo il privato – sono tuttavia la generazione che ha condotto le battaglie sociali più impegnative (sono quelli che hanno fatto il '68). Per loro il mondo era pieno di opportunità, la scuola poteva effettivamente migliorare le condizioni di vita, i figli erano destinati ad andare più lontano dei padri. Oggi sono attenti alla forma fisica, hanno una solida etica del lavoro, resistono all'età come mai era successo prima.

Generazione X

Sono i nati dal 1965 al 1979. Una generazione messa decisamente in ombra da quella che li ha preceduti, tanto da meritarsi l'appellativo "X". Descritti spesso come apatici, cinici, privi di valori, sono quelli che hanno subito le prime ripercussioni dell'eccessivo entusiasmo della generazione precedente per quanto riguarda principalmente l'approccio al denaro (pubblico, per lo più). Sono loro, però, ad aver dato uno slancio alla tecnologia, diventando da questo punto di vista particolarmente intraprendenti.

Generazione Y – Millennial

Nati dal 1980 al 1994, sono la fascia d'età più studiata della storia del marketing, nonché destinatari d'elezione della gran parte della comunicazione dei nostri giorni. Connessi 24 ore al giorno 7 giorni su 7, i Millennial sono più istruiti e tecnologicamente alfabetizzati rispetto alle altre generazioni, ma ne condividono gli stessi obiettivi di vita: matrimonio, figli, casa e soldi. Spesso hanno problemi economici per la difficoltà che incontrano nel trovare lavoro. Di conseguenza le loro carriere vengono ritardate, rendendoli una generazione "in falsa partenza", perché posticipano l'acquisto della prima casa, la creazione di una propria famiglia con i figli e anche il matrimonio. Nonostante questi ostacoli, resta una generazione "affamata", molto determinata nel rendere il proprio lavoro e la propria vita in linea con ciò che reputano di valore e significativo. Nel mondo del lavoro, più che guadagnare uno stipendio più alto, vogliono fare la differenza.

Generazione Z

Sono i nati dal 1995 in poi. Creativi, open-minded, intelligenti e innovativi, le loro vite sono state influenzate da altissimi livelli di tecnologia fin da piccoli. Rispetto alle generazioni precedenti, sono quella i cui membri tendono ad assomigliare di più ai genitori. Ma magari è ancora presto per dirlo.

Una nota importante: per chi lavora in agenzia, la maggior parte dei briefing delle aziende proclama di rivolgersi al "target dei Millennial". Ecco, è il caso di chiedersi se invece sia arrivato il momento di preoccuparsi anche di loro, della Generazione Z. Che, come racconta Marketo in una bella infografica[7], nel 2020 costituirà il 40% dei consumatori.

7. Meet Generation Z: Marketing's Next Big Audience [Infographic], http://bit.ly/1T9XS5b.

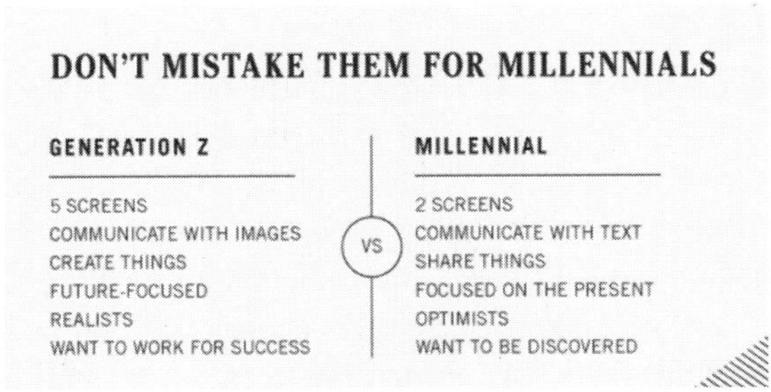

Figura 1.2 – Le principali differenze tra Generazione Z e Millennial nell'infografica di Marketo.

Al di là della generazione alla quale noi apparteniamo, ricordiamoci una cosa fondamentale: non possiamo in nessun caso ignorare i più giovani. Anche se non ne condividiamo i comportamenti, se attribuiamo loro un grado variabile di inconsapevolezza, anche se non capiamo dove vogliono arrivare. Nelle scelte che compiono, nelle idee che li guidano, nel loro approccio alla vita, hanno ragione loro. E hanno ragione a prescindere: ci sopravvivranno. Possiamo anche dirlo in un altro modo:

> "Potrebbe essere, me ne rendo conto, il normale duello fra generazioni, i vecchi che resistono all'invasione dei più giovani, il potere costituito che difende le sue posizioni accusando le forze emergenti di barbarie, e tutte quelle cose che sono sempre successe e abbiamo visto mille volte. Ma questa volta sembra diverso. È così profondo, il duello, da sembrare diverso. Di solito si lotta per controllare i nodi strategici della mappa. Ma qui, più radicalmente, sembra che gli aggressori facciano qualcosa di molto più profondo: stanno cambiando la mappa. Forse l'hanno perfino cambiata. Dovette succedere così negli anni benedetti in cui, per esempio, nacque l'Illuminismo, o nei giorni in cui il mondo tutto si scoprì, d'improvviso, romantico. Non erano spostamenti di truppe, e nemmeno figli che uccidevano i padri. Erano dei mutanti, che sostituivano un paesaggio a un altro e lì fondavano il loro habitat."[8]

La pubblicità e gli utenti di Internet

Se a un livello macro il digitale è sempre più pervasivo e costituisce la fonte primaria per l'informazione – e non solo – delle generazioni più giovani,

8. Alessandro Baricco, *I barbari. Saggio sulla mutazione*, Fandango Libri, 2006.

a un livello più operativo dobbiamo constatare che i modelli di business non si sono evoluti più di tanto. Il presupposto era che si potesse diventare ricchi (o quantomeno garantirsi un buon tenore di vita) grazie solo alle revenue pubblicitarie. Visione piuttosto ingenua, e difatti così non è stato. Da qui la ricerca di modelli di monetizzazione alternativi o quanto meno complementari: di sola pubblicità sono pochi i business che riescono a sopravvivere, poiché questo approccio richiede volumi elevatissimi di pagine viste per iniziare a portare dei frutti. Quindi un business che si basi su contenuti di nicchia o comunque non oceanici non ha alcuna possibilità di riuscire. Soprattutto se consideriamo che la pubblicità stessa è ormai un punto dolente per gli operatori. Dal 2012 in avanti, infatti, è diventato sempre più consistente il numero di utenti della rete che fa uso di adblocker, i software che selezionano i contenuti e bloccano quelli pubblicitari e finalizzati al tracciamento della navigazione. E se per i primi due anni di vita del fenomeno si è trattato di strumenti per un pubblico avanzato, oggi, quando è un attore chiave del mercato come Apple a proporre un prodotto[9], è chiaro che la questione cambia sostanzialmente.

“La pubblicità stessa è ormai un punto dolente per gli operatori.”

Gli adblocker sono, in fondo, una risposta degli utenti a una cattiva esperienza di fruizione dei contenuti. Anche dei contenuti pubblicitari.
Una ricerca di GroupM[10] ci racconta un po' di retroscena del fenomeno. Per esempio che il 55% degli italiani che usano la rete è consapevole dell'esistenza degli adblocker e un 27% ne ha installato uno. Il che non significa che le persone non siano consapevoli del fatto che la pubblicità è in un certo senso “il prezzo da pagare” per accedere a contenuti gratuiti; al contrario, il patto pubblicitario è chiaro alla maggior parte delle persone, ma a fare da contrappeso a questa consapevolezza ci sono altri dati: il rallentamento nel caricamento dei siti, l'invasività di alcuni formati pubblicitari, la ripetitività di alcune pubblicità, pubblicità non pertinenti con il contenuto che si stava navigando. E così via. In altre parole, bisogna che, volendo mantenere questo modello di business, ci si ingegni un po' di più, come editori.
Questa consapevolezza si fa sentire anche quando usciamo dall'online e andiamo a indagare la relazione delle persone con la pubblicità tradizionale. Anche qui, gli eccessi degli anni '70, '80 e '90 (la pubblicità spettacolo, l'emotività di massa, i tormentoni) hanno portato i consumatori a diventare sempre più impermeabili e cinici. Dal punto di vista di pubblici-

9. Apple ha sviluppato le API che permettono di bloccare determinati tipi di contenuti pubblicitari sui dispositivi mobili: di fatto, l'azienda supporta di buon grado la scelta di non essere raggiunti dalla pubblicità.
10. http://bit.ly/1T9Y1ph.

tari e marketer la situazione è complicata ulteriormente dal fatto che l'online ha reso tutto misurabile e quindi non è più sufficiente un buon/bel messaggio, ma serve proprio un messaggio in grado di ottenere una reazione – una condivisione, un commento, un like, nella peggiore delle ipotesi. Senza peraltro alcuna garanzia che questa azione possa tramutarsi in acquisto del prodotto.
Una interessante ricerca di Acxiom[11] (raccontata da Boraso[12]) svolta su 2000 consumatori UK ci racconta molto di questa situazione. Di come creare un legame emotivo sia molto più difficile oggi rispetto a 20 anni fa, dal momento che le persone devono difendersi dall'eccesso di messaggi diventando, appunto, ciniche. Cinismo che si traduce in una sostanziale diffidenza verso i brand e dunque bisogno di un gruppo di pari che certifichi e sostenga le scelte di consumo – "se me lo dice la pubblicità non mi fido, se ne parlano i miei amici anche su Facebook ci credo".
La ricerca ci racconta poi di come un approccio diretto, che per esempio ci fa sentire in colpa, venga rifiutato, e dunque il marketing prescrittivo sia finito.
In questo scenario complicato, uno spiraglio c'è, ed è rappresentato dalla personalizzazione: una interazione con il brand, cioè, che avviene nelle modalità, nei tempi e con i mezzi giusti per il momento che il consumatore sta vivendo. L'ulteriore considerazione è che, per ottenere un'accoglienza adeguata ed efficace da parte del consumatore, è importante imparare a usare tutti gli strumenti insieme, in modo coerente e pertinente, per far sì che il messaggio acquisisca credibilità e affidabilità. Senza sforzo alcuno per il consumatore stesso, che non ha nessun interesse a comprendere quanto complesso sia questo processo.

Le implicazioni per il mercato

Che cosa comporta questo scenario per il mercato? Che le regole del marketing e della comunicazione vanno riviste alla luce di un paradigma nuovo.

a. **Le marche appartengono un po' di più alle persone.**
   Le persone sentono le marche anche come un po' loro. Se una marca fa una cosa che a loro non piace, si arrabbiano. Sono diventate in qualche modo stakeholder, in grado di mettere in discussione l'autonomia manageriale. Si attribuiscono il diritto di decidere ciò che è giusto o sbagliato che una marca faccia. Un universo crescen-

11. http://bit.ly/223H16l.
12. http://bit.ly/1TJZq1G.

te di consumatori che è sempre più autonomo nella fruizione di informazione e contenuti provenienti dalle aziende.

Queste persone hanno imparato a costruirsi da sole i palinsesti mediatici, condividere se stesse e le loro scelte, preferire l'opinione dei pari a quella delle aziende. Le aspettative, rispetto ai brand, sono cambiate. Si aspettano degli atteggiamenti in linea con quanto dichiarano nella loro comunicazione. Si aspettano che rispondano, se interpellate. Si aspettano livelli di qualità e di qualità del servizio che le soddisfino veramente.

È evidente che si tratta di un segmento "avanzato" della popolazione, ma proprio per il suo essere avanzato è un segmento, molto probabilmente, destinato a diventare sempre più numeroso, in virtù anche delle sue capacità di influenzare i comportamenti dei pari.

E tutto ciò, di fatto, significa modificare il normale percorso dell'informazione/promozione dei prodotti e dei brand.

Per queste persone, il "senso del bene" offerto non è dato alla fonte ma si costruisce, e si arricchisce, o si impoverisce, o si modifica del tutto, all'interno del "racconto del bene" che ne fanno gli altri utenti che vi entrano in contatto.

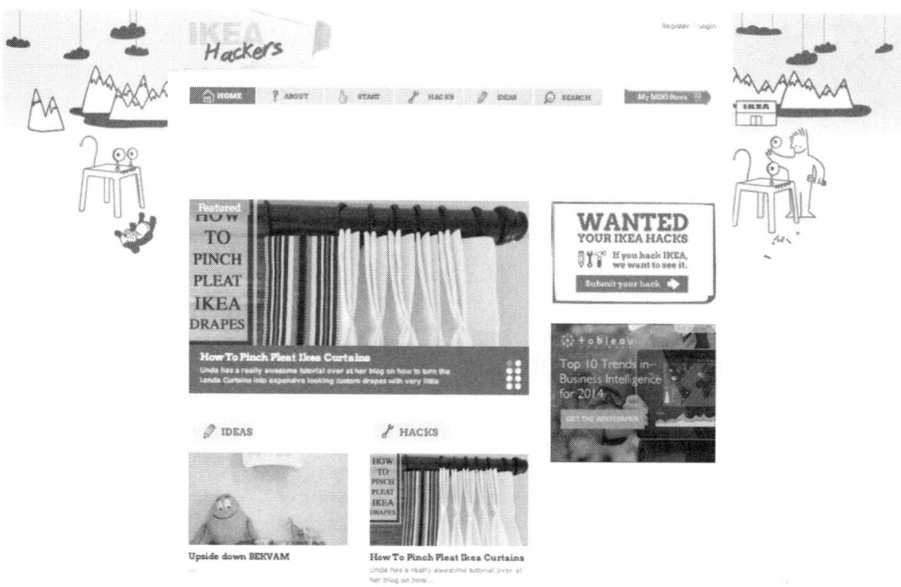

Figura 1.3 – Un ottimo esempio di collettività che si impadronisce del brand e dei prodotti è Ikea Hackers (http://www.ikeahackers.net/) in cui le persone propongono usi nuovi e "non ufficiali" dei prodotti IKEA.

Dunque ciò che era sotto il controllo dell'azienda passa adesso al consumatore, o a una fascia particolarmente importante di consumatori, perché influenti, che agisce come attore (persona) e non come vaso da riempire; si appropria del messaggio, lo interpreta, lo modifica alla luce dei suoi scambi di valori personali e lo restituisce, decodificato, alla sua comunità.

b. **Le persone possono parlare delle aziende e con le aziende.** La presenza nello stesso ambiente fa sì che aziende e persone condividano, prima o poi, anche opinioni. Dunque si creano diversi flussi di conversazione:

- tra pari in ambienti chiusi (per esempio nei forum, tematici o non): le persone parlano delle aziende/dei brand con i loro contatti negli ambienti in cui le aziende/brand non sono presenti;
- tra pari in ambienti aperti (per esempio sui social network): le persone parlano delle aziende/brand con i loro contatti, in ambienti in cui le aziende sono presenti;
- tra persone e aziende negli ambienti delle persone (per esempio nei social network, ma non nelle property delle aziende): avviene su Twitter nei casi più fortunati di social TV, o di alcune situazioni in cui i brand sono entrati a esporre il loro punto di vista sui profili Facebook o nei blog di proprietà delle persone;
- tra persone e aziende negli ambienti delle aziende, dunque all'interno delle loro social property.

Figura 1.4 – Moltissimo è stato scritto del caso ENI *vs* Report, che è parso a molti il momento della consacrazione di una social TV i cui protagonisti amplificano la propria voce grazie ai social. La vicenda è stata seguita con l'hashtag #EniVsReport.

Ciascuna di queste situazioni è una potenziale relazione, il cui presupposto è che l'azienda deve adeguarsi alle persone e non il contrario. I contenuti creati dall'azienda devono vivere nello stesso spazio di quelli creati dagli utenti. Conversazioni commerciali e conversazioni private coesistono e si intersecano, dando vita a nuove conversazioni che non sono più né l'una né l'altra cosa, ma un flusso incessante di senso da cui ciascuno prenderà ciò che gli risulta vero, utile, plausibile, piacevole, rilevante.

c. **L'idea di target è cambiata.**
La comunicazione di massa si basa sul percorso *messaggio a target*, dove quest'ultimo è un insieme omogeneo di soggetti che consumano. In una prospettiva broadcast, ciò è plausibile poiché non è data l'inversione del percorso. Il digitale mette in discussione tale modalità perché rende liquidi sia il messaggio sia il target: il primo perché manipolato dal ricevente, il secondo perché non si costituisce come destinatario, ma come emittente a sua volta.
Non solo. Abbiamo già accennato a come i criteri socio-demografici non siano sufficienti a descrivere gruppi di consumatori. A questi criteri si aggiungono quelli generazionali, gli interessi e le passioni, le abitudini e i consumi culturali, i consumi in generale. Insomma, tutte quelle informazioni che vanno a formare una profilazione, se fatta bene.
Il che significa che siamo molto lontani dalla pretesa di individuare un "target Internet" o un "target Facebook" (pretesa spesso avanzata, ahimè, quando ci troviamo nel pieno di una *sindrome da declinazione*, di cui parleremo più avanti): al contrario, è proprio nel digitale che possiamo definire con più precisione quali sono le persone con le quali vogliamo entrare in contatto.

d. **Le persone dovrebbero diventare il principale pensiero delle marche.**
Il profilo del consumatore cambia in ragione della sua maggiore autonomia rispetto all'informazione e ai contenuti provenienti dalle aziende. Ciò non può non avere delle conseguenze sulle modalità con le quali le aziende si relazionano con lui. La principale preoccupazione di un brand è se stesso, il proprio business. Ma se abbiamo a che fare con questo tipo di consumatore "evoluto", ed è sul digitale che lo troviamo, questa rotta va corretta.
Il brand ha, a fronte di questo tipo di utenti, una preoccupazione in più: le persone che lo seguono (a vario titolo come clienti, prospect, e perfino detrattori). Su queste persone il brand potrà (dovrà) far vivere i suoi valori e rendere tangibile la sua promessa. Nei casi più

fortunati può trattarsi addirittura di comunità potenziali, non ancora formate, che la marca riesce ad aggregare per sposarne valori e comportamenti in relazione ai suoi obiettivi. Un esempio di brand che ha felicemente modificato il focus della sua comunicazione proprio in questa chiave è Red Bull, che ha saputo sposare gli interessi di una comunità preesistente, benché non aggregata ma solo potenziale, dotandola di strumenti, mettendole a disposizione un palcoscenico, che diversamente sarebbe stato difficile da conquistare. Palcoscenico, peraltro, che non vede il brand escluso, ma sempre protagonista insieme agli altri protagonisti che sono, appunto, le persone con le quali parla, di cui esso si fa facilitatore e sponsor.

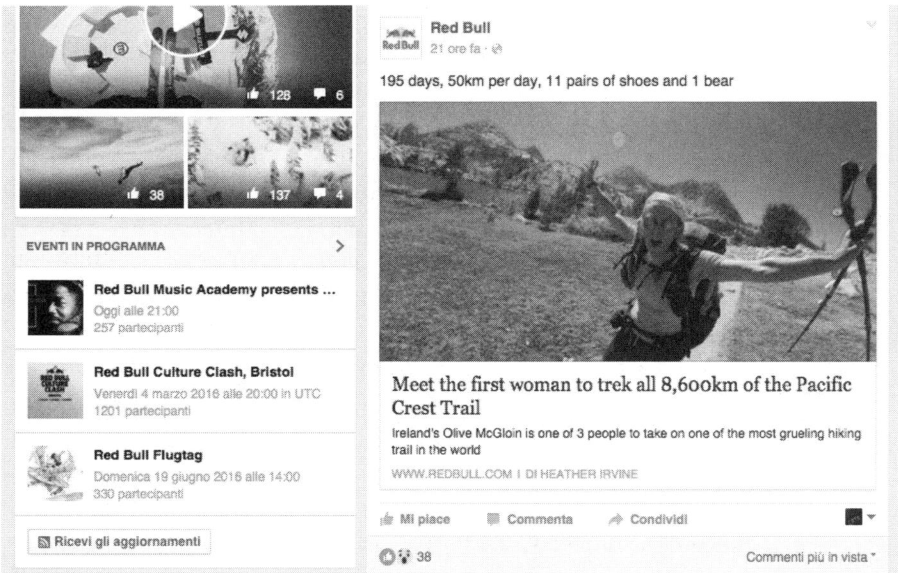

Figura 1.5 – La pagina Facebook di Red Bull è un esempio perfetto di come il brand abbia saputo sposare uno stile di vita e renderlo protagonista della sua comunicazione (https://www.facebook.com/redbull).

e. **La relazione viene prima di tutto.**

In uno scenario come quello che abbiamo delineato, la transazione, l'atto di acquisto, spesso è il momento finale di una storia, di una narrazione. Un racconto che si costruisce quotidianamente grazie alle relazioni che il brand, talvolta in modo istintivo, inconsapevole, senza una precisa strategia, è stato in grado di instaurare con le persone. Senza una relazione c'è da domandarsi seriamente che tipo di presenza in Rete stiamo costruendo, e quanto sia funzionale agli obiettivi. Il territorio d'elezione per la costruzione di una relazione con il proprio pubblico è costituito senz'altro dai social media, la cui natura di spazi abitati dalle persone ma non estranei alle aziende fa sì che si possano creare delle belle situazioni di incontro. Un esempio interessante è Ceres: il territorio è quello del real time marketing, il tono di voce è l'ironia (e spesso anche il politicamente scorretto), la comunità di riferimento un target molto giovane ma da coltivare.[13]

D'altra parte, è bene sottolineare che, per motivi diversi, non tutte le marche possiedono caratteristiche tali per cui possa risultare desiderabile una relazione da parte dei consumatori. Pensiamo ai beni commodity: per esempio, a meno che non si stia parlando con nicchie iperspecializzate, difficilmente un consumatore può avere voglia di stringere una relazione con una marca di tovagliolini di carta; d'altra parte rimane il fatto che, se i tovagliolini sono realizzati in materiali ecologici, si potrà sempre contare su una fascia di pubblico sensibile al tema. Sta alla capacità del brand comprendere quando, e in quale misura, la personalità della marca e il bene in sé possano aspirare a una relazione con i clienti. Sapendo che se non si compete sul brand, o su performance superiori, che comunque finiscono per influenzare o addirittura costruire la marca, si finisce in modo inevitabile per competere (solo) sul prezzo.

La sharing economy e i nuovi intermediari

Uno dei segnali forti che interviene a sottolineare le tendenze viste fin qui è la sharing economy. Al centro è l'idea che l'utilizzo di un bene sia più importante del suo possesso, da cui il teorema: condividendo (auto, vestiti, libri, ma anche un tetto sulla testa o un pasto caldo) ci guadagno (denaro, amici, divertimento).

La disponibilità economica, gli spazi utilizzabili, le istanze ambientali, l'attenzione all'etica sono check point ineludibili: un'auto troppo costosa, che non potrò parcheggiare, che inquina, che serve solo a me, è un tipo di consumo che ha un costo, non solo economico, che può essere valutato come eccessivo. La dialettica è tra le risorse disponibili, che in una scala individuale o familiare possono seguire priorità che non necessariamente rispecchiano quelle di aziende, brand e agenzie di comunicazione. Un meccanismo di transazioni tra pari che può essere riassunto in una parola: disintermediazione.

---

13. https://www.facebook.com/officialceresbeer.

Quanto poi questa disintermediazione rimanga tale e non significhi solo passaggio da un intermediatore tradizionale a uno nuovo – diverso senz'altro per tipo di sensibilità e di valori messi in campo, ma pur sempre un intermediario – è uno dei temi sui quali più si dibatte e si continuerà a dibattere nel prossimo futuro. A oggi i modelli di business degli attori della sharing economy si scontrano con l'inadeguatezza delle regole (che, solo per fare un esempio, sono oggi pensate su base nazionale e non globale, come vorrebbe un territorio potenzialmente senza frontiere come la rete) o con la loro totale mancanza, con le difficoltà nello stabilire le pertinenze di carattere fiscale o con il potere delle lobby, e così via. Le aziende della sharing economy sono dei facilitatori dell'esistenza. Ma facilitare è un mestiere, e chi lavora va pagato in qualche modo, per esempio trattenendo una fee sulle transazioni. O chiedendo una quota di adesione al servizio. O facendo pagare la visibilità a chi intende farsi conoscere. Eccetera eccetera, in un rincorrersi di modelli di business sempre più spericolati e disruptive, di strutture aziendali sempre più agili e adattabili, di strategie che possono essere modificate anche in profondità in poche ore.

“Le aziende della sharing economy sono dei facilitatori dell'esistenza.”

“È l'*uberizzazione*, bellezza!” questo fenomeno che spaventa i manager delle aziende “tradizionali”. Che potrebbero vedersi buttati fuori dal mercato da aziende più leggere, internazionali, che ragionano in modo del tutto diverso.

Il dato importante da registrare è perciò un dato culturale. “Fare rete” tra pari non è solo un modo di dire, ma è anche un modo di vivere, di lavorare, di fare business. E, giacché tutto si svolge attraverso applicazioni o piattaforme online, anche un modo di lavorare sulla strategia digitale.

Figura 1.6 – Bla Bla Car è solo una delle numerose aziende nate nell'ambito della sharing economy: la condivisione diventa più desiderabile del possesso, poiché consente di acquisire sia un vantaggio pratico, il risparmio economico, sia un vantaggio emotivo, la creazione di relazioni.

CAPITOLO 2

HA SENSO PARLARE DI "MARKETING DIGITALE"?

Una premessa fondamentale: con l'arrivo del digitale, il marketing non è morto. Anzi, in larga misura non ha nemmeno senso parlare di "marketing digitale", dato che il digitale ormai è un elemento imprescindibile di qualsiasi azione di marketing. Ha senso parlare di applicazione di una strategia al digitale, su Internet e/o dell'applicazione dei social media al marketing.

Il digitale uccide il marketing o lo esalta? E che cos'è davvero il marketing?

Una delle cose che la nostra esperienza ci ha portato a capire è che esistono sul mercato molte persone che si occupano di marketing digitale avendo solide basi di digitale e basi più limitate di marketing.
Questo è un problema: sia perché per fare marketing bisogna conoscere abbastanza bene la materia, sia perché in molti casi ci si interfaccia con responsabili di marketing e bisogna capire i loro bisogni, i loro desideri, il loro linguaggio, la loro filosofia.
La cosa più grave (e ne parleremo più volte) è confondere il marketing con la comunicazione. Che sarebbe come confondere l'anestesia con la chirurgia. Il marketing è un approccio filosofico, che contiene al suo interno la comunicazione. È un modo di vedere e plasmare la realtà dell'azienda, non il modo (come talvolta si dice) di intortare le persone con qualche bello spot. Certo, non aiuta la nascita di terminologie molto "cool" come guerilla marketing o viral marketing che hanno passato al pubblico l'idea che la comunicazione fosse coincidente con il marketing, quasi che si trattasse di un insieme di tecniche miranti a far comprare il nostro prodotto da parte delle persone.
Dunque il marketing non è la pubblicità, non è come mettere in buona luce il prodotto, non è trovare modo di creare bisogni inesistenti, non è spingere le vendite.

Tutto questo, al limite, è comunicazione, organizzazione delle vendite, promozione. Ma non è marketing. Perché il marketing è buon senso applicato. È la disciplina che si occupa di capire che cosa può volere la gente, e come organizzarsi per darglielo al meglio.
Marketing è il pensiero che porta l'azienda a capire cosa può voler consumare il mercato, cosa desiderano le persone. E che porta l'azienda a produrlo e a portarlo al mercato nel modo più efficiente e sensato possibile. Anche se fino a pochi mesi prima l'azienda faceva altro. Un'azienda che, invece di cercare di spingere sempre più forte un prodotto che non è più desiderato, ascolta le persone e si organizza per fare altro.
Una disciplina quindi che aiuta le organizzazioni a capire il proprio mondo di riferimento, come configurare l'offerta (il marketing mix), siano esse aziende, no profit, partiti politici... o persone (vedi alla voce "personal branding" e "personal marketing": non come mi vendo, ma definire chi sono e cosa faccio – e come, con quali obiettivi).

Il marketing è ascoltare le persone e cambiare di conseguenza l'azienda

A leggere la descrizione del marketing, quindi, sembra di sentir parlare di "2.0" – di attenzione alle persone, di personalizzazione, di ascolto. Può suonare strano scoprire che queste sono sempre state le basi della disciplina; e il problema è che il marketing autentico è stato ostacolato dalla mancanza di strumenti che permettessero di implementarlo secondo le sue possibilità. Ma anche il fatto che l'approccio di marketing è stato tradito, in qualche modo, da una serie di manager che hanno fatto dei passi indietro, riportando le aziende al modello pre-marketing, ovvero a quello dell'azienda orientata alle vendite. Dove l'importante non è ascoltare e adattarsi al cliente, ma trovare modi per spingere e vendere a tutti i costi ciò che si sa o si deve fare. E se non piace troppo al cliente, pazienza, si farà maggiore pressione sui venditori perché portino a casa comunque il risultato. Anche a costo di irritare il cliente.
Poi è arrivata la Rivoluzione Digitale. E la cosa buffa è che dall'arrivo di Internet ai social media, passando per il 2.0 (qualunque cosa sia) ci hanno spacciato come novità le basi del marketing; cose note fin dagli anni '50 o prima. Il che dimostra che il marketing non è stato metabolizzato del tutto e quindi, in fondo, è davvero roba nuova perché finora messa in pratica relativamente poco.

> *"Il digitale non è l'antitesi del marketing, è la sua apoteosi."*

Perciò, il digitale non è l'antitesi del marketing, è la sua apoteosi. È capire il mercato, essere pronti a riconoscere i propri errori, cambiare rotta,

chiudere prodotti, reinventarsi, non insistere a frustare cavalli morti, non cercare di sedurre le persone per vendere cose che non funzionano; è trovare soluzioni win-win, dove l'azienda fa soldi perché dà valore alle persone, che in queste condizioni spendono molto più volentieri.
Quindi, la prossima volta che vi dovete lamentare, non dite che le aziende non capiscono il digitale. Dite che non hanno ancora capito cos'è il marketing.

Per fare marketing digitale, studiamo prima il marketing tradizionale

In conclusione: spesso, nel mondo digitale, il marketing viene scambiato con il branding, mentre nel mondo tradizionale lo si scambia con le vendite. Branding e vendite sono componenti del marketing e sono entrambi indispensabili. Non basta creare la marca, renderla rispettata e desiderabile, non basta cercare di spingere il prodotto su un mercato, se le persone non ne hanno una (buona) percezione.
Il marketing deve far desiderare la marca, ma se non fa vendere i prodotti non ha fatto il suo dovere. Il che deve far riflettere su certi approcci al social/digital, tutti tesi a "fare branding", che però è tutto da dimostrare che riescano concretamente a far uscire i prodotti dagli scaffali.
Se vogliamo che le aziende prosperino (e, se siamo un'agenzia, che comprino i nostri servizi di marketing digitale), non possiamo sorvolare sul fatto che se l'azienda non vende deve chiudere, se spende dei soldi deve avere dei risultati, se non siamo misurabili e concreti nessuno comprerà più i nostri servizi.
In conclusione, se ci si vuole occupare di marketing digitale è fortemente raccomandato studiare quello tradizionale. Intanto perché aiuta a ragionare sul tema della centralità del cliente, che è la base del marketing, e poi perché ci evita di scoprire l'acqua calda: molte delle cose spacciate per 2.0/3.0 erano già state inventate, e adottate analogicamente, nell'America degli anni Cinquanta.

E la comunicazione?

Non molto diversa è la situazione che riguarda la comunicazione quando si fa "digitale". Qualche strana perversione del mercato ci ha abituati a pensare al digitale come a qualcosa "al di sopra" della comunicazione. Ci siamo riempiti la bocca di come fosse nuovo, necessario, cool. E di come fosse "il superamento", soprattutto quando parliamo di social (ammesso che il social fosse considerabile come una categoria a parte, cosa che è sempre meno verificabile).

In realtà non si dà social senza una solida cultura digitale. Non si dà cultura digitale senza una solida cultura di comunicazione (a meno che uno non faccia lo sviluppatore, e allora anche lui avrà la sua granitica cultura digitale, ma tutta di un altro segno). I peggiori fail succedono perché chi fa social non ha studiato comunicazione: intesa come basi, come disciplina, come Shannon e Weaver, Jakobson, Watzlavick e tutta questa bella gente qua. Gente che ha detto come funzionano nella testa delle persone gli oggetti come Facebook e Twitter e Instagram molto prima che Facebook e Twitter e Instagram vedessero la luce.

Non solo. Se non conosciamo le basi della comunicazione ci mancheranno le categorie di pensiero, ci mancheranno le parole, per distinguere a un livello più alto la comunicazione di una merendina da quella di un politico in campagna elettorale. Per distinguere, analizzare, comprendere e progettare una presenza digitale/social sensata. Se conosco la differenza tra un atto illocutorio e uno perlocutorio il mio orizzonte si allargherà, e di colpo capirò la differenza tra due post su Facebook apparentemente uguali, ma dove uno funziona e l'altro no.

Non di solo digitale vive la comunicazione

Secondo gli indicatori di trend sulla diffusione e sul consumo dell'online in Italia diffusi da Audiweb[14] nel marzo 2016, gli italiani che dichiarano di poter accedere a Internet da smartphone sono 32,7 milioni, quindi il 68% della popolazione di 11-74 anni, (+45,3% in due anni) e 12,9 milioni da tablet, il 26,8% (+83,6% in due anni). Indubbiamente il mobile ha quindi assunto un ruolo importante nella diffusione del digitale nel nostro Paese. Naturalmente i giovani sono quelli che contribuiscono in modo sostanziale a questo salto così importante: gli 11-17enni che possono accedere a Internet da smartphone sono 3,3 milioni (l'83%) e 1,7 milioni da tablet (il 41,3%).

Nel mese di febbraio 2016 sono stati 28,5 milioni gli italiani che hanno navigato almeno una volta dai device rilevati (computer, smartphone e/o tablet), mentre nel giorno medio l'audience online ha raggiunto 22 milioni di utenti unici, collegati in media per più di due ore a persona (2 ore e 7 minuti).

14. Audiweb è "l'organismo 'super partes' che rileva e distribuisce i dati di audience di internet in Italia, offrendo al mercato dati obiettivi, di carattere quantitativo e qualitativo, sulla fruizione del mezzo" (http://www.audiweb.it/).

INTERNET AUDIENCE
(browser + app)

Fonte: Audiweb Database, dati Febbraio 2016 - Audiweb powered by Nielsen

	TOTAL DIGITAL AUDIENCE 2+ anni	PC 2+ anni	MOBILE 18-74 anni
Utenti unici giorno medio (.000)	**21.999**	12.037	18.361
Pop. di riferimento giorno medio (%)	39,8%	21,8%	41,6%
Tempo per persona giorno medio (hh:mm:ss)	2:06:58	1:06:26	1:48:34
Utenti unici mese (.000)	**28.470**	25.813	22.389
Pop. di riferimento mese (%)	51,4%	46,6%	50,7%
Tempo per persona mese (hh:mm:ss)	**47:25:02**	14:58:22	43:02:00

Figura 2.1 – Internet audience, febbraio 2016. Fonte: Audiweb.

Andando ad analizzare questi dati, tenendo conto anche dello spaccato per età (Figura 2.2), emerge un panorama facilmente immaginabile: le fasce d'età che navigano di più sono quelle centrali, dai 18 ai 54 anni, con un calo importante nella fascia immediatamente successiva.

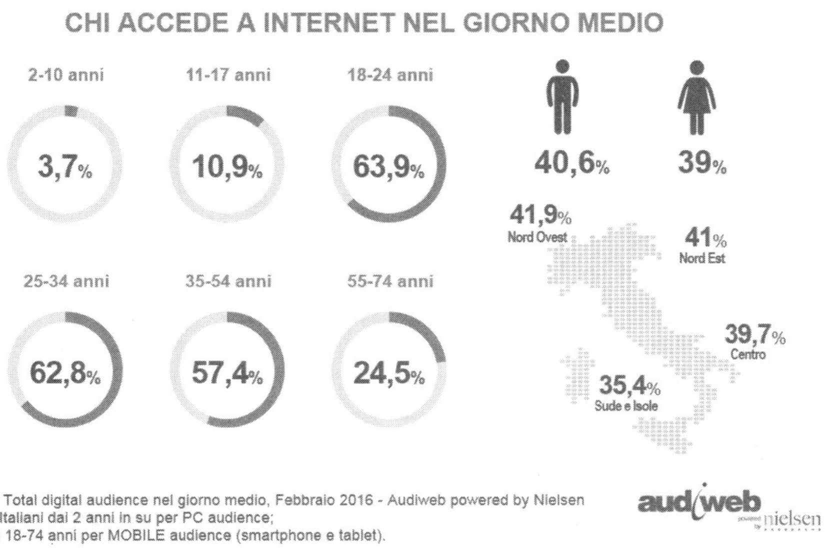

Figura 2.2 – Internet audience, febbraio 2016, dati sociodemo. Fonte: Audiweb.

CONSUMI E GENERAZIONI A CONFRONTO

	18-34 anni MILLENNIALS	35-54 anni GEN-X	55+ anni Boomers
SOCIAL NETWORK	65,0% 19h49m	53,2% 13h16m	18,9% 08h56m
MOTORI DI RICERCA	66,4% 01h54m	55,5% 01h40m	19,7% 01h07m
CELLULAR PAGING	61,3% 12h59m	51,4% 09h24m	17,2% 07h14m
VIDEO	61,0% 02h16m	46,8% 01h27m	16,1% 01h28m
NEWS	40,6% 22m	34,4% 43m	11,7% 52m
PORTALI	63,3% 58m	51,2% 58m	17,8% 39m
ECOMMERCE	51,2% 01h44m	41,5% 01h28m	13,1/% 01h12m

Fonte: Mobile Audience mensile, dati di Gennaio 2016 - Audiweb powered by Nielsen
Base: italiani18-74 anni. In corrispondenza di ogni categoria di siti e applicazioni sono riportati i valori % della popolazione di riferimento che vi accede nel mese e del tempo speso per persona (hh:mm)

Figura 2.3 – Uso della rete e generazioni a confronto, febbraio 2016. Fonte: Audiweb.

Ci troviamo insomma in un Paese in cui convivono due culture, quella digitale e quella analogica. Il che ci deve far riflettere sul fatto che il digitale, da solo, non può risolvere tutti i problemi di marketing e di comunicazione. Per raggiungere certe fasce di popolazione i mezzi di comunicazione tradizionali restano ancora l'unico sistema, e lo resteranno per un certo tempo: la comunicazione tradizionale rimane, dunque, indispensabile per essere sul mercato, sia perché Internet non raggiunge tutti, sia perché i media tradizionali sanno fare cose importanti (per esempio, creare rapidamente awareness, raggiungere persone che non ci cercano e così via) che i media digitali non possono sempre fare altrettanto bene.
Digital e social non sostituiscono un solido approccio di marketing, non sono la bacchetta magica che risolve, a basso costo, tutti i problemi. Sono un altro, potente, strumento a disposizione nel quadro di una coerente strategia di marketing.
Ecco la definizione di marketing di un guru del settore, Philip Kotler:

> "Marketing is the science and art of exploring, creating, and delivering value to satisfy the needs of a target market at a profit. Marketing identifies unfulfilled needs and desires. It defines, measures and quantifies the size of the identified market and the profit poten-

> tial. It pinpoints which segments the company is capable of serving best and it designs and promotes the appropriate products and services.
> Marketing is often performed by a department within the organization. This is both good and bad. It's good because it unites a group of trained people who focus on the marketing task. It's bad because marketing activities should not be carried out in a single department but they should be manifest in all the activities of the organization.
> In my 11th edition of *Marketing Management*, I describe the most important concepts of marketing in the first chapter. They are: segmentation, targeting, positioning, needs, wants, demand, offerings, brands, value and satisfaction, exchange, transactions, relationships and networks, marketing channels, supply chain, competition, the marketing environment, and marketing programs. These terms make up the working vocabulary of the marketing professional.
> Marketing's key processes are: (1) opportunity identification, (2) new product development, (3) customer attraction, (4) customer retention and loyalty building, and (5) order fulfillment. A company that handles all of these processes well will normally enjoy success. But when a company fails at any one of these processes, it will not survive".[15]

Un'altra esaustiva definizione di marketing la dà l'American Marketing Association, mostrata nella Figura 2.4.

Che cosa non possiamo più fare come prima e perché

A fronte di queste considerazioni, è chiaro che i comportamenti di una marca sul digitale devono fare i conti con una realtà esterna, dentro e fuori dal web, che si è evoluta e che si evolve molto velocemente. Essere preparati, e far fronte in modo adeguato a questi cambiamenti, richiede un impegno importante che comprende la necessità di modificare alcuni comportamenti considerati più o meno come prassi. Vediamone alcuni.

15. La definizione è tratta da http://www.kotlermarketing.com/phil_questions.shtml.

Figura 2.4 – La definizione di marketing data dall'American Marketing Association.

Non possiamo più:

1. **Considerare il digitale come un add-on della strategia di marketing e/o di comunicazione**, uno strumento tra i tanti. Anzi, in molti casi (pensiamo per esempio al mondo del turismo o a quello della vendita di prodotti elettronici/informatici, o a quello della musica) si può dire che "il digitale" è l'elemento chiave del nostro marketing, della nostra distribuzione, delle nostre vendite. La colonna che regge tutto l'impianto del nostro business.
   Quindi possiamo affermare che ormai non ha più senso parlare di "marketing digitale". Esiste il marketing. In cui il digitale gioca un ruolo importantissimo e non più scindibile dal complesso.
2. **Pensare al digitale come a uno strumento tattico (e low budget):** il digitale è ormai lo strumento che in moltissimi casi contri-

buisce di più alla costruzione dell'identità di marca (ma che dovrebbe comunque essere integrato dall'advertising tradizionale, le PR, e così via).

Quindi, nella creazione della strategia digitale, consideriamo che le azioni tattiche online (un concorso, una promozione e così via) diventeranno, in termini di posizionamento, altrettanti mattoncini che concorrono alla costruzione dell'identità: in toto, non digitale.

3. **"Esserci" senza prendere una posizione.** Nel momento in cui le persone cercano e chiedono la relazione, dobbiamo garantire loro almeno un grado minimo di rapporto. Che non significa necessariamente dover costruire una presenza in rete complessa, ma per lo meno fornire informazione corretta, completa, aggiornata e verificabile. Il resto verrà da sé.[16]
4. **Esserci senza essere interessanti.** Viviamo nell'Attention Economy (e ne parleremo più avanti). Viviamo immersi nel content overload, nel sovraccarico di informazione. Possiamo accedere, dati i limiti del nostro tempo disponibile, solo a un'infinitesima frazione dei contenuti interessanti e affascinanti presenti in rete. Tutti (marche, siti di entertainment, social media, riviste, cinema e TV...) sostanzialmente competono per la stessa quota di tempo delle persone. Se non siamo interessanti, nell'era digitale, probabilmente ci ritroveremo a domandarci perché spendiamo soldi in rete e non vediamo arrivare risultati.
5. **Non esserci.** Per chi usa Internet, se una cosa non esiste su Google, forse non esiste tout court. E questo vale per le aziende, per i brand e anche per le persone.
6. **Adottare metodi, codici, strumenti analogici trasportandoli semplicemente su Internet.** Un testo che va bene per una rivista cartacea non sempre va bene anche per un magazine online. Un buon comunicato stampa da trasmettere ai giornalisti potrebbe es-

16. "Prendere posizione" significa fare in modo che i valori dichiarati diventino tangibili non solo attraverso l'operato dell'azienda (i prodotti, le strategie aziendali, le politiche sulle risorse umane, la responsabilità sociale e così via) ma anche tramite le opinioni che esprime quotidianamente sui suoi canali di comunicazione. Infatti, una grande differenza tra la costruzione di un'organizzazione aziendale e dei suoi processi e l'adozione di una strategia di comunicazione è che la comunicazione vive nel mondo ogni giorno. Cioè: posso definire un processo aziendale e portarlo avanti per un tempo lungo a piacere (finché non diventerà obsoleto, per esempio, o fino a quando eventi di vario genere intervengano a richiedere di modificarlo), ma la comunicazione deve misurarsi con il qui e ora, con la cultura, gli avvenimenti della cronaca, le cose che succedono giorno dopo giorno. E deve sapere come porsi rispetto a queste cose. Ne abbiamo parlato qui: http://bit.ly/1qhPOPw.

sere ricevuto male dai blogger. Un metodo di misurazione applicato alla TV non ha senso su Internet e così via.

7. **Pensare alle persone che frequentano la Rete come a un "target" tradizionale.** Queste persone spesso parlano tra loro, esprimono opinioni, non provano timore reverenziale verso aziende, marche, istituzioni. Qui osserviamo una delle dinamiche più interessanti introdotte dall'arrivo della Rete: l'esplosione del diritto di parola (a proposito e a sproposito) che soprattutto i social ha introdotto nella nostra società. Un diritto che, certo, esisteva già prima; ma che non aveva gli strumenti per essere esercitato con un volume di voce udibile. E questo fa sì che non solo le persone provino fastidio quando si parla "a" loro (invece che "con" loro); ma che si facciano sempre meno problemi a reagire, spesso con forza, ai nostri stimoli. Nel bene come nel male. Sostenendo il nostro marketing se ci amano, attaccandoci se si ritengono traditi, se sono delusi, se non ci amano. Tutto il contrario, dunque, del classico target televisivo senza alcun diritto di parola.
8. **Improvvisare.** Il fai da te è pericoloso. Così come non ci sogneremmo di girarci lo spot pubblicitario con il nostro telefonino e quattro amici, per metterlo poi in TV, così improvvisare su Internet è pericoloso. La mancanza di competenze tecniche e creative, la mancanza di strategia porta di norma a un risultato scadente. In sostanza, si vede quanto poco ci abbiamo creduto e investito. Servono professionalità specifiche e specializzate. Improvvisare non paga più, perché gli errori delle aziende diventano in fretta conversazioni su Twitter e, il giorno dopo, casi di studio nei corsi di formazione. Inoltre, perché Google non dimentica: nel bene e nel male, ma soprattutto nel male, essendo gli errori e i passi falsi cibo ghiotto per tante persone, notizie, post, o qualsiasi altra cosa venga scritta in giro per la Rete che viene indicizzata dal motore di ricerca californiano. Se questi contenuti per "l'effetto rete" diventano popolari e vengono linkati da più persone, su siti diversi, tenderanno a rimanere visibili direttamente (la pagina linkata del sito originale), o tramite commenti e citazioni collaterali (difficilmente cancellabili da siti terzi), per un tempo indefinitamente lungo e non prevedibile. Perciò, se un'azienda commette un errore di comunicazione, questo, con i commenti correlati, può rimanere visibile molto a lungo, con tutti i danni che ciò comporta in termini di immagine. Anche se il danno è comunque di solito riparabile, necessita di interventi professionali, competenti, spesso relativamente costosi e di certo dai risultati non immediati.

Il digitale non è solo "comunicazione": è spesso cambiare come si fa il business

Figlio dell'equivoco tra marketing e comunicazione, nasce l'equivoco che il marketing digitale sia in realtà fare siti e pagine social, SEO e blog. Se il marketing è capire come riconfigurare la propria offerta e portarla al cliente, allora la tecnologia è la portatrice di novità in questo processo, che chiamiamo a torto o a ragione "digitale".

E se l'innovazione più visibile è spesso quella legata proprio alla comunicazione, le altre variabili del classico marketing mix possono essere toccate ancora più profondamente dall'innovazione. Persino la variabile spesso considerata più noiosa, meno *glamorous*: la distribuzione. Che non è solo la logistica, ma è tutta la filiera e il processo che connettono il desiderio d'acquisto alla consegna della merce.

Anche in questo caso, rivolgiamoci ad Amazon, azienda che è simbolo di grande innovazione (ma anche di qualche aspetto problematico, come vedremo più avanti). Amazon si è fatta sperimentatrice di nuovi modelli di acquisto, con iniziative estremamente interessanti. Certo, all'epoca fare e-commerce dal sito significava essere all'avanguardia dell'innovazione, ma oggi è più che mainstream: è un must. Sbarcare sul mobile, un altro must. Le nuove frontiere sono altrove.

Sono nell'uso delle tecnologie, in modo "invisibile" al consumatore, per offrire una consegna gratuita in due ore (o in un'ora con un costo contenuto) attraverso Amazon Prime Now – in modo da rendere possibile anche online l'acquisto d'impulso e abbassare lo svantaggio competitivo con il negozio tradizionale, da cui si esce con il prodotto in tasca.

Ma un'altra interessantissima frontiera è quella di inventare nuove interfacce che connettano azienda e cliente, che permettano alle persone un'esperienza d'acquisto più comoda e interessante.

Attenzione: quando parliamo di "interfacce" non intendiamo (solo) il "look and feel" del sito, il suo stile, la sua usabilità. Se vogliamo innovare dobbiamo uscire dagli stereotipi e pensare più in grande. Cosa che ha fatto Amazon con tre interessanti esperimenti:

1. **Amazon Dash Button:** è un device tecnologico monofunzione o, per meglio dire, un bottone "brandizzato" che, attraverso il wi-fi di casa, fa una cosa sola. Applicato (per esempio) sulla lavatrice, ogni volta che viene schiacciato mette nel carrello 1 confezione del detersivo di cui riporta il logo. Appiccicato sullo specchio del bagno, quando ti rendi conto che hai finito le lamette, schiacci e metti nel carrello il prodotto Gillette, e così via, potenzialmente riem-

piendo la casa di bottoni e di opportunità d'acquisto (http://amzn.to/1OnqPdI, Figura 2.5).

Figura 2.5 – Amazon Dash Button.

2. **Amazon Dash** (https://fresh.amazon.com/dash/) è invece una versione più complessa del bottone: una specie di bacchetta magica che trasforma i desideri in acquisti su Amazon. Attiva solo in alcune città degli USA, dove Amazon porta a casa anche il fresco (compresa frutta e verdura), la bacchetta di Amazon permette di scansionare i codici a barre dei prodotti che stiamo terminando, o che vogliamo ricomprare. E automaticamente li aggiunge al nostro carrello della spesa. O, meglio ancora, ascolta le nostre parole e arricchisce il carrello attraverso il riconoscimento vocale. Così, man mano che la nostra giornata in casa procede, possiamo aggiungere alla lista tutto ciò che ci rendiamo conto ci serve. E arrivare a sera, con la spesa già fatta, solo da far consegnare (http://bit.ly/1l6Gs7V, Figura 2.6).

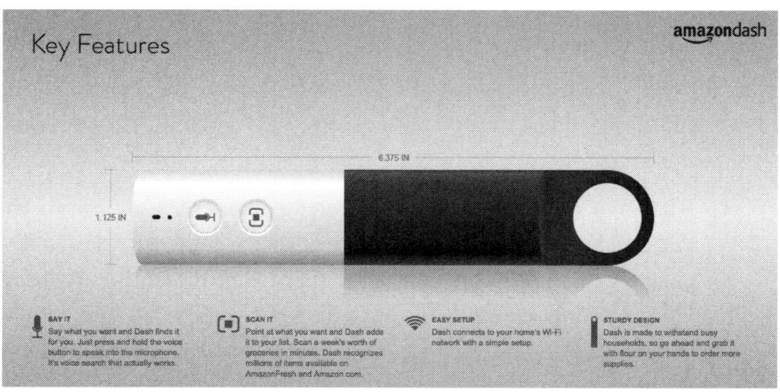

Figura 2.6 – Amazon Dash.

3. **Amazon Echo**: qui il principio della bacchetta magica viene esploso trasformando l'interfaccia di Amazon in un oggetto di arredamento, di entertainment e di servizio. Un cilindro nero, collegato via Wi-Fi a Internet. Diffonde musica in streaming. Riconosce la nostra voce e – come Siri, OK Google (Google Now) o Cortana, è in grado di parlare con noi, di andare a effettuare delle ricerche su Wikipedia e riportarci vocalmente la risposta. E, ovviamente, di aggiungere prodotti al nostro carrello (http://bit.ly/223HVzJ, Figura 2.7).

Figura 2.7 – Amazon Echo.

Se qui è stata la tecnologia a metterci a disposizione invenzioni, circuiti e software che hanno reso possibili questi oggetti, sono stati il marketing e la strategia a permettere di capire come usare questi elementi per trovare nuovi modi di servire il cliente, ragionando in modo pragmatico su come prendere l'innovazione, metterla al servizio del servizio (al cliente) e al servizio del raggiungimento degli obiettivi aziendali.

Undici pensieri fondamentali per capire il digital marketing

Ma quali sono gli ingredienti di base del successo, ai tempi del digital marketing? Ne abbiamo elencati 11, i più importanti.

1. Comprendere che Internet non è (solo) un media

Un media è un tubo dentro il quale far passare dei messaggi destinati a un target passivo, che non può reagire, che non può a sua volta contribuire a quel canale di contenuti. Internet è un ambiente: culturale, operativo, informativo dentro il quale sempre di più si muovono le persone.
Il media più classico, la televisione, ha fortemente influenzato il modo di pensare dei comunicatori e il loro approccio strategico. Come tutti i mass media, è un mezzo sostanzialmente di fruizione passiva: la possiamo guardare, ne possiamo parlare con i nostri conoscenti, ma poco altro. Anzi, ne parleremo sempre di più: se continuano i trend attuali è certo che la TV sarà uno degli argomenti di cui parleremo di più sui social media nel prossimo futuro.

APPROFONDIMENTO

L'uso di computer, tablet o smartphone durante la visione di programmi televisivi (il cosiddetto fenomeno del second screen), anche come integrazione e arricchimento della fruizione del contenuto, è ormai un fenomeno piuttosto consolidato anche in Italia.
Un ottimo caso è quello di *X Factor*, che negli anni ha visto crescere il suo engagement e l'integrazione TV/Twitter. Nella sua edizione 2015 il popolare programma televisivo ha fatto registrare audience televisive tra 1,2 e 1,5 milioni per l'ultima serata (riferendosi solo alla diretta Sky). Su Twitter, quella 2015 è stata l'edizione più twittata di sempre, con oltre 2.5 milioni complessivi di tweet (contro gli 1.4 milioni del 2013), di cui oltre 400.000 solo nell'ultima serata. Un chiaro segnale dell'interesse di un certo pubblico a non limitarsi a fruire passivamente dello spettacolo, un indice della voglia di interagire con gli altri spettatori, in una sorta di commento collettivo, di "bar sport" ingigantito dove si celebra tutti insieme l'avvenimento aggiungendoci del proprio, dalla critica alla satira, dalla partigianeria alla battuta brillante, dall'insulto all'adorazione.

Se anche la fruizione televisiva sta in parte cambiando, soprattutto per l'uso contemporaneo di TV e smartphone, tablet, computer – anche per interagire socialmente con/sui programmi televisivi, il suo modello di comunicazione pubblicitario resta sempre lo stesso: un messaggio dall'alto che raggiunge masse passive poco differenziate, che sono davanti allo schermo per fruire contenuti in modo inerte, e la pubblicità è un prezzo da pagare ormai accettato (ovviamente, è ben diverso il caso e il modello di interazione con la TV attraverso il second screen).

Nonostante quello che ogni tanto si legge, Internet e i social media non hanno (ancora?) ucciso la TV. Oltre il 78% della popolazione italiana ha guardato almeno un minuto di televisione al giorno nel 2015 – anche se con un leggero calo (un paio di punti percentuali) nell'ultimo anno; con una RAI 1, Canale 5 e RAI 2 che dominano su tutto il resto e una finale del Festival di Sanremo che vale 11,8 milioni di ascoltatori. Ma non sono solo gli eventi speciali a fare grandi pubblici: un più semplice debutto della decima stagione del serial *Don Matteo* è stato seguito da 9,2 milioni spettatori (record assoluto di sempre di un debutto per la fiction di RAI 1).
Il mondo Internet è invece uno spazio dove le persone determinano individualmente il proprio palinsesto, dove hanno il controllo, dove sono (anche) in modalità attiva: di generazione dei contenuti per una fascia più attiva della popolazione, di commento per una fascia più larga ma certamente non maggioritaria. C'è infatti molta più gente online che ha voglia di leggere, di quella che ha voglia di scrivere. I social media sono un luogo dove le persone portano la propria vita, dove vanno per interagire socialmente, dove le aspettative, o la tolleranza, verso la comunicazione delle aziende sono diverse. In sostanza, gli spazi digitali sono considerati dalle persone come casa propria, e non, come nel caso della televisione, come la casa delle aziende. Qui, nel digitale, le marche possono essere ospiti che hanno a volte il permesso di entrare, a condizione che si comportino appropriatamente.
Il mondo digitale, quindi, non è un media: è un ambiente in cui le persone vanno per informarsi, passare il tempo, socializzare, collaborare, lavorare, divertirsi, esprimersi. Un luogo dove vanno a vivere: dove le marche hanno un ruolo che solo raramente è di leadership o di protagonismo.

2. Il digital marketing non è cambiare come si fa la pubblicità, è cambiare il modo di essere azienda

Dobbiamo riflettere sul fatto che, con mutamenti così radicali della società e delle aspettative verso le aziende, le marche e i prodotti, del modo di raggiungere le decisioni d'acquisto, non è di certo più sufficiente cambiare il modo di comunicare. Probabilmente entrano in gioco esigenze di riorganizzazione dell'azienda e del suo modo di operare, del suo modo di essere sul mercato coinvolgendo modelli di pricing, di distribuzione, di comunicazione e di servizio.
Consideriamo, per esempio, il tema dell'asimmetria informativa, cioè uno degli aspetti che influenzano di più il business delle aziende ai tempi del digitale. Per secoli le organizzazioni hanno avuto un accesso alle informazioni molto più vasto rispetto alle persone, e le aziende sapevano cose che

i consumatori non potevano conoscere. Se anche poi quelle si comportavano male, in genere la notizia non si diffondeva troppo. In sostanza i consumatori erano in qualche modo ostaggio delle aziende e dipendevano fortemente dalla comunicazione di parte, la pubblicità, per avere informazioni. Le aziende potevano permettersi di apparire al pubblico in modo diverso da ciò che erano in realtà, potevano configurare mission, vision, branding sulla base di ciò che poteva piacere al pubblico; comportandosi, poi, nella pratica, in modo del tutto differente. Al punto che in una situazione di mancanza di trasparenza, ciò che si dice e ciò che si è potevano essere cose separate.

Oggi l'accesso all'informazione è vastissimo. Non è infrequente trovare consumatori più esperti dello stesso personale dell'azienda, ed è frequente trovare clienti molto più esperti dei commessi dei negozi. Se le aziende non rispondono in modo soddisfacente alle necessità delle persone, c'è sempre qualche cliente che si impegna a farlo sapere al mondo attraverso Internet. Inoltre, da dentro le aziende, "gole profonde" possono usare social e blog per raccontare quanto la realtà sia diversa dall'immagine che si è faticosamente costruita.

Nell'era del digitale conta sempre di più l'essere. Le persone possono credere e gradire la nostra immagine, per poi scagliarsi violentemente contro di noi quando un dato di realtà, o un rumor, fa loro sospettare che l'immagine che proiettiamo non riflette ciò che realmente siamo. L'inganno, la manipolazione sono cose che la Rete non perdona.

Figura 2.8 – Un licenziamento collettivo in HMV, una multinazionale di negozi specializzata in entertainment, è stato "trasmesso in diretta" dall'ufficio HR da un dipendente che si era impadronito dell'account Twitter dell'azienda: ha raccontato "l'esecuzione di massa" di decine di dipendenti, ha rivelato situazioni di lavoro illegale, grossolani errori di management. Da questo leak sono stati generati migliaia e migliaia di tweet, che hanno a loro volta generato sgradevolissimi articoli su numerosi quotidiani economici (e non) in Inghilterra, USA e nel resto del mondo. Dal punto di vista dell'immagine, un danno gravissimo (http://bit.ly/223I8mK).

3. Coraggio e innovazione

Sul tema dell'innovazione nel business si è scritto recentemente così tanto che non c'è, probabilmente, bisogno di elaborare ulteriormente il tema. Va, però, considerato che l'arrivo degli strumenti digitali, e i mutamenti sociali che questi hanno portato, obbligano a ripensare, almeno in parte, il modello comunicativo delle aziende e delle organizzazioni. Costringono a rivedere l'approccio alla comunicazione, la percezione del risk taking: ora il rischio deve passare da una percezione di Internet come pericolo a un'idea di comunicazione digitale come opportunità competitiva.

Il modello dell'advertising si è evoluto relativamente poco negli ultimi anni: le possibilità di sperimentazione, al di là della creatività (nei contenuti, più che nei modelli di erogazione), sono e rimangono tutto sommato limitate.

Con il digitale e tutti i mezzi messi a disposizione (dal web al social, dai canali video alla collaborazione con gli influencer), lo spettro delle cose che si possono, o devono, fare è molto più ampio: si può parlare con le persone, si può richiedere la loro collaborazione, sino al contributo nella progettazione di prodotti e comunicazioni (il crowdsourcing); si può giocare con loro e monitorare informazioni e comportamenti del singolo individuo; si possono pensare meccanismi di interazione tra persona e messaggio. Si possono usare strumenti automatici per raggiungere efficacemente il target con la pubblicità (come il grande tema del Programmatic Advertising) o lavorare di cesello per dare risposte e contenuti personalizzati per ogni singolo utente.

APPROFONDIMENTO

In un mondo di marketing alla spasmodica ricerca di efficienza (e soprattutto di tagli di costi, e di persone) quello del Programmatic Advertising è un esempio di area molto "hot".

Detta in estrema sintesi, si tratta di una serie di soluzioni software che permettono di acquistare spazi pubblicitari senza (teoricamente) passare da esseri umani che vendono e comprano, ma facendo dialogare in automatico fra di loro i computer. In realtà un intervento umano è ancora richiesto, per dare qualità e intelligenza alla programmazione; ma la voglia di delegare compiti sempre più ampi alle macchine (che non hanno tutti i difetti, specialmente quelli economici, degli esseri umani) è evidente.

Per approfondimenti si può leggere questo articolo di *AdWeek*: http://bit.ly/1vTIgWU e questo di *Advertising Age*: http://bit.ly/1QjUHmh.

Soprattutto, si devono sperimentare processi e approcci innovativi, perché in sostanza la gente ha fame di novità, perché per superare le barriere della disattenzione occorre essere in grado di proporre originalità: le comunicazioni fotocopia tendono a funzionare meno o poco e i grandi successi, spesso, derivano dalla capacità di fare cose online (o sul territorio, o entrambe) che nessuno ha fatto prima. Insomma, c'è bisogno della capacità di sperimentare e di andare dove nessuno aveva mai osato, o sperato, andare.

Ovviamente, questo comporta un rischio: non è assolutamente detto che la sperimentazione vada a buon fine e iniziative innovative possono fallire, al contrario della pubblicità, che è in qualche modo prevedibile in termini di effetti e risultati. Questo tende a essere un problema minore in certe culture dove il rischio e la sperimentazione sono premiate. Tende a essere un grande problema in culture, come quella italiana, dove il "fallimento" è considerato un errore e quindi punito. Di conseguenza i manager che devono decidere sui progetti di comunicazione aziendale sono intrinsecamente motivati a ridurre i rischi che corrono perché potrebbero pagarli in termini di carriera. Non stupisce quindi che non si amino il rischio e l'avventura: nemmeno quando si tratta di un rischio calcolato, finalizzato a cercare di rompere delle parità competitive coi concorrenti.

Per avere successo nel mondo digitale l'organizzazione dovrebbe riconsiderare il proprio approccio al fallimento, considerando per esempio che se da esso si impara, si è comunque ottenuto un ritorno sull'investimento. Si dovrebbe considerare la necessità di un approccio di sperimentazione continua, provare cose nuove e imparare per migliorare, ricercare una diversità positiva e funzionale attraverso l'innovazione, sapendo che solo una parte dei progetti innovativi avrà successo – verità peraltro già ben nota quando si parla di nuovi prodotti e che oggi è sempre più valida anche in comunicazione, in particolar modo sui social media.

APPROFONDIMENTO

Da qualche tempo si assiste, da parte di una serie di aziende e manager, all'adozione di un approccio al marketing digitale che tenta di ricalcare le logiche dell'advertising classico – o meglio della "pianificazione media".

Più specificamente, invece di perseguire logiche di relazione, di mirare la comunicazione ai target o alle persone, si cerca di adottare approcci che usino gli influencer, i blog, i social media nella logica di raggiungere la maggior quantità possibile di persone. Si guarda quindi "al numero" – anche a costo di accettare inevitabili dispersioni – per ridurre il costo per

persona raggiunta, il costo/contatto. Quindi, com'è capitato di sentir dire da esponenti di grandi multinazionali, una filosofia di "Quality is dead" e di inseguimento delle audience.
Se questo approccio sicuramente può avere un suo senso quando si parla di advertising on line, se invece si parla di diffondere dei branded content, di coinvolgere le persone attraverso messaggi personalizzati, di costruire una relazione, il modello difficilmente potrà essere quello dell'advertising – se si vuole massimizzare l'efficacia della nostra azione – specialmente se guardiamo al mondo degli influencer, delle PR digitali. Infatti il meccanismo di funzionamento di questa pratica è di usare l'influenza di una persona molto conosciuta in un certo settore, per modificare opinioni e comportamenti delle persone che è in grado di raggiungere.
In molti casi esistono influencer con un vastissimo pubblico, noti o famosi (e che spesso monetizzano la propria influenza, richiedendo corposi fee per farsi portavoce della marca). Alcuni di questi possono davvero essere influenti sul loro e sul nostro pubblico. In altri casi i pubblici non coincidono, l'influencer non è credibile sul suo pubblico per i nostri prodotti. L'operazione potrà fare dei "numeri" dal punto di vista media, delle reach corpose – ma in realtà non avere un sensibile effetto in termini di raggiungimento dei nostri obiettivi di comunicazione.

4. Investimenti adeguati e costanza

Non è vero che il digital è sempre low cost. Anzi, per i partner, le agenzie e i fornitori sviluppare un progetto digitale è spesso estremamente più complesso e impegnativo che, per esempio, realizzare una campagna di pubblicità classica: sono richieste non solo moltissime ore uomo, ma la costruzione di una filiera di competenze diverse e un investimento in costante aggiornamento.
A fronte di compensi risicati, come quelli che molte aziende propongono, le agenzie rischiano di non riuscire a fare marginalità accettabili. Ergo, cercheranno di trovare scorciatoie per riuscire a sopravvivere. E queste non sono mai una buona strada per portare le aziende al successo. Resta valido il "If you pay peanuts, you get monkeys": un'agenzia sotto remunerata sarà messa in condizioni di non riuscire a lavorare per l'azienda al massimo delle sue potenzialità, evitando se possibile di fare quello sforzo extra, quell'extra-mile non contrattuale che può fare la differenza tra un buon compito a casa e un'azione che esce dagli schemi.
Inoltre, anche se dal punto di vista del media i social e il digital hanno costi contenuti, esistono delle soglie critiche di budget al di sotto delle

quali le nostre azioni restano sostanzialmente invisibili: a meno di un lavoro straordinario da parte dell'azienda e dell'agenzia (ma se è sottopagata perché dovrebbe farlo?) o di una buona dose di fortuna. Non solo, per citare un esempio: un'iniziativa social, per avere successo, deve essere normalmente supportata da altre azioni di comunicazione (advertising, rapporti coi blogger, digital PR e così via); ma un'azione fatta al risparmio non riuscirà a veicolare quell'immagine di marca, quell'engagement e coinvolgimento desiderati. Potrebbe anzi avere l'effetto opposto, innescando commenti negativi e critiche per la sua povertà. Inoltre, come per la pubblicità, un'attività episodica sposta poco la situazione. Forse nel breve potrà portare dei risultati, ma se poi si ritorna al silenzio gli effetti decadranno più o meno rapidamente, per riportarci a situazioni non troppo distanti da quelle iniziali.

Va quindi evitato di considerare l'attività digitale come un sostitutivo semi-gratuito delle altre attività di comunicazione. È un'altra cosa, un altro strumento, con obiettivi e potenzialità spesso diversi dalla pubblicità, dal direct marketing, dalle promozioni, dalle attività in store e così via. È un'altra freccia al nostro arco, non la panacea per tutti i mali. Integrata nel mix di comunicazione può contribuire a ottimizzare i budget, spesso anche a ridurli in una certa misura, ma di certo non permetterci di ridurre il nostro spending in comunicazione di qualche ordine di grandezza.

Per finire, tutti i tipi di comunicazione richiedono, per poter funzionare al meglio, lo sviluppo di un programma di medio/lungo termine. La disattenzione del target, la sua capacità di dimenticare, la pressione della comunicazione della concorrenza, l'abbondanza di cose interessanti cui dare attenzione sono tutti elementi che ostacolano l'efficacia della nostra comunicazione. Per contrastare tutti i fattori negativi, che possono comprometterne l'efficacia, c'è una cosa che non possiamo davvero fare: abbandonare la lotta. Le esternalità negative lavorano in continuità per mettere dei limiti a ciò che facciamo. Le migliori armi che abbiamo, oltre all'intelligenza e alla competenza, sono la continuità, la coerenza, l'impegno. Anche perché spesso gli strumenti Internet, inclusi i social, hanno un limite di capacità nell'impatto, specialmente in situazioni di budget limitato.

“Le esternalità negative lavorano in continuità per mettere dei limiti a ciò che facciamo.”

L'advertising classico, e specialmente quello televisivo, ha dalla sua una grande capacità di fuoco: è intrusivo, rumoroso, seducente, buca (se fatto bene) lo schermo, emoziona con immagini e suoni, ci interrompe in quello che facciamo, è push: è *interruption marketing*. Al contrario, su Internet la comunicazione è in larga misura on-demand: devono venirci a cercare. Non deve quindi sorprendere che, per esempio, per assicurare il successo di una nostra operazione Facebook, sia molto opportuno supportarla con

una dignitosa campagna di pubblicità. Dobbiamo fare dunque pubblicità alla nostra comunicazione (Figura 2.9).
In questa situazione, dove la sedimentazione è di solito più lenta, è importante essere continui, coerenti, mirati, costanti nella nostra azione.

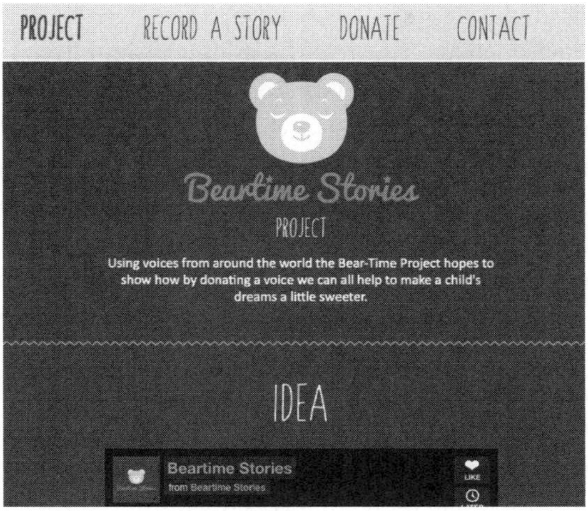

Figura 2.9 – Una bella campagna pubblicitaria non avrebbe mai potuto fare, per i bambini orfani, quello che ha fatto questa operazione di coinvolgimento delle persone: regalare una cosa preziosa ai bambini che non hanno nessuno che gli racconti una storia della buona notte, cioè orsacchiotti imbottiti con un microregistratore. Al loro interno, incise, molte storie della buona notte, offerte e recitate da gente comune. Dalla Rete ai bambini che si sentono soli: http://beartimestories.com. E se volete, potete partecipare anche voi.

5. Capacità di ascoltare

Si dovrebbe ascoltare il mercato, le persone (clienti, prospect, commentatori in rete e così via), i partner e dare loro fiducia. Nel mondo pre-Internet l'azienda poteva decidere se e cosa ascoltare, di solito usando le ricerche di mercato. L'ascolto era finalizzato quasi esclusivamente a capire con quali leve di marketing aggredire, spesso letteralmente, il proprio target. In fondo, dell'opinione della singola persona interessava poco: l'individuo non era un fattore dell'equazione, non aveva una misurabile influenza sul business se si lavorava sul mercato mass market. Si indagava sui grandi target, sulle masse. Si accettava serenamente una buona dose di ignoranza, di mancata analisi a livello granulare del mercato. Soprattutto, mancava il senso di voler dare realmente retta alle persone. In sostanza, non ce n'era la necessità e una tale predisposizione avrebbe poi mancato di portare ad attività realizzabili, non se ne sarebbe fatto nulla.

Oggi non solo sono cambiati gli strumenti, ma anche le aspettative dei clienti rispetto a marche e aziende. In un mondo dove sempre di più i prodotti sono intercambiabili, fino a diventare delle commodity, spesso la battaglia si conduce sugli intangibili, su come siamo percepiti. La percezione si costruisce anche sulla base della rispondenza delle aziende alle attese degli utenti.
Oggi, una delle forti aspettative è che le imprese ascoltino i clienti, si interessino a essi, ci tengano, che rispondano davvero alle loro esigenze, che entrino in una dinamica relazionale diversa dal semplice sfruttamento del loro reddito disponibile. Quello dell'ascolto non è solo un giocare di rimessa, un obbligo che ci impone il mercato. Un atteggiamento, un approccio curioso e inquisitivo è alla base di un corretto approccio di marketing, perché solo i curiosi troveranno modi nuovi e più efficaci di fare business. Ed è quindi nell'interesse delle aziende partecipare a questo nuovo rapporto.
I pericoli e le difficoltà non mancano: ascoltare il pubblico non è mai stato tra gli obiettivi istituzionali delle aziende, specialmente di quelle mass market. Passare a una modalità diversa implica un cambio della filosofia e della politica aziendale, riallocazioni di tempo, e quindi di budget, riassetti organizzativi e del modo di lavorare all'interno (del tema dell'ascolto, in una logica più operativa, parleremo più diffusamente nel Capitolo 10).

APPROFONDIMENTO

Ma cosa cercano le persone, in Rete? Qualche spunto interessante può venire dall'annuale "Zeitgeist" di Google: una serie di classifiche che identificano lo "spirito del tempo" attraverso la raccolta dei termini più cercati sul più grande motore di ricerca del mondo. Questa classifica ci restituisce l'immagine di un'Italia piuttosto superficiale e molto televisiva, che si fa coinvolgere dai mega eventi e dai grandi show, se teniamo conto che le 10 top ricerche su Google nel 2015 sono state queste:

1. Pino Daniele;
2. Grande Fratello;
3. Isola dei Famosi;
4. Parigi;
5. Sanremo 2015;
6. 50 sfumature di grigio;
7. Miss Italia 2015;
8. Expo;
9. Charlie Hebdo;
10. Valentino Rossi.

(https://www.google.com/trends/topcharts).

6. Considerare diversamente il tempo

Quando parliamo di tempo, in relazione a progetti di comunicazione digitale, lo possiamo vedere in almeno due sensi.

Il primo senso è quello del **tempo necessario per fare le cose per bene**, o almeno per farle ragionevolmente corrette. Sviluppare un progetto digitale tende a essere molto più time consuming di quanto potrebbe pensare chi non ne sia esperto.

Per capirci, in fondo fare uno spot da 30" è un processo più semplice e rapido di quello che è lo sviluppo di un sito o di un progetto complesso di social media. Poco tempo in genere significa poca qualità, e pochi risultati. Se la gattina frettolosa ha fatto i gattini ciechi, il partner o il fornitore che non ha i tempi giusti non potrà pensare abbastanza, non potrà testare e verificare, non potrà individuare tutti gli inevitabili errori che si sono infilati. Azienda e agenzia lavoreranno sotto stress, i rapporti diventeranno tesi, i risultati messi a rischio.

Dall'altro punto di vista, il tema è quello dei **tempi in cui si vedono i risultati**. Non ha senso fare degli assoluti ma, se dobbiamo ragionare in bianco e nero, possiamo affermare che se un'azienda ha bisogno di risultati in tempi brevi probabilmente conviene fare pubblicità e non comunicazione sul digitale, anche se può dipendere da caso a caso. L'advertising televisivo ha normalmente un qualche riscontro immediato sulle vendite, sugli obiettivi, a condizione che il piano media sia efficace, il budget sufficiente e la creatività almeno adeguata. Il modello è un po' quello dello stimolo pavloviano: dando un input alle persone, al loro interno succede qualcosa, cambiano (rapidamente) atteggiamenti e comportamenti. Purtroppo per le aziende, questo modello comportamentale, che funzionava bene nei decenni passati, ha nel tempo perso di efficacia.

“Se un'azienda ha bisogno di risultati in tempi brevi probabilmente conviene fare pubblicità.”

Sul digitale, e specialmente sui social, costruiamo relazioni con la gente. Basta fare riferimento alle nostre esperienze personali per comprendere che, di norma, non si tratta di processi istantanei. È vero che tra gli individui può scoccare il colpo di fulmine, ma è un'eccezione più che una regola. Per diventare amici, per sviluppare una relazione, ci vogliono tempo, ripetute interazioni, un track record di interazioni positive, la percezione di un reale interesse da parte dell'altro nei nostri confronti. Lo stesso accade quando la nostra marca vuole costruire una relazione, vuole costruire una fedeltà. Certo ci sono azioni tattiche anche online che possono, e devono, portare risultati in tempi brevi: concorsi, promozioni, giochi. Ma per cambiamenti più profondi, e duraturi, occorre mettere a budget mesi, non giorni. Purtroppo funziona così.

7. Velocità di reazione e flessibilità

Una notevole parte dei manager oggi in azienda si è formata nei tempi in cui la comunicazione coincideva in larga misura con l'advertising. Un tipo di comunicazione caratterizzato da tempi abbastanza lunghi per la strategia, la creatività e la produzione; sottoposto a vincoli temporali, per esempio per le consegne dei materiali; soprattutto caratterizzato da rigidità di sistema. Una volta consegnato e messo in onda lo spot, non restava che attendere i risultati. Se anche fosse andata male, non era generalmente possibile intervenire in tempi brevi, creando, producendo e diffondendo un nuovo spot, anche per i costi elevati. In sostanza era un modello "fire and forget": lanciata la comunicazione spesso si entrava in pausa, o si iniziava a lavorare per il messaggio successivo, che magari sarebbe stato lanciato mesi dopo. Quindi si lavorava per "grandi eventi", per flight di attività intense solo in determinati periodi dell'anno, con l'eccezione di aziende dalle tasche molto profonde, come le telefoniche, che investivano in comunicazione in modo praticamente continuativo.

Oggi i mezzi digitali permettono di creare e diffondere messaggi nel giro di pochi minuti, anche se le grandi e potenti campagne continuano a necessitare di mesi di pensiero e realizzazione; ci permettono di comunicare in tempo reale, tutto sommato; di cambiare il nostro messaggio nel giro di pochissimo. Un'opportunità, ma anche un vincolo. Il target, a fronte di una campagna sgradita, non reagirà bene alla prima esposizione. Alla seconda, alla terza, inizierà probabilmente a porsi dei dubbi. Da un certo punto in poi inizierà a domandarsi, magari pubblicamente, perché la nostra azienda insista pervicacemente in una comunicazione sbagliata, anche dopo che ci ha più volte segnalato il suo malcontento. Perseverare è diabolico, ed è uno di quei punti che possono dare origine a delle crisi, a delle forti e diffuse critiche su Internet da parte del pubblico. Ci si attende, dunque, che l'azienda monitori quanto succede e intervenga con grande rapidità, visto che è perfettamente noto che dal punto di vista tecnico non ci sono problemi. Ma non è noto, e nemmeno interessa, quanto sia invece più complicato dal punto di vista dei flussi, dei processi e delle approvazioni aziendali. Evidentemente, allora, il problema sta nel modello organizzativo. Sono ancora rare le organizzazioni dotate di processi abbastanza flessibili da riuscire a reagire velocemente ai cambiamenti provenienti dall'esterno, considerando anche che spesso questi cambiamenti si manifestano senza preavviso. Il problema si incentra su quanto delegare e cosa controllare; quanta autonomia dare, supponendo che le persone siano responsabili e ben formate; come assicurare l'aderenza a linee guida stra-

"Le grandi e potenti campagne continuano a necessitare di mesi di pensiero e realizzazione."

tegiche aziendali con la necessità di agire, tipicamente sui social, nel giro di pochi minuti; come gestire il fatto che l'attività in Rete da parte delle persone è continua, 24/7.

Figura 2.10 – In Italia un'azienda molto attenta al tema del real time marketing è sicuramente la birra Ceres. In questa immagine, il riferimento è alla vicenda delle statue di nudi dei Musei Capitolini, coperte durante la visita del presidente iraniano Rouhani per non urtarne la sensibilità (qui la storia: http://bit.ly/1TatowD).

Se noi "chiudiamo" nella notte, nel week end, nelle vacanze, lasciamo possibili crisi non presidiate e libere di espandersi in modo incontrollato. O lasciamo che interessanti opportunità da cogliere al volo non vengano nemmeno intraviste, e tantomeno sfruttate.
Per le aziende "evolute", una delle nuove frontiere è il real time marketing, che si traduce nella capacità di reagire immediatamente o quasi ad attacchi od opportunità di comunicazione e di cavalcare fenomeni culturali o accadimenti, proprio mentre la gente ne discute e c'è interesse intorno a un argomento, per l'appunto "popolare".
Attenzione però a non innamorarsi del mezzo a tutti i costi: non mancano infatti le voci critiche sull'efficienza economica dello strumento (anche se forse ne sottovalutano l'effetto sulla percezione). Un interessante articolo

apparso su Contently.com[17] alla vigilia del Super Bowl 2015 analizza il fenomeno del real time marketing legato a questa manifestazione, diventato ormai di rito dopo il famoso tweet di Oreo durante la finale del 2013, funestata da un black out. L'articolo racconta e documenta il fatto che spesso "l'esserci per forza" non paga, e anzi è solo denaro ed energia buttati via.

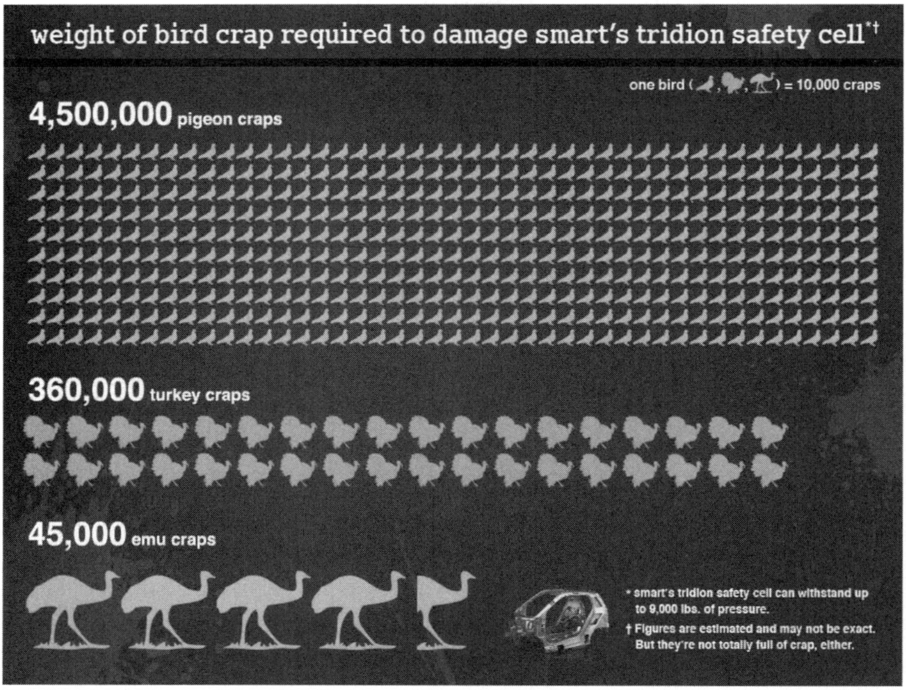

Figura 2.11 – Tra le aziende più vivaci nel mondo possiamo citare Smart e NASA. Qui è Smart che si aggiudica il premio nella categoria "risposte pronte". Una frecciatina pubblicata su Twitter da un utente ("ho visto un uccellino fare i propri bisogni su una Smart, l'ha distrutta") è stata trasformata in un epic win, grazie a una pronta risposta e un'infografica che, in base a calcoli scientifici, determinava che per distruggere una Smart sarebbero necessarie le deiezioni di circa 4,5 milioni di uccelli (http://zd.net/1qhQedx).

17. http://bit.ly/1sjDR2w.

By DANIELLE ELLIOT / CBS NEWS / March 3, 2014, 11:03 AM

NASA tweets real "Gravity" photos as film wins Oscar

NASA

Comment / 40 Shares / Tweet / Stumble / Email

As the film "Gravity" took home seven Oscars -- the most of any film this year -- NASA cheered on the cast and crew by tweeting out photos of actual space missions.

In the film, Sandra Bullock and George Clooney play astronauts who are stranded in space after their space shuttle is damaged mid-orbit. Getting back to Earth becomes a solo mission for Bullock's character, Dr. Ryan Stone, after Clooney's Lieutenant Matt Kowalski sacrifices himself to give her a chance to live.

Most Popular

01 3-year-old tells Texas cop, "I need a beer" 87769 views

02 Mitt Romney: Donald Trump "a phony, a fraud" 70151 views

03 S.C. teacher resigns after nude pictures sent around 69472 views

04 Tragic end to domestic dispute for brand new Va. cop 67450 views

05 Oscars 2016: Highlights and winners 64663 views

Figura 2.12 – Il caso della NASA è invece della tipologia "cavalcare momenti ed eventi di grande interesse". Nella serata degli Oscar 2014 (evento popolarissimo, molto seguito e commentato online) la NASA ha sfruttato l'incetta di Oscar (ben 7) realizzata dal film *Gravity*, ambientato nello spazio. La NASA non ha perso l'occasione per ricordare di essere l'ente in grado di trasformare questi sogni del pubblico in realtà, "the real thing", usando le bellissime immagini a sua disposizione e inserendo nei testi, oltre agli hashtag della cerimonia degli Oscar, anche quelli propri come #RealGravity, per sottolineare la differenza tra la realtà e la fantasia. L'obiettivo sottostante era di far crescere la popolarità dell'ente e le sue attività e rendere più difficile per il governo effettuare tagli ai budget per la NASA, attraverso un engagement con il pubblico molto strategico, sensato, piacevole ed estremamente coerente (http://go.nasa.gov/24PG5En e http://cbsn.ws/1TK1F5c).

Figura 2.13 – Il celebre tweet di Oreo, che rimane uno dei capisaldi del real time marketing.

8. Voglia di relazionarsi ma molto buon senso

Si potrebbe scrivere un'enciclopedia su come l'arrivo di Internet abbia cambiato la società, e come le persone si relazionino in modo diverso, soprattutto per effetto dei social media. L'entrata in questa arena da parte di aziende e organizzazioni, che hanno visto nella possibilità di creare relazioni affettive un vantaggio competitivo, ha cambiato lo scenario del marketing: non si tratta, infatti, di fare advertising, ma di cambiare il modo in cui le aziende prendono posto nel mondo degli utenti.

Nel tempo, si sono create attese e aspettative relative all'approccio di relazione delle e con le aziende. Non è detto che tutte si debbano relazionare, anzi: molte marche non sono titolate a relazionarsi, ma solo a informare (va benissimo offrire sconti senza pretendere di essere grandi amici). È, in effetti, un errore abbastanza grave pretendere a tutti i costi di avviare una relazione, o di costruire una community, con persone che non ne sentono il minimo bisogno. Forse la nostra marca o il nostro prodotto non sono in grado di suscitare emotività e coinvolgimento; forse possiamo al massimo suscitare un sorriso, che sicuramente influisce sulla percezione e forse sulle preferenze d'acquisto. Sicuramente non possiamo imporre un'interazione se non siamo interessanti. Qui i casi sono due: non siamo stati abbastanza bravi nel nostro marketing, oppure il nostro prodotto proprio non ha speranze. È vero che con tempo, denaro e costanza, è probabile si riesca a costruire un immaginario e una relazione su quasi qualsiasi cosa, usando professionisti capaci e dandosi un orizzonte temporale. D'altra parte, però, è sano domandarsi se il gioco valga la candela. Se questi investimenti di lungo periodo davvero porteranno risultati tali da giustificare i costi. Se davvero, una volta riusciti a trasformare la nostra marca di bulloni in un lovemark[18], riusciremo a sbaragliare la concorrenza dei cinesi sui prezzi.

Va considerato che ci sono parecchi casi in cui voler diventare una marca relazionale è un'impresa che non funziona. Forse, ma bisogna pensarci molto bene prima di arrendersi, non siamo destinati ad avere conversazioni ma solo a dare informazioni, servizio e prezzo, senza pretendere a tutti i costi che le persone comunichino regolarmente con/di prodotti che non entrano nella sfera emotiva. Per capirci: possiamo rispettare e stimare un idraulico, data la sua rapidità e competenza possiamo pagare volentieri le

---

18. "[...] Il lovemark trascende la 'semplice' marca. Offre un'esperienza che sorpassa le aspettative di superior performance del consumatore.
Come le marche si basa su un forte rispetto da parte del mercato – ma a differenza delle marche più blande, il lovemark dovrebbe arrivare diretto al cuore, creando una relazione tanto forte da creare una dipendenza affettiva" (http://bit.ly/27jc1Di).

sue prestazioni, specialmente se sono più economiche della media; possiamo essergli fedeli; ma questo non comporta l'aver voglia che ci telefoni per invitarci a prendere un caffè o a uscire a cena con lui.

Figura 2.14 – Nel momento in cui un'alluvione ha devastato la fabbrica della pasta Rummo, i social media si sono subito mobilitati, invitando tutti a sostenere l'azienda in un momento difficile – acquistandone i prodotti. In tempo di crisi moltissime aziende sono in difficoltà, anche peggiori di questa, ed è raro vedere una tale mobilitazione popolare: questo è un chiaro segno dell'esistenza di un rapporto affettivo delle persone con la marca, che trascende gli aspetti commerciali.
Si veda: http://bit.ly/1TatHaP.

9. Onestà

Oggi le persone esprimono un desiderio di "autenticità", ci dicono gli studiosi dell'internet marketing. Se vogliamo guardarla più terra terra, possiamo dire che le persone si sono stancate di prendere fregature, grandi o piccole. O che, come minimo, hanno perso molta della fiducia che un tempo si aveva nei confronti di aziende e marche. Sono quindi, se non negative, generalmente "positive con riserva", con rare eccezioni. In sostanza, nella testa della gente c'è un pensiero sommerso, un dubbio: ci si domanda se non ci sia una trappola dietro alle promesse dell'azienda, se gli slanci di attenzione e generosità della marca nei nostri confronti non celino qualcos'altro. Su questo terreno di diffidenza trovano facile esca le polemiche derivanti dalla scoperta che ciò che è stato promesso non risponde alla realtà, o che ciò che abbiamo dichiarato, tanto più se in ambito valoriale, di filosofia dell'impresa, si rivela essere una tattica di marketing per manipolare il pubblico; per abbellire o falsificare una realtà aziendale ben diversa e molto più tesa a fare i nostri interessi che quelli dei clienti e della società in generale. Caso tipico sono le periodiche crisi che colpiscono le aziende accusate di greenwashing, cioè di proporsi come ecologiche solo a parole, in comunicazione, coprendo invece con una mano di vernice verde una realtà poco attenta all'ambiente.

Questo modello si applica anche a tutte le comunicazioni in cui l'azienda si propone come customer centrica, appassionata od ossessionata dal cliente... salvo poi tenere quarti d'ora in attesa al call center telefonico, rispondere male, rifilare un disservizio (Figura 2.15).

Figura 2.15 – Una delle cose peggiori che possa capitare a un'azienda è essere beccata con le mani nel sacco a truccare le carte sui social. Quando Orangina, popolare bevanda francese, è stata accusata di aver utilizzato utenti falsi per supportare la propria pagina Facebook, è montata in Rete una polemica non da poco, documentata qui: http://bit.ly/1UYczcQ.

L'approccio consigliato è quello della cautela: cioè underpromise e overdeliver, non promettere troppo e sorprendere, invece, con un comportamento che superi le aspettative, dimostrare con i fatti ciò che abbiamo promesso a parole.

L'ovvia complicazione è che qui si tratta di lavorare su ciò che si è, non su ciò che si dice. Quindi trasformare le aziende, con tutte le conseguenze del caso.

D'altra parte, l'abbiamo già detto, la comunicazione è sempre meno quella coperta che nasconde le nostre mancanze, rendendoci cosmeticamente sexy agli occhi del pubblico. Di conseguenza l'onestà non è più un "valore di marca", un tema da cavalcare in comunicazione: deve essere un comportamento reale, a tutti i livelli. A partire da cosa e come ci proponiamo alle persone nella nostra rete in termini di relazione.

10. Cercare la qualità

Ciò che è importante è la qualità, più che il "facciamolo a poco". Già di base le persone non sono così stupide come certe aziende sembrano pensare, a giudicare da certe forme di comunicazione che si vedono. O meglio: certamente una parte del pubblico, soprattutto per questioni culturali e di educazione, non è particolarmente sofisticata, critica, analitica. Ma si tratta di fasce che non rappresentano certo la totalità del pubblico. Per di più, il mondo della Rete, l'accesso facile all'informazione e alla discussione, la possibilità di ascoltare voci fuori dal coro ha aumentato la capacità di valutazione del mercato. A peggiorare la situazione, l'arrivo di numerose iniziative di buona comunicazione, spesso originate da multinazionali dotate di una corretta visione, di cospicui budget e di un modo di lavorare sempre più orientato alla cultura digitale, ha alzato l'asticella. Sono cresciuti gli standard dei progetti di comunicazione. Diciamo, anche, che in fondo si sono raffinati i gusti del pubblico.
Se qualche anno fa potevamo cavarcela, anche giocando sul fattore novità, su un'attività quick and dirty, oggi lo scenario si è fatto più complicato: la Rete, i social, soprattutto Facebook, sono pieni di iniziative fotocopiate, di progetti poco pensati, di attività che non hanno un gran senso strategico, di proposte di engagement poco interessanti. Vero è che con pochi euro, e si torna al tema dei costi, si può rapidamente mettere in piedi una qualche pagina Facebook, un blog e via dicendo; ma se questo è "fatto male", se non risponde a bisogni e desideri del pubblico, non funzionerà. Saranno pure pochi soldi, ma buttati. Una inefficienza, oggi, sempre meno accettabile nel bilancio delle aziende.
Non basta dunque "presidiare il canale", far qualcosa per esserci; bisogna fare bene. Soprattutto bisogna, se non abbiamo esperienza, aprirsi alla sperimentazione, con un solo grande obiettivo: capire, imparare, per fare bene o benissimo al prossimo giro.

11. Approccio strategico, più che tecnologico e operativo

Ricapitolando e riassumendo, quello che davvero rappresenta un vantaggio competitivo è pensare in termini strategici. Capire come vincere la guerra, non concentrarsi a prendere un paio di colline vicine, e poi domani si vedrà. Capire dove vogliamo andare e come. Sulla base della strategia potremo, poi, fare giuste e oculate scelte in termini di operatività, di attività, sviluppare la creatività appropriata, scegliere i mezzi e gli strumenti tecnologici più appropriati, farci guidare da evidenze del mercato: per esempio, l'inevitabilità di essere presenti, e bene, sulle piattaforme mobili, dato che le persone accedono alla Rete in modalità sempre più mobile che fissa, ed è prossimo il sorpasso dell'accesso da smartphone/tablet rispetto al computer (Figura 2.16).

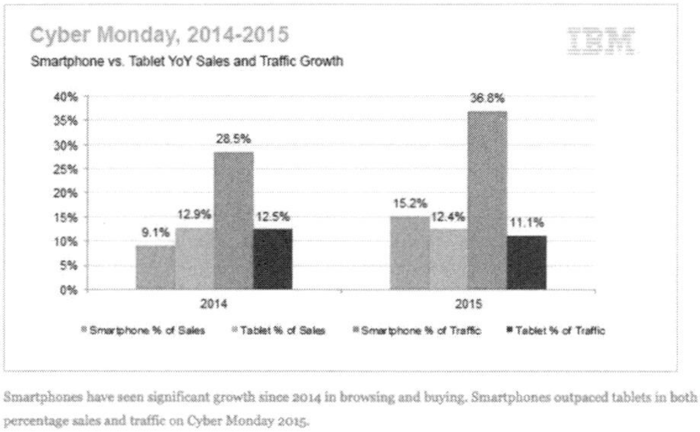

Figura 2.16 – Durante il Cyber Monday 2015, giornata chiave per gli acquisti online (specialmente negli USA), IBM ha rilevato un traffico da mobile (diretto verso i siti di ecommerce) in crescita del 16,3% rispetto al 2014; quello che è ancora più interessante è che quest'anno il traffico da mobile (ricordiamoci, diretto verso siti dove si fa business, fatturati) è arrivato quasi al 48% del totale, vicinissimo quindi al sorpasso, da tempo previsto, sul traffico da "fisso".
Si veda: http://ibm.co/1MUZnjw.

Occorre evitare di innamorarsi di piattaforme tecnologiche, se queste non sono funzionali alla strategia. Di sicuro possono nascere opportunità di creatività offerte da tecnologie innovative dotate di un potenziale di stupire, di wow factor, ma questo di per sé non è sufficiente a darci il successo: basti pensare a quanti crimini strategico-creativi sono stati commessi nell'uso della Realtà Aumentata, o di quanto limitato sia in fondo l'impatto, in termini generali, dei QR Code, se non pensati come strumento che abilita interazioni e attività fortemente integrate nella strategia.

Figura 2.17 – I QR Code sono uno degli esempi più classici di tecnologia molto interessante, spesso usata malissimo. Un ottimo approfondimento sul tema in questo esilarante video: http://bit.ly/1WuBkhZ.

CAPITOLO 3

LA COMUNICAZIONE DIGITALE PER FARE BUSINESS

Come abbiamo detto sin dall'inizio, non possiamo dimenticarci che, direttamente o indirettamente, lo scopo della comunicazione commerciale è sempre quello di influire sulla bottom line. Può essere, allora, interessante andare subito a ragionare su come funzionino i processi d'acquisto, utilizzando un modello in qualche misura accademico ma semplice, e come i media digitali, e non solo, possano riuscire a intervenire su percezioni e comportamenti per ogni step di questo processo.

Il buy cycle

Il modello che proponiamo come strumento di analisi e riflessione è quello del buy cycle, che segue la persona nel percorso che la porterà all'acquisto di un bene/servizio (Figura 3.1).
Nella nostra interpretazione, il buy cycle è composto da:

- awareness;
- interesse;
- enquiry;
- short list;
- acquisto;
- esperienze d'uso;
- invisibilità;
- insoddisfazione.

In questo modello, sviluppato dagli autori sulla base di modelli comparabili, tutto parte dall'**awareness**: dalla consapevolezza di un problema o di un'opportunità. Procediamo facendo due esempi: a) mi sveglio stanco al mattino e mi rendo conto che avrei bisogno di una vacanza; b) scopro che sul mercato è disponibile una nuova autovettura dai consumi ridottissimi.

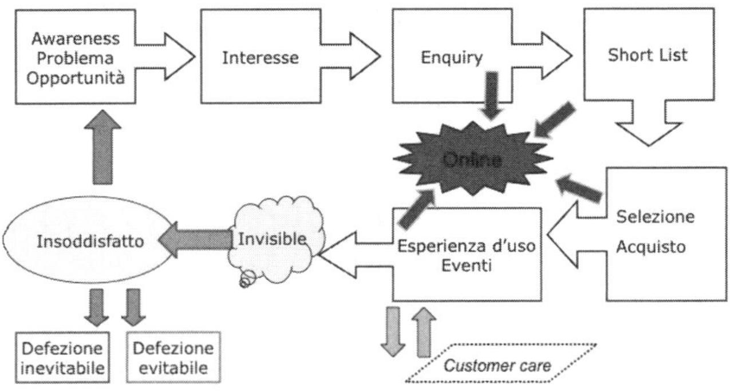

Figura 3.1 – Un modello di buy cycle.

Lo step successivo è quello dell'**interesse**. Siamo infatti quotidianamente esposti a migliaia di stimoli commerciali, ma fortunatamente riusciamo a rispondere solo a un numero limitato di essi. Si passa all'interesse quando, dopo aver raggiunto l'awareness, decidiamo che il problema o l'opportunità sono davvero importanti e di conseguenza: a) che stavolta prenderemo davvero una settimana di ferie; b) che è proprio giunto il momento di cambiare macchina.

A questo punto, se il processo non si interrompe, cosa sempre possibile, si può passare a una fase di **enquiry**, ovvero ci diamo da fare per raccogliere informazioni, per identificare la soluzione che soddisfa il problema, per approfondire il prodotto che ci ha interessato.

Da qui, specialmente se la decisione è complessa e coinvolge molte soluzioni possibili, si può passare alla costruzione di una **short list**, all'interno della quale effettuare la scelta.

Se tutto procede correttamente, si passa all'**acquisto** e iniziano le **esperienze post vendita**, a volte un vero e proprio processo di relazione con il prodotto/servizio.

In questo approccio teorico alla realtà possiamo presumere che il bene possa a un certo punto diventare **invisibile**: si interrompe il processo relazionale, ce ne dimentichiamo, lo usiamo senza pensarci.

Infine, arriveremo a uno stadio di **insoddisfazione**, quando cioè il prodotto o servizio non risponde più alle esigenze: il flacone di detersivo è terminato, il nostro bambino cresce e non usa più i pannolini, l'automobile funziona male o ci sembra fuori moda, una certa marca non fa più per noi.

A meno che non si esca dal mercato (si smetta di fumare, non vi sia più la necessità dei pannolini), può **ripartire il processo d'acquisto**. Se il cliente è soddisfatto e fidelizzato, si può andare direttamente al riacquisto. In altri casi, dobbiamo rimettere tutto in discussione, ripartendo da capo.

Ovviamente, questo è un modello teorico, in alcuni casi si saltano degli step o, come nel caso degli acquisti d'impulso, tutto il ciclo si può compiere in pochi secondi: ma ci dà comunque una guida per ragionare sull'impiego nel campo delle attività di marketing, e nel nostro caso della comunicazione digitale.

Come entra la comunicazione nel buy cycle? In estrema sintesi, possiamo dare alcune indicazioni di carattere generale. Nella fase iniziale, il nostro potenziale cliente può arrivare spontaneamente o casualmente all'awareness: può ragionare sulla propria situazione, può sentire parlare di noi da un conoscente. Per l'azienda è però più efficace riuscire a stimolare questa awareness, posto che se l'utente non ci conosce, o non pensa a noi, non sarà lui a venirci a cercare e dovremo essere noi a muoverci per stimolarlo. Questo è uno dei casi tipici in cui l'advertising svolge una funzione quasi insostituibile, anche grazie all'intrusività dello strumento, che permette di far conoscere il prodotto (se non sanno che esistiamo, non ci cercheranno su Google, non visiteranno la nostra pagina Facebook e così via), che può portare l'attenzione su un problema. In questa fase saranno importanti anche il passaparola e il ruolo degli influencer, che potranno far sì che il nostro target incappi casualmente in una qualche forma di conversazione/condivisione che lo porti all'awareness.

Per far passare il target dall'awareness a un vero interesse all'acquisto, spesso, è necessario un rinforzo di comunicazione. Supponendo che non si sia ancora attivato per capirne di più, potrà essere necessario esporlo nuovamente alla comunicazione in modalità push, che è quella spinta dall'azienda verso la persona, con strumenti analoghi a quelli della fase precedente.

Quando si passa alla fase successiva, tutto cambia. Qui la comunicazione è pull: nell'enquiry l'utente si fa protagonista attivo del processo, ricercando informazioni sui motori di ricerca, chiedendo agli amici, consultando TripAdvisor, postando domande in Rete, visitando blog specializzati. Questo significa anche che, in buona misura, il controllo del flusso di comunicazione è sfuggito dalle mani dell'azienda ed è entrato nelle mani della persona, che decide se accedere o meno a un sito, se chiedere o meno un parere agli amici, se consultare o meno la nostra pagina Facebook. Noi dobbiamo preoccuparci di essere rintracciabili, di essere una delle risposte che trova alla sua domanda. Da qui l'importanza, in questa fase, di un buon SEO, di avere una buona reputation online e sui social: ma anche di avere un buon sito/un buon blog, perché probabilmente le persone andranno a visitarlo per documentarsi. Naturalmente, in questa fase avanzata di decisione, avrà una grande importanza tutto ciò che abbiamo fatto precedentemente in comunicazione e

“Noi dobbiamo preoccuparci di essere rintracciabili.”

che ha creato una (buona?) impressione, che predispone favorevolmente all'acquisto, e questo possiamo tranquillamente definirlo branding: ecco perché in comunicazione dobbiamo sempre preoccuparci di pensare a lungo termine, e non solo a breve.
Nella fase di short listing la situazione è analoga, e nella fase di acquisto diventa decisivo il punto vendita, sia tradizionale sia digitale (il negozio di e-commerce), come strumento di persuasione e conversione.

Il buy cycle

	Fase	Descrizione	Comunicazione
1	Awareness	Acquisizione della consapevolezza di un problema o di un'opportunità	Stimolare la conoscenza: adv, passaparola, influencer
2	Interesse	Dopo averne preso coscienza, si decide che il problema o l'opportunità sono davvero importanti	Stimolare il bisogno di informazione: adv, passaparola, influencer
3	Enquiry	Raccolta di informazioni per identificare la soluzione che soddisfa il problema	Comunicazione pull, il controllo è passato al consumatore: SEO, reputation, buona presenza online
4	Short List	Selezioniamo le opzioni più interessanti	Comunicazione pull, il controllo è passato al consumatore: SEO, reputation, buona presenza online, punto vendita (anche e-commerce)
5	Acquisto	Acquistiamo il prodotto che ha soddisfatto tutte le condizioni precedenti	Comunicazione pull: SEO, reputation, buona presenza online, punto vendita (anche e-commerce)
6	Esperienza d'uso	L'uso del prodotto implica spesso una relazione con esso	Il cliente diventa un media, gestione della relazione
7	Invisibilità	L'uso del prodotto diventa automatico, tanto che non ci accorgiamo più della sua esistenza	–
8	Insoddisfazione	Il prodotto non risponde più alle nostre esigenze	–

Tabella 3.1 – Fasi e gestione del buy cycle.

È importante notare che, nei tempi pre-Internet, nelle fasi di enquiry, short list e acquisto, il dominio del punto vendita e del personale lì impiegato era estremamente rilevante, come principale (se non unico) strumento di approfondimento: si pensi al caso dell'acquisto di un'automobile o di un'assicurazione. Oggi, è esperienza comune veder entrare in negozio clienti ampiamente documentati, a volte più preparati dei commessi: ciò porta alla necessità di riflessioni sul futuro del trade.
Nel post-acquisto, infine, subentrano le esperienze d'uso: l'utente si può trasformare in un media, che trasmette in Rete messaggi, positivi o negativi, sulla nostra marca o prodotto. Un'opportunità o una minaccia da stimolare o da gestire.

Parte II

La strategia digitale

Tactics without strategy is the noise before defeat.

Anonimo, generalmente attribuito a Sun-Tzu

CAPITOLO 4

STRATEGIA: CHE COS'È, PERCHÉ SERVE

Per definire cosa sia la strategia rifacciamoci all'etimologia del nome: la strategia è l'arte del condurre un esercito. È un'arte da generali, e l'obiettivo di un generale è quello di vincere la guerra. La strategia non è l'arte di vincere le scaramucce, le piccole battaglie. Questa è la tattica, e non è il compito del generale. Il generale studia le grandi linee; saranno poi i sottoposti a definire come, all'interno della strategia di guerra, sviluppare le azioni locali. In azienda la strategia è lo schema con il quale si farà prosperare l'impresa.

Moltissima letteratura è disponibile sul tema, quindi non andremo troppo a fondo sui temi generali della strategia di business: basterà ricordare che, in estrema sintesi, si tratta di **definire quali siano gli obiettivi** che l'azienda decide sia corretto darsi. Di conseguenza, **individuare strumenti e risorse** e **sviluppare piani per raggiungere questi obiettivi**, tenendo conto delle caratteristiche e specificità del proprio mercato, di limiti esterni e interni, di must imposti da azionisti o sedi internazionali e così via. A cascata, da una strategia di business discendono quelle di comunicazione, cioè come questa dovrà contribuire al raggiungimento degli obiettivi aziendali (Figura 4.1).

Se, per esempio, un'azienda ha come obiettivo quello di aumentare il proprio valore azionario, in vista di farsi acquistare da una società più grande, le attività di comunicazione che dovranno essere impiegate saranno molto diverse da quelle che andranno sviluppate se l'obiettivo fosse aumentare le proprie quote di mercato o entrare in mercati finora non presidiati. Quindi, dove si colloca la strategia di comunicazione digitale nel processo di sviluppo del business? È importante capire cosa viene prima e cosa dopo, e la gerarchia dell'importanza dei vari elementi. In azienda possiamo dire che la cosa più importante sia la strategia di business, ovvero come essa preveda di agire per avere successo, prosperare, sopravvivere.

Figura 4.1 – La strategia è la strada per raggiungere i nostri obiettivi in presenza di fattori, esterni o interni, che ci aiutano o ci ostacolano.

Al suo servizio si mettono una serie di strumenti, tra cui la strategia di marketing, cioè come il marketing intenda muoversi per supportare la strategia di business; e la stessa cosa faranno anche la finanza, le risorse umane e le altre funzioni aziendali.

Dato che la comunicazione è, o dovrebbe essere, parte del marketing, ci sarà una strategia di comunicazione a supporto di quella di marketing. Nella prima, che organizza l'uso di tutti i mezzi e strumenti, si parlerà ovviamente di comunicazione digitale, così come anche di quella tradizionale, se impiegata. Il buon manager si concentrerà su quale sia la strategia di comunicazione complessiva dell'azienda, e solo in seguito si occuperà di quali siano gli strumenti digitali più adatti, e non: prima si pensa alla strategia, poi ai tool. Selezionati questi ultimi, si occuperà di come svilupparli al meglio, sempre restando in linea con la strategia e cercando un effetto sinergico, e non dispersivo, dei vari strumenti, specialmente nell'integrazione tra quelli tradizionali e quelli digitali.

Come un buon generale non ordinerà di fare un lancio di paracadutisti in un bosco perché è di moda farlo, oppure un cannoneggiamento dall'altra parte del mondo perché gli sembra un'idea interessante, così chi si occupa di comunicazione non si concentrerà sul fatto che oggi tutti sono su Facebook, e quindi di trovare qualche modo per esserci senza avere davvero una buona ragione per farlo.

Key Learning

Non si possono fare strategie di comunicazione senza conoscere e comprendere gli obiettivi dell'azienda.
Gli strumenti vengono dopo, molto dopo, la strategia.

Che cosa non è la strategia digitale?

Non è strategia digitale, quindi, decidere che il futuro della nostra comunicazione è un account Twitter o un canale YouTube, o un video "virale"[19], senza un perché. Innamorarsi degli strumenti, seguire le mode, adottare approcci che non necessariamente si confanno alla nostra situazione, improvvisare senza delle solide basi equivale a correre un rischio elevatissimo di sprecare soldi e tempo. Da un lato perché se si spara senza mirare è altamente probabile che si vada fuori bersaglio. Dall'altro perché, specialmente in situazioni di risorse scarse, non ci possiamo permettere il lusso di investire in iniziative che non siano tutte allineate, sinergiche, che lavorino di concerto per ottenere la massima efficienza e la massima efficacia. O almeno, provarci. Occorre, quindi, rifuggire dalla tentazione di fare anche noi quello che "fanno tutti", di dare all'agenzia il compito di sviluppare un'iniziativa senza dare un brief, senza inquadrarla in una strategia. D'altronde, all'agenzia spetta il compito, a volte non facile o politicamente impossibile, di preservare il cliente da errori costosi. Occorre ricordare che la tecnologia è sempre uno strumento di marketing, non un fine a sé; e anche se sul mercato c'è una sovrabbondanza di soluzioni in cerca di un problema, noi cerchiamo di identificare prima i problemi e poi, se è il caso, di innamorarci di una soluzione.
In sintesi, le azioni svolte sul canale digitale (o che utilizzano strumenti digitali) che non hanno un legame diretto con la strategia di business non sono strategia digitale, ma pura espressione estemporanea del brand, che non ha radici e non può prevedere sviluppi armonici rispetto alla comunicazione dell'azienda.

19. È una pessima abitudine quella di parlare di "video virali" prima ancora di averli pensati, realizzati e pubblicati. Un video diventa virale se è abbastanza bello (o interessante, o divertente, eccetera eccetera) da spingere moltissime persone a condividerlo. La nostra esperienza ci dice che è veramente raro che questa favorevole situazione si venga a creare con dei video studiati a tavolino da un brand per diventare virali.

Key Learning

Azioni senza strategia sono attività casuali ed estemporanee che costano ma non danno alcuna certezza del risultato.
La tecnologia è uno strumento, non il fine. Individuiamo prima il problema che vogliamo risolvere e scegliamo le soluzioni in base a questo, senza innamorarci delle mode.

Che cos'è la strategia digitale

La strategia digitale è la definizione della presenza in Rete di un brand: il suo modo di stare al mondo, nel mondo digitale. Avremo modo di parlare ampiamente delle sempre più frequenti situazioni in cui "stare al mondo" significa anche, o soprattutto, avere una presenza digitale. Per il momento concentriamoci sulle situazioni in cui le due vite del brand possono essere complementari, ma non del tutto l'una parte dell'altra.
Partendo dagli obiettivi di business, la strategia digitale traccia le declinazioni più efficaci per il raggiungimento degli obiettivi prefissati e per la corretta presentazione della strategia di comunicazione sui canali digitali: web, mobile, e-mail, social e così via. La strategia digitale nasce, quindi, da un percorso che attraversa tutti i momenti della costruzione di una brand vision, rileggendoli alla luce delle opportunità, delle esigenze e dei codici del canale digitale. Oltre all'adesione agli obiettivi dell'azienda, esiste sempre una stretta relazione tra brand vision e strategia digitale: la prima rappresenta la visione a partire dalla quale nasce la cultura della marca desiderata, la seconda ne definisce i contorni e traccia le basi per far vivere questa cultura (anche) in Rete.
La strategia digitale è il luogo in cui si identificano e si declinano i valori del brand, si stabiliscono le modalità della sua distribuzione in Rete, si definisce la value proposition e la si declina. In questa prospettiva, è chiaro che il digitale non è considerato solo come un canale, bensì come una vera e propria leva di marketing, alla stregua del prodotto, della distribuzione, del prezzo. Il fatto è che attraverso il digitale l'azienda può fare molte più cose che non comunicare sé stessa e basta: può vendere, lanciare promozioni, svolgere ricerche di mercato, attivare community finalizzate al crowdsourcing, alla co-creazione, alla relazione. Può cambiare il modo in cui distribuisce i prodotti e li concepisce. Può modificare i metodi con cui fa efficienza e cost cutting. Se poi tutto ciò sia competenza del marketing o della comunicazione, o di qualche altra funzione aziendale, dipende dagli obiettivi che ci si è dati e dall'organizzazione della compagnia, che

“La strategia digitale è il luogo in cui si identificano e si declinano i valori del brand.”

dovrebbe seguire la definizione degli obiettivi e non determinarla, ma sappiamo che questo non sempre accade.
Sgombriamo subito il campo da un possibile malinteso: una strategia digitale legata strettamente alla brand vision non è territorio esclusivo delle internet company, comunque le si voglia intendere. Non è necessario essere Amazon per averne una, né aspettare di attivare una piattaforma di community per pensarci: tutte le aziende che vogliono muoversi sul mercato, e che intendono essere presenti sul canale digitale, a vario titolo, anche solo per farsi trovare dai loro clienti, devono pensarci. A partire da quando? Se, come abbiamo detto, esiste una relazione stretta tra brand vision e digital strategy, è chiaro che il momento per tracciare la strategia digitale è subito, nel momento stesso in cui ci si muove per creare il piano di marketing.

Key Learning

La strategia digitale è il luogo in cui si identificano e si declinano i valori del brand, si stabiliscono le modalità di distribuzione del brand in Rete, si definisce la value proposition e la si declina.
In questo senso agisce come una leva di marketing: come il prodotto, la distribuzione, il prezzo.

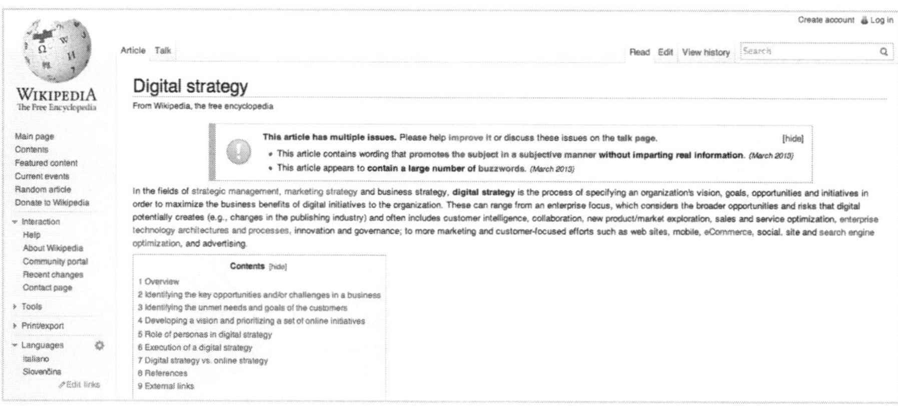

Figura 4.2 – La digital strategy secondo Wikipedia: https://en.wikipedia.org/wiki/Digital_strategy.

CAPITOLO 5

COME SVILUPPARE UNA STRATEGIA DIGITALE

Così come un generale non ha a disposizione mezzi infiniti, ancor meno l'azienda ha a disposizione tutto ciò che servirebbe, in uno scenario ideale, per una perfetta attività di business e di comunicazione.
Sviluppare una strategia digitale, e renderla operativa, richiede tuttavia un investimento sensato in denaro, tempo e competenze. Queste tre cose vanno sovente insieme, ma sono spesso vissute come problematiche distinte. Proviamo perciò ad analizzarle in questo modo, e cioè evidenziandone le interconnessioni, ma ragionando come se potessero andare ciascuna per la sua strada.

I soldi

Il vincolo principale normalmente è costituito dalle **risorse economiche.** Quasi mai si ha il budget necessario per sviluppare, contemporaneamente, tutte le attività di marketing, distribuzione, comunicazione e promozione che sarebbe opportuno svolgere a supporto della marca, del prodotto, dell'azienda.
Abbiamo già parlato (nel Capitolo 2, al paragrafo "Investimenti adeguati e costanza") del fatto che il digitale non è necessariamente un canale low cost. Anzi, in linea teorica, e di conseguenza in termini di budget, richiede a volte un atto di fede da parte dell'azienda, perché:

- è un lavoro i cui risultati si possono apprezzare appieno nel medio-lungo periodo, ma nel frattempo le attività devono procedere ed essere finanziate;
- la misurazione del ROI (return on investment) appare meno lineare di quanto non sembri, per esempio, nell'advertising tradizionale. Di conseguenza le risorse economiche connesse alle attività digitali sono vissute più frequentemente come spese che come investimenti;

- il mercato degli operatori del digitale è molto frammentato, essendo formato da agenzie di tutte le dimensioni (dalla multinazionale della comunicazione al freelance) e specializzate in tutti i settori (dalla creazione di siti al SEO, dal social al video seeding e così via). È dunque molto difficile valutare il prezzo di un servizio digitale, in parte anche perché è difficile valutare la qualità del servizio offerto.

Oltre a questi, che sono fattori oggettivi che influenzano la decisione di investire in modo congruo nel digitale, c'è un fattore tutto soggettivo su cui si possono incastrare le scelte, e cioè l'attribuzione di un valore strategico alla comunicazione digitale del brand.
Abbiamo già spiegato perché il digitale è parte integrante della strategia di comunicazione di una marca, ma non tutte le aziende lo vivono in questo modo. Da qui la loro scelta di dar vita a progetti tattici, di breve respiro, anche se magari di forte impatto, piuttosto che imbarcarsi in lunghi lavori continuativi, che sono ben lungi dal poter essere trattati come una sinecura. Aggiungiamo a tutto ciò un momento di mercato ancora non facile, e il fatto che quasi mai, fisiologicamente, si ha a disposizione il budget necessario per sviluppare tutte le attività di marketing che si prevedevano (Figura 5.1).
Detto questo, la nostra esperienza ci mostra che i soldi sono senz'altro un limite notevole, ma non insormontabile.

Figura 5.1 – Forse per ragioni di budget, in questo progetto di video "virale" Biancaneve si è dovuta accontentare di soli tre nani. http://bit.ly/1rJuubF.

In proporzione, ma soprattutto in assoluto verrebbe da dire, i costi del digitale sono ancora molto inferiori a quelli dell'advertising: un flight di campagna TV in meno può significare un anno di attività di qualità sul digitale. Ottimizzare la funzione di relazioni esterne, integrandovi una parte che si occupi delle relazioni con la Rete, significa avere una minore dispersione del messaggio e quindi un ROI più facilmente misurabile.

"I costi del digitale sono ancora molto inferiori a quelli dell'advertising."

Questo approccio, ovviamente, implica che la "digitalizzazione dell'azienda" si trovi a uno stadio piuttosto avanzato, poiché implica cambiamenti e correzioni di rotta nell'organizzazione e nei processi aziendali. Laddove la digitalizzazione non fosse ancora avvenuta, si può lavorare facendosi aiutare: da figure senior da portare all'interno, da corsi di formazione, da consulenti. Ora, per fare tutto ciò serve tempo, che è il secondo fattore e che adesso andremo a guardare più da vicino.

Key Learning

Nel mondo del digitale normalmente i budget iniziali sono insufficienti per raggiungere gli obiettivi prefissati.
Quando si parte con un progetto, prima di iniziare a lavorare in profondità, occorre fare una prima verifica della compatibilità del budget con gli obiettivi.
Dopodiché, è necessario ridimensionare gli obiettivi, o aumentare i budget, per evitare di fare operazioni inefficaci perché troppo ambiziose rispetto alle risorse a disposizione; soprattutto, evitare di coltivare aspettative non commisurate ai budget disponibili.

Il tempo

La seconda risorsa necessaria per sviluppare e attuare una strategia digitale è il **tempo**: data la rapidità con cui molti mercati si evolvono, e le attività costanti dei competitor, l'azienda non può di norma prendersi il tempo per esaminare tutte le possibili combinazioni di strumenti, ma deve comunque essere in grado di far partire azioni efficaci entro certi tempi, dettati dalla stagionalità (come per esempio il Natale, l'estate, il back to school), o da altri fattori del mercato.
Abbiamo già parlato di come sia necessario considerare diversamente il tempo, e di come il senso da attribuire a esso vada in due direzioni: quello necessario per fare le cose per bene e quello necessario per vedere i risultati. Una volta accettate queste due condizioni e improntato il project plan al realismo, saremo a posto.

Entro certi limiti le risorse economiche e di personale possono aiutare a modificare in meglio gli orizzonti temporali: con un adeguato investimento in SEM e in advertising potremo comparire tra i risultati di ricerca di Google anche in tempi rapidi e dare subito visibilità al nostro progetto. D'altra parte, per entrare nelle SERP[20], i risultati organici, cioè quelli non a pagamento, i tempi saranno in ogni caso quelli fisiologici dei motori di ricerca. Ampliando il team, di certo, potremo gestire più fronti del progetto nello stesso momento e lavorando in parallelo. Tuttavia ciò non sarà possibile se le persone non possiedono una seniority adeguata a quello che devono fare, né se il gruppo è troppo ampio, perché creerebbe problemi di gestione e coordinamento.
Insomma, la morale è quella classica: se una donna in nove mesi può fare un bambino, nove donne in un mese non possono.

Key Learning

Occorre esser consapevoli che i progetti di marketing digitali, per esempio il social media management o l'organizzazione di attività di internet PR, sono molto time-intensive.
Se anche i costi vivi dell'operazione sono bassi o nulli, bisogna considerare che richiedono molto lavoro per l'ideazione e soprattutto per la loro conduzione. Quando si lancia un'attività digital, non si è terminato il lavoro: lo si è appena cominciato.

Le persone

Il terzo fattore che fa la differenza è, per l'appunto, quello delle persone. Fattore molto critico, specialmente in un mondo, come quello del marketing digitale, in cui scenari e strumenti, individui e società sono in rapidissima evoluzione. Da un lato per il personale dell'azienda, carico di molte incombenze e responsabilità, diventa difficile trovare il tempo per aggiornarsi. Specialmente considerando che spesso la cultura dell'azienda, e di chi ci lavora, è tale da rendere difficile capire i mutamenti che il digitale ha portato sul mercato e sugli utenti là fuori, restando ancorati a una visione tradizionale del mondo e del business che per molti aspetti è invece cambiata radicalmente.
Dall'altro lato esiste un'oggettiva scarsità di competenze anche all'esterno dell'azienda, specialmente sui fronti più avanzati e sugli strumenti più nuovi. Tale è la rapidità di sviluppo del digitale che, spesso, le aziende chie-

20. Cfr. Wikipedia sull'argomento: https://it.wikipedia.org/wiki/Search_engine_results_page.

dono supporto su strumenti appena nati e sui quali non c'è stato ancora il tempo di farsi un'esperienza da parte dei consulenti e delle agenzie. Comunque, su una serie di professionalità, esiste un'oggettiva scarsità di soggetti realmente competenti e affidabili.

Fermo restando che il problema è risolvibile, consideriamone alcuni aspetti. Una politica di "riciclaggio" delle professionalità interne all'azienda paga nella misura in cui sia condotta con sapienza. È quindi positivo dotarsi di competenze interne a partire da ciò che c'è già, ma attenzione ad alcuni elementi importanti:

- la formazione: non si diventa social media manager in una settimana. Tuttavia, con un programma di formazione accurato e un supporto esterno, magari per un periodo limitato di tempo, si possono traghettare verso il digitale delle persone che svolgono mansioni di comunicazione più tradizionale, e che magari non vedevano l'ora di cambiare panorama;
- l'organizzazione e i processi: una competenza anche molto profonda può soffocare, se immersa in un ambiente che non è pronto a modificarsi in base a come cambia il mondo di fuori. Livelli e gerarchie troppo rigide bloccano i processi osmotici indispensabili per far stare in piedi correttamente la strategia digitale.

La strada alternativa, naturalmente, è delegare all'esterno la gestione del digitale in tutte quelle parti e funzioni che non si ritiene opportuno, possibile o economico portare all'interno. L'attenzione, in questo caso, deve essere volta alla propria capacità di valutazione delle competenze esterne.

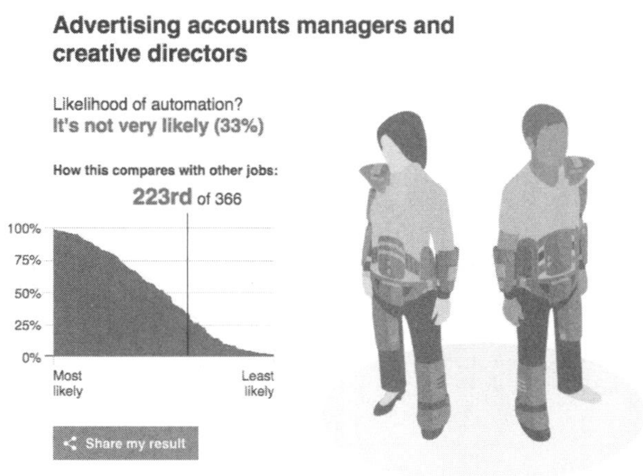

Figura 5.2 – Riuscirà un robot a rubarci il posto di lavoro? (spoiler: se ci occupiamo di strategie di comunicazione, probabilmente no) http://bbc.in/1NqYHDi.

Se riteniamo di non possedere un'adeguata preparazione per fare questo, facciamoci aiutare.
Va comunque segnalato che l'esperienza di questi anni ha dimostrato che una totale delega del digitale all'esterno, in particolare dei social media, non è la strada ottimale: la presenza di persone che vivono e conoscono l'azienda rende molto più efficace, ed efficiente, anche in collaborazione con strutture esterne, la pianificazione strategica, e soprattutto l'esecuzione quotidiana dei progetti.

In equilibrio

Denaro, tempo e persone devono lavorare in equilibrio tra di loro per sortire risultati soddisfacenti. Una situazione piuttosto frequente è, invece, quella che vede questi fattori inseguirsi in modo più o meno scomposto.

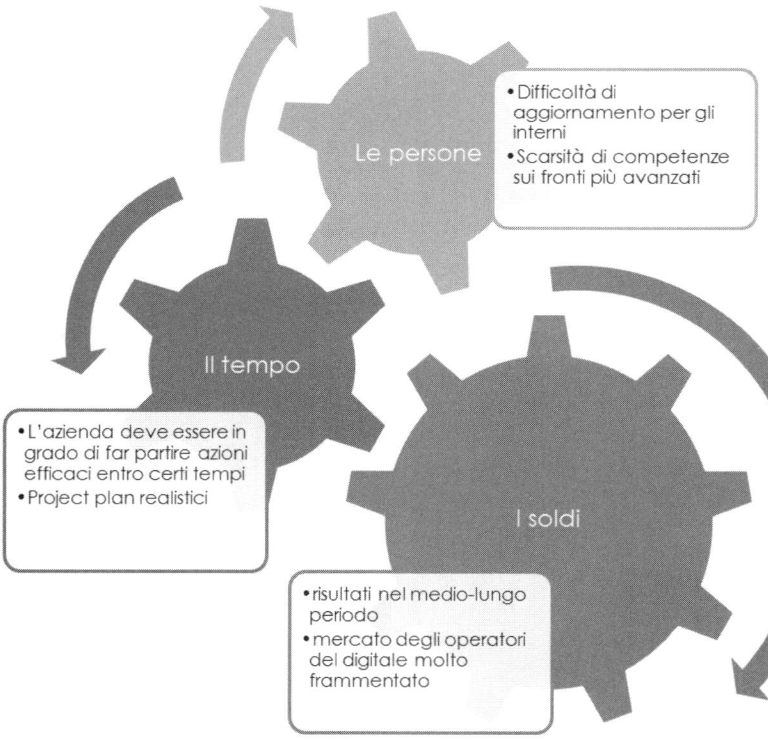

Figura 5.3 – Risorse umane, tempo e soldi sono tre fattori che si intersecano: per impiegare meno tempo ci vogliono più soldi e più persone; per fare le cose con meno persone ci vogliono più tempo e più soldi e così via.

In uno scenario nel quale le aziende tendono a diventare sempre più snelle ed efficienti, e le persone a fare sempre più cose, non c'è normalmente il tempo di dedicarsi a fondo a valutare scenari, possibilità, a ragionare sullo sviluppo di molti progetti concomitanti... in fondo anche qui è una questione di soldi, almeno in parte.
Dobbiamo fare tutto in fretta, imparare a dare di più in tempi impossibili, senza poter dedicare al progetto l'impegno e la riflessione che un tempo avrebbe meritato.[21] Con più budget a disposizione si potrebbe rinforzare lo staff: più persone, quindi, maggiori possibilità di svolgere più lavoro, di analizzare e gestire più attività. Il taglio dei costi è però fondamentale per riuscire a mantenere i prezzi a un livello appetibile per i clienti che intendano comprare prodotti o servizi come i nostri. Di conseguenza, per tenere bassi i prezzi (e/o per far quadrare le trimestrali e far felici gli azionisti, che normalmente ragionano a breve) si incide sulle risorse, e di conseguenza sulla capacità dell'azienda di lavorare in modo ideale. Tagliamo i costi, tagliamo i prezzi e, una volta che abbiamo finito di tagliare le inefficienze, tagliamo la qualità. Con tutte le conseguenze e i rischi del caso.
D'altra parte, uno staff più snello e (molto) competente riduce grandemente il problema del coordinamento: quando ci sono team molto numerosi, molti progetti implicano problemi di organizzazione e allineamento, ma anche di comunicazione interna e di processo decisionale che si complicano notevolmente. Uno staff piccolo e di elevata qualità permette di fare grandi cose in poco tempo. Purtroppo, questo tipo di professionalità richiede di essere pagata il giusto, e spesso non ha grandi problemi a trovare un datore di lavoro che la remuneri di più, o a mettersi in proprio/aprire una propria struttura in modo da far fruttare capacità ed esperienza.

Key Learning

Soldi, tempo, persone, competenze sono fattori limitanti per le nostre strategie, che devono entrare in una logica di equilibrio per permetterci di affrontare in modo efficace i progetti di comunicazione digitale.

21. Alcune riflessioni sul tempo e sull'Internet "un tanto al chilo" su ApogeOnline: http://bit.ly/1qhReyc.

CAPITOLO 6

I LIMITI DA SUPERARE

Quando ci si appresta a sviluppare una strategia digitale, ma anche una strategia di marketing, il problema principale è che le cose non vanno mai come dovrebbero, almeno rispetto a quello che ci hanno insegnato i libri e soprattutto le case history, dove tutto fila liscio ed è prevedibile. Sui libri è tutto semplice e lineare, nella realtà invece ci troviamo di fronte a complicazioni che rendono difficile sviluppare una strategia teoricamente perfetta.
Oltre alle risorse, che possono essere un limite solo se non ottimizzate, sulla base delle analisi *post mortem* che abbiamo effettuato sui nostri progetti svolti in questi anni, possiamo raccogliere gli elementi che ci ostacolano in tre grandi categorie: incertezza, integrazione e punto di vista.

L'incertezza

L'azienda non potrà, mai o quasi mai, operare in modo ideale. Si dovranno sempre fare dei compromessi. A fronte di una scarsità di budget si dovrà decidere su quali fronti allocare le risorse scarse per ottenere il massimo ritorno, la combinazione giusta di mezzi e strumenti. A volte è più produttivo spostare soldi dalla comunicazione per darli alla logistica, altre è meglio sacrificare il digitale per il tradizionale, altre ancora è meglio non creare affatto una pagina Facebook, anche se moltissime aziende lo fanno: si dovrà decidere a seconda degli obiettivi della nostra azienda, del mercato in cui operiamo, del tipo di persone con cui dobbiamo cercare di fare business.
D'altra parte ormai non esistono più certezze e, in una qualche misura, tutto quello che fa un'azienda sul proprio mercato è sempre in qualche modo una scommessa. Anche se bisogna sempre decidere a ragion veduta, a volte ciò è del tutto possibile. Nel campo del digitale l'azienda propone e il pubblico, là fuori, dispone. Non possiamo sapere *ex ante* come reagiranno, se avremo successo con la nostra attività su Twitter o su YouTube.

> *È fondamentale introdurre nella filosofia aziendale un approccio alla sperimentazione.*

Forse potremmo scoprirlo con delle ricerche, cosa che è spesso impedita dai vincoli di tempo, soldi e competenze. Per questo, ma non solo, è fondamentale introdurre nella filosofia aziendale un approccio alla sperimentazione. Se, come detto, uno dei limiti è la scarsità di competenze in azienda, di persone che conoscano gli strumenti, le filosofie e le logiche dei nuovi modi di comunicare, spesso molto diversi da quelle dei mezzi tradizionali, la maniera migliore per costruire competenza è l'esperienza. Fare esperienza. In una parola, sperimentare. Tornando al nostro esempio del generale: egli, insicuro del territorio che ha di fronte, può mandare degli esploratori in ricognizione; può saggiare le forze del nemico con un attacco circoscritto. Allo stesso modo, il manager che conosce poco i social media può decidere di fare un'operazione limitata per vedere "che cosa succede", e soprattutto imparare. La differenza, però, tra sperimentazione e sprecare soldi in azioni slegate sta nell'approccio strategico e nella filosofia.
Per sperimentare dobbiamo cercare di misurare quello che succede (e come vedremo la misurazione spesso non è solo o principalmente numerica), capire cosa abbiamo fatto bene e cosa no, cosa è stato gradito o cosa meno, lavorare non tanto per portare vendite ma per accumulare conoscenza e comprensione, sulla cui base sviluppare successivamente azioni che non siano più esperimenti. Del resto, le aziende hanno sempre operato in condizione di incertezza, ma hanno lavorato per ridurla, o almeno per costruire una percezione che fosse sotto controllo.

APPROFONDIMENTO

E se non so definire gli obiettivi, ma voglio comunque provare a sperimentare sui mezzi digitali?
La sperimentazione può voler dire, per esempio, "proviamo a fare una cosa su Facebook" ma sapendo:

1. quali sono gli obiettivi generali di comunicazione dell'azienda;
2. dove vorremmo portare le persone, quali sono i risultati idealmente attesi;
3. che se vogliamo apprendere qualcosa dovremo essere concentratissimi a imparare;
4. che ciò che facciamo deve essere misurabile e i risultati comprensibili per poter imparare (disegnando la sperimentazione come un esperimento volto a sapere meglio cosa fare, e come, la prossima volta).

Il mondo del digitale, e soprattutto del social, ha rinforzato il peso delle persone sul mercato, se vogliamo, di quelle che compongono i target, e ha dato loro un ruolo maggiore, un potere maggiore, una capacità più elevata di influenzare gli altri consumatori, introducendo però così nuovi elementi di incertezza e di imprevedibilità, complicando la vita alle aziende che, oltre al proprio prodotto e al proprio conto economico, devono preoccuparsi maggiormente di ciò che pensano i clienti e di come il prodotto influenzi la loro vita: questo, tra l'altro, ricordiamo chiamarsi approccio di marketing, un approccio che con l'arrivo dei mezzi digitali evidentemente diventa ancora più importante, anzi obbligatorio.

L'integrazione e la sindrome da declinazione

Uno dei fattori che tipicamente limitano l'efficacia di una strategia digitale è la sindrome da declinazione, ovvero far partire il processo di definizione della strategia digitale dopo lo sviluppo della cosiddetta comunicazione above the line, tipicamente la pubblicità. Addirittura arrivare, a volte, allo sviluppo dello spot e solo a quel punto coinvolgere la funzione digitale perché si arrabatti a trovare un qualche modo per declinarlo in un'operazione digitale, un microsito, un'attività social o, ancora peggio, una versione su YouTube e con l'aspettativa che diventi magicamente virale. Il pensiero sottostante a questo approccio è inevitabilmente che l'operazione di comunicazione più importante per la marca sia una bella campagna pubblicitaria, e che quanto fatto sul digitale sia un nice to have, un'opzione, un di più che in fondo conta poco. In molti casi, invece, è proprio la presenza digitale il fattore che riesce a influenzare maggiormente le decisioni d'acquisto. Una presenza che, per esempio, fa scoprire un prodotto o un servizio, fa leggere una recensione positiva di qualcuno di cui ci si fida, portando a considerare l'acquisto.
In tempi di budget in riduzione, di minori pressioni pubblicitarie, di diminuita attenzione verso la pubblicità, di un uso diverso dei media e dei mass media non è detto che il nostro pubblico abbia elevate possibilità di vedere la nostra campagna tradizionale. Che seppur "bella" forse non è più lo strumento che porta i maggiori risultati, per non parlare dei costi per contatto, di quelli per acquisizione e di quelli per vendita.
Se sospettiamo che per noi l'advertising non sia più la bacchetta magica, andrà anche riconsiderata una sua posizione prioritaria e centrale nel nostro pensiero strategico, così da non allocare in modo sbagliato risorse e pensiero. Parte importante del problema è che non sempre una buona idea pubblicitaria riesce a trovare un adeguato sviluppo sul digitale, met-

tendo in un vicolo cieco chi la deve portare su Internet. Non sorprende vedere che, a fronte di attività pubblicitarie di grande pregio, si lancino spesso online attività social o di engagement molto mediocri.

Figura 6.1 – Da un'idea semplice (gli angeli, di sesso femminile, scendono dal cielo attirati dall'irresistibile profumo del deodorante) si è sviluppata un'azione di comunicazione complessa e integrata, che ha trasformato un concetto forse poco avvincente in una serie di esperienze integrate e interattive. La strategia di marca di Lynx (il deodorante che ti aiuta potentemente a sedurre) si è declinata in uno spot (amplificato su YouTube).

Figura 6.2 – L'idea della Lynx si è sviluppata anche sotto forma di installazione di realtà virtuale interattiva alla stazione ferroviaria. http://bit.ly/1YpHJZz.

Figura 6.3 – Lynx ha progettato anche un gioco interattivo su Facebook, la cui idea è quella di liberare un angelo non ancora caduto sulla Terra (che si deve innamorare del giocatore), supportato da un video sensualmente molto caldo (che è il punto fondamentale per questa marca). http://bit.ly/1ZMdTij.

La maniera giusta di procedere è sviluppare una strategia che prescinda dagli strumenti, un concetto media neutral[22]: sarà poi questa idea a dover essere tradotta in azioni sui vari media e strumenti, per costruire una campagna di comunicazione strategicamente integrata.

Quando si parla di integrazione si intende avere un'idea comune che viene sviluppata in modo appropriato per i vari strumenti, in maniera che l'effetto sia allineato e sinergico. Non necessariamente si tratta di dire la stessa cosa, di fare passare lo stesso messaggio nello stesso modo sui vari mezzi, spesso forzando le caratteristiche dello strumento. Non si tratta di aggiungere, per esempio, il social alla pubblicità, ma di studiare come i due strumenti possano lavorare insieme, e questo si può fare solo se partono insieme nello sviluppo, a fronte di una base strategica comune che funzioni per entrambi.

22. Il concetto di media neutral risale ai primi anni del nostro secolo e, come molti dei concetti/buzzword degli ultimi anni, ha suscitato forti polemiche, discussioni e una generale carenza di consenso sul significato da attribuire al termine. Ai fini di questo libro definiamo, un po' semplicisticamente, media neutral, o media agnostic, un processo di pensiero che porti a idee di comunicazione che funzionino su più media o strumenti, in contrapposizione con l'approccio di declinazione, ovvero la generazione di idee partendo da un focus sull'advertising e cercando poi, in maniera più o meno forzata, di applicarle su altri tool, *in primis* sui media digitali.

Figura 6.4 – Un altro esempio di strategia integrata è quello di Heineken, marca molto attenta e intelligente nell'uso del digitale e dell'unconventional. Sono partiti da un bello spot (The Entrance, https://youtu.be/dz-MJNMfLP4) e sono arrivati sui social, creando interesse, engagement e quant'altro, ma senza ridursi a declinare l'idea in un qualche modo.

Pensare media neutral non vuol dire fare la stessa identica cosa in molti posti, con molti strumenti, declinando lo stesso concetto creativo con il rischio di forzature. Non si tratta di duplicare, aggiungere, rafforzare, ma di valutare come un nuovo elemento possa potenziare, sulla base della natura e delle capacità dello strumento, l'efficacia del progetto di comunicazione. Ancora una volta, tutto questo ha delle notevoli implicazioni non solo sulla strategia, ma anche sull'organizzazione, le procedure, i rapporti politici e di influenza, le dinamiche tra l'azienda e le sue agenzie.

Key Learning

Non si inizia realizzando lo spot TV che poi si deve declinare in un'azione Internet.
Si inizia pensando alla comunicazione in tutte le sue espressioni e possibilità.

Figura 6.5 – Heineken ha pensato a una storia centrale, raccontata dal video (che su YouTube poteva essere usato in un formato lungo e ben articolato), ha poi usato Facebook e il sito per raccontare le storie di tutti i personaggi che compaiono, una serie di sub-plot, altre storie collegate, che nello spot erano solo accennate ma che su Facebook possono vivere per intrattenere l'utente e farlo relazionare con la marca per molti minuti. Nella tradizione della banalità lo spot sarebbe stato declinato su Facebook con qualche giochino, qualche test basato sulla personalità dei personaggi del film e così via. Quando però si ha un'idea forte e strategica all'inizio del progetto, si riesce a pensare a tutto campo e a girare materiale extra. Invece di fare adattamenti che sminuiscono il progetto, qui si è pensato a adottare il concetto di canale YouTube all'interno di Facebook. http://bit.ly/1s5f6q2.

Il punto di vista

Se si dovesse identificare il fattore culturale che, più di ogni altro, rende difficile alle aziende sviluppare delle strategie digitali efficaci, questo dovrebbe essere trovato in un semplice, ma potente, mutamento nelle relazioni tra queste e le persone.

Nella strategia di comunicazione classica, l'azienda "fa cose a", lancia operazioni volte a cambiare i consumatori, i loro pensieri, atteggiamenti, comportamenti. In un meccanismo che si vorrebbe pavloviano si emettono messaggi o si compiono azioni che mirano a far reagire le persone in un modo utile all'azienda: tipicamente, faccio pubblicità al mio prodotto e tu corri a comprarlo.

Il mondo del digitale, per i motivi di cui abbiamo parlato sopra, ha messo in crisi questo meccanismo. L'arrivo di Internet, insieme ad altri fattori culturali e sociali, ha incrinato quella sorta di rapporto di sudditanza che per decenni ha tenuto legato il consumatore alla marca.
In sintesi, vale la pena appuntarsi una semplice frase su un post-it e attaccarlo allo schermo del proprio computer o sulla propria scrivania. Un post-it che dica: "Oggi non si fanno più cose al cliente. Si fanno cose *con* le persone". Passare da "fare a" a "fare con". In altre parole: il nostro focus dovrà essere il costruire un piano basato sui bisogni e desideri delle persone con cui vogliamo parlare, più che sulle esigenze e le tattiche dell'azienda, e le due cose dovrebbero essere naturalmente allineate, dato che sono le basi più elementari sia del marketing che della comunicazione.

CAPITOLO 7

PERCHÉ DOVREMMO AVERE SUCCESSO?

Se non sei unico, allora è meglio che tu sia a buon mercato.
Doug Hall

Quando avremo abbozzato una prima traccia di strategia dovremo fare i conti con la disponibilità di risorse e con i limiti di cui abbiamo parlato nel precedente capitolo. Per poter partire nello sviluppo dobbiamo, però, gettare le fondamenta su cui si baserà.

Per essere in grado di sviluppare una solida strategia digitale, non basta avere competenze creative, fantasia o una solida capacità di maneggiare numeri, bisogna essere in grado di dare a sé stessi, ai partner e al mercato, delle buone risposte ad alcune domande che definiscono come intendiamo fare business e, di conseguenza, cosa e come comunicare, come relazionarci, cosa fare. Ed è molto più facile trovare le risposte di quanto non sia trovare le domande giuste.

Il documento di strategia, che vedremo successivamente, in sostanza non è altro che una serie di risposte a specifiche domande. Ma prima di iniziare a scrivere, dobbiamo definire queste domande:

- Quale problema del mercato/persone intendiamo risolvere? Quale opportunità di mercato cogliere?
- Perché noi?
- Come essere rilevanti?
- Su quale insight sviluppiamo una comunicazione che tocchi davvero il target?

Quali opportunità, quali problemi?

I falliti si dividono in due categorie: coloro che hanno pensato senza agire e coloro che hanno agito senza pensare.
John Charles Salak

Se non ci sono opportunità, e non ci sono problemi, difficilmente la nostra azienda potrà avere un ruolo rilevante sul mercato. In fase di progettazione del marketing mix è normale lavorare per individuare buchi di prodotto/servizio, aree di insoddisfazione su prezzo, prodotto, disponibilità, distribuzione, facilità d'uso e così via. Da questa matrice dovrebbe uscire, in modo naturale, la definizione dell'elemento fondamentale della comunicazione: quali siano i problemi che intendiamo risolvere al nostro target, quali opportunità intendiamo offrirgli. Più che raccontare cosa fa il nostro prodotto/servizio, in comunicazione, spesso paga raccontare che impatto avrà nella vita delle persone. Prendendo per esempio la campagna per un rasoio: nessuno desidera qualche grammo di plastica colorata con incastonate lame affilate, ma desideriamo una buona e confortevole rasatura, desideriamo apparire belli e puliti, fare una buona impressione su chi ci piace o su chi ci giudica.
Definire come interverremo nella vita delle persone ci aiuta a definire i tratti della marca, da costruire o da mettere maggiormente in evidenza. Capire quale sia il nostro ruolo nel "sistema" ci permette di ottenere spunti per la comunicazione, per la definizione di come pensiamo di dover essere percepiti, di cosa andare a proporre alle persone in cambio dei loro soldi, della loro attenzione, della loro preferenza, della loro adesione al nostro programma politico o associativo e, insomma, di qualunque cosa intendiamo offrire.

Perché dovrebbero sceglierci?

Non possiamo dimenticare che, alla fin fine, l'obiettivo ultimo di un'azienda è vendere i propri prodotti o, meglio ancora, contribuire positivamente alla bottom line del bilancio. Questo può avvenire attraverso operazioni dirette di vendita, promozioni, lanci di prodotto, o seguendo percorsi più indiretti: per esempio, lavorando sul branding, costruendosi un'immagine accattivante, facendosi sentire vicina ai bisogni o allo stile di vita del proprio target. Qualunque sia il percorso che seguiamo, è fondamentale ricordare che un'azienda molto amata, ma che non vende, è un'azienda morta. Quindi tutte le azioni di comunicazione dovranno contribuire al

suo successo, trattandosi di investimenti che devono portare un ritorno. Se non lo portano sono dei costi, e questi devono essere controllati.
Non sempre la strada più efficace per vendere è cercare di farlo. Altrimenti nessuno lavorerebbe sulle marche e tutti punterebbero sugli sconti. La comunicazione, tradizionale o digitale che sia, non può più permettersi di essere autoreferenziale, come in parte è stata per tanti anni, focalizzata a fare "cose belle", che magari non spostano di un euro i fatturati aziendali.
Non sempre è comunque facile valutare se l'operazione che stiamo pensando sia troppo conservativa per funzionare, o troppo innovativa per essere capita; se sia troppo appiattita sul prodotto per essere davvero interessante, o troppo lontana da essere, sì, affascinante ma poco legata alla generazione di business.
Soprattutto in tempi di crisi, non competiamo solo per le quote nel mercato di nostra stretta competenza, ma anche per ritagliarci una fetta di un complessivo budget personale o aziendale limitato. Cosa che può non solo indirizzarsi verso i nostri concorrenti, ma anche verso altri modi di risolvere un problema.

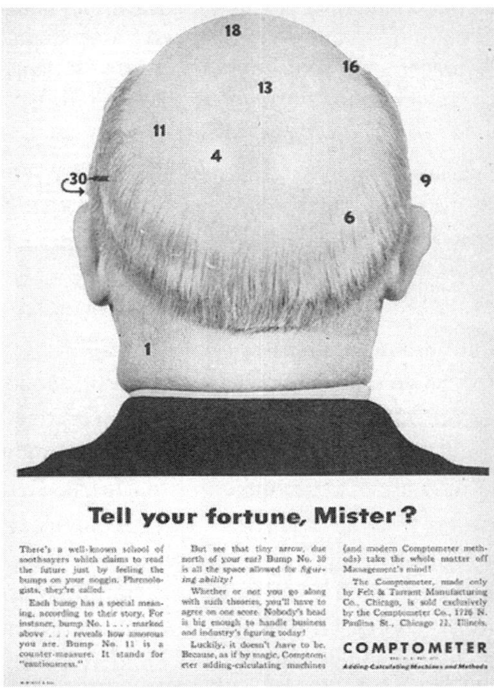

Figura 7.1 – Un uomo che tema di non essere più attraente perché ha perso i capelli potrà cercare di risolvere il suo problema emotivo con un parrucchino, con un prodotto farmaceutico, o un trapianto.

Figura 7.2 – Lo stesso uomo dell'esempio della figura precedente potrà anche, e spesso lo fa, ragionare in modo più allargato e investire in una macchina sportiva, che potrà sembrargli più funzionale, ai fini della seduzione, di qualche pelo in più. Quindi il concetto di concorrenza, se affrontato in modo strategico, è più basato sui problemi da risolvere che sulle soluzioni che possiamo offrire.

In sostanza, per avere successo sul mercato occorre sempre una strategia, e alla base di questa ci deve sempre essere il motivo per cui dovrebbero scegliere il nostro servizio o prodotto, per cui dovrebbero visitare il nostro sito, leggere il nostro blog, seguire la nostra pagina Facebook.
Se vogliamo raccogliere informazioni sul cliente, dobbiamo convincerlo a cederci dei dati con cui alimentare il nostro CRM e chiederci perché dovrebbe darceli. Se vogliamo farlo giocare con un gioco che faccia education sul nostro prodotto dobbiamo, *in primis*, capire come convincerlo a preferirci ai milioni di bellissimi giochi disponibili in Rete e fuori.
Perché noi e non altri? Cosa abbiamo da offrire? Cosa succederà se gli utenti ci daranno retta? Perché dedicare una parte del loro prezioso tempo a leggere il nostro sito invece che guardare gattini, auto, chitarre, sport, notizie o belle donne su YouTube? Quando prepariamo un'operazione di comunicazione, l'importante non è tanto pensare a come farlo, quale tecnologia impiegare, quale idea creativa e innovativa sfoderare; l'importante è pensare a perché dovrebbero darci retta. In sostanza di costruire *rilevanza*.

Perché dovrebbero darci attenzione?

Che cos'è la rilevanza? Una cosa importante, che ci tocca, che ci interessa: per una marca essere rilevanti significa giocare un ruolo chiaro, definito nella vita delle persone. Essere rilevanti per una comunicazione significa essere interessante, appropriata, giocare un ruolo, anche se per un breve momento.

Figura 7.3 – "Nobody reads ads. People read what interests them. Sometimes it's an ad." Howard Gossage.

In effetti, molto spesso, il nostro messaggio pubblicitario/commerciale, la nostra richiesta di interazione è totalmente irrilevante per le persone che la ricevono. Arriviamo con lo stimolo o proposta sbagliata nel momento sbagliato, anche se magari sul target giusto. In genere la causa principale è che abbiamo ragionato su cosa interessa a noi, in quanto azienda, dire al mercato. Non abbiamo ragionato su cosa interessa alle persone sentirsi dire, su cosa hanno bisogno di sentire. L'errore capitale è affrontare la comunicazione dal nostro punto di vista e non dal loro.

> *"L'irrilevanza genera il fallimento della comunicazione."*

Dato che oggi le persone non sono più ostaggi passivi della comunicazione, e possono scegliere e costruirsi un proprio palinsesto, l'irrilevanza genera il fallimento della comunicazione, e a medio termine causa un deterioramento della nostra brand image. Dobbiamo essere consapevoli che, salvo rari casi, gli individui non sono in fremente attesa dei nostri messaggi; che gli utenti del digitale hanno a disposizione un numero elevatissimo di contenuti e possibilità di interazione; che esiste un numero quasi infinito di entità pubbliche, private, aziendali, non profit, individuali che pubblicano in Rete e che competono tutte per due risorse scarse: tempo e attenzione. Tanto che da anni si afferma che le aziende combattono non per conquistare quote di mercato, ma quote di attenzione. Così, nella attention economy[23], per fare business, fatturati e quote di mercato, occorre riuscire a farsi dare attenzione. Impresa non semplice, con la crescita geometrica di richieste di attenzione sulle stesse persone da parte dei marchi, delle iniziative, delle notizie.

Figura 7.4 – Il declino dell'industria del porno è stato attribuito, fra le altre cause, al successo dei videogiochi online; prova ne sia il declino di traffico dichiarato ufficialmente da Pornhub il giorno della release dell'atteso gioco Fallout 4 (http://www.pornhub.com/insights/fallout-4-release-traffic).

23. Il presupposto dell'attention economy è che in una società di information overload il bene chiave non è più materiale (un prodotto), bensì immateriale (l'attenzione). Produrre costa meno, Internet concede la massima libertà di scelta e i fattori di rilevanza diventano dunque l'accessibilità, la personalizzazione, e soprattutto, appunto, la capacità di attrarre e mantenere attenzione. La definizione di Wikipedia è al link https://en.wikipedia.org/wiki/Attention_economy.

I primi 25 siti italiani secondo Alexa.com

1	Google.it
2	Facebook.com
3	Youtube.com
4	Google.com
5	Amazon.it
6	Wikipedia.org
7	Yahoo.com
8	Libero.it
9	Bing.com
10	Repubblica.it
11	Ebay.it
12	Live.com
13	Msn.com
14	Subito.it
15	Corriere.it
16	Tim.it
17	Twitter.com
18	Linkedin.com
19	Blastingnews.com
20	Gazzetta.it
21	Mediaset.it
22	Altervista.org
23	Poste.it
24	Paypal.com
25	Unicredit.it

Tabella 7.1 – I primi 25 siti italiani secondo Alexa. Da notare l'assenza di un sito a luci rosse: il primo si trova solo al 28° posto (http://www.alexa.com/topsites/countries/IT).

Su quale insight sviluppiamo una comunicazione che raggiunga davvero le persone con cui vogliamo entrare in relazione?

La comunicazione è tanto più efficace quanto più va a toccare corde profonde e sensibilità non superficiali, riesce a capire a fondo la natura e i problemi della persona con cui si parla, a proporre soluzioni che siano davvero sensate, utili, importanti.

Naturalmente, tutto parte dalla capacità di un'azienda di costruire un prodotto, una soluzione, un marketing mix valido. O ancora, di mettere

sul mercato una risposta a problemi e opportunità sentite dai propri clienti, reali e potenziali. Se ciò non avvenisse, si rischierebbe l'irrilevanza, e sarebbe difficile, se non impossibile, far diventare di successo un prodotto che in realtà non ha ragione di esistere.
Comunicazione e prodotto devono farsi carico di ciò che la gente ha dentro, dei loro bisogni e desideri. Per questo è necessario che uomini di marketing e comunicatori sappiano guardare dentro i soggetti ai quali vogliono rivolgersi, capirli e sviluppare un approccio empatico e non manipolatore. Saper leggere nelle persone e saper scegliere, per articolare ciò che si dice, quell'aspetto (o forse due, ma non di più) che sarà davvero il cuore della campagna. In altre parole, devono saper identificare gli insight e selezionare quelli che ci appaiono più fertili, perché più vicini alla nostra soluzione, e più rilevanti per coloro con i quali vogliamo metterci in relazione.

CAPITOLO 8

IL METODO BOA2RD

Uno strumento che può essere utile per definire non solo la strategia, ma vari aspetti implementativi di un'attività di comunicazione, specialmente se digitale, è la metodologia BOA2RD.[24]

La metodologia BOA2RD è un tool semplice. Obbliga a metterci nei panni dell'utente e a definire, in modo formalizzato, quindi cristallizzando pensieri e intuizioni, alcuni tra i punti chiave più importanti nello sviluppo di un progetto di comunicazione. Un progetto che, come abbiamo visto, deve essere pensato per avere il destinatario della comunicazione al centro; deve essere fatto su misura del ricevente della nostra comunicazione, non deve essere pensato solo sulla base dei desideri dell'azienda, pena essere irrilevante per il pubblico cui ci vogliamo rivolgere.

Figura 8.1 – I sei contenitori della strategia BOA2RD.

La metodologia BOA2RD si basa sull'identificazione, relativamente al progetto in analisi e per ogni sottotarget, di:

- obiettivi;
- bisogni;

24. Messa a punto dall'autore e utilizzata per lo sviluppo della struttura del sito delle Olimpiadi di Torino e successivamente affinata per il Teatro alla Scala di Milano.

- desideri;
- ansie;
- aspettative;
- resistenze.

Obiettivi

Parliamo degli obiettivi delle persone alle quali intendiamo rivolgerci, non i nostri. È importante definire, indovinare, scoprire, anche in funzione del budget a disposizione per l'analisi e l'indagine, quali siano gli obiettivi, consapevoli o inconsci, che portano i potenziali clienti ad ascoltarci, esponendosi così alla nostra comunicazione. Se apriamo una pagina su Facebook per la nostra azienda, chiediamoci: perché un utente dovrebbe seguirci, "diventarci amico"? Allo stesso modo, se apriamo un sito: per quale motivo qualcuno dovrebbe usarlo? Cosa starebbe cercando di ottenere?

Bisogni

A un livello più operativo, gli obiettivi sono funzione di specifici bisogni che il fruitore deve soddisfare. Nel caso delle Olimpiadi di Torino 2006, i target del sito erano molto numerosi, così com'erano numerose le funzioni del Comitato olimpico che avevano bisogno di comunicare: c'erano gli atleti, gli spettatori che sarebbero venuti a Torino per assistere all'evento, quelli che l'avrebbero visto solo in televisione. Ma c'erano anche gli abitanti delle zone montane che ospitavano i giochi, gli ecologisti, le istituzioni... Quindi i bisogni erano molto vari: sapere com'era organizzato il Villaggio olimpico, o cosa era previsto per gli atleti in termini di vita sociale; cosa fare e dove mangiare a Torino e circondario, giacché si era in città per lo spettacolo; conoscere gli orari delle dirette televisive e quali strade sarebbero state bloccate al traffico, in quali comuni e quando, in modo da potersi organizzare per tornare a casa senza essere bloccati. Molti target, molti bisogni, un sito molto complesso.
Normalmente la complessità dei progetti che un'azienda deve realizzare è inferiore, ma resta necessario mappare i bisogni che l'utente cerca di soddisfare, e dare loro una priorità, in modo da articolare correttamente l'informazione e il servizio, quando non si tratta di un contenuto esclusivamente promozionale: se è così, davvero interesserà a qualcuno? Risolverà un qualche bisogno?

Figura 8.2 – eBay, nella sua campagna online, è riuscita a lavorare molto bene nel dimostrare la comprensione degli obiettivi dei suoi clienti "lato business": raccontando storie di successo vere, sogni della vita (imprenditoriale) che si sono trasformati in realtà grazie a eBay, progetti, idee, successi. Una serie di video destinata a un target B2B, a un pubblico di imprenditori o aspiranti tali. Il titolo della serie non è "grazie a eBay", ma "eBay thanks you". Sono loro che ringraziano gli utenti (http://bit.ly/1rJxgOd).

Non tutti i bisogni sono percepiti. Alcuni, come sappiamo, sono latenti, ma vivono nel profondo e orientano comunque i comportamenti. Non solo: non tutti i bisogni sono di tipo razionale, anzi molto più potenti sono quelli di tipo emotivo. Una persona che si percepisce come fisicamente imperfetta avrà probabilmente bisogni nell'area dell'accettazione, dell'affettività e, quindi, cercherà conferme in quest'area in un sito di prodotti di bellezza, per il dimagrimento o palestre. Chi, invece, ha problemi di timidezza o di scarsa assertività in una palestra cercherà un modo per diventare più duro e cattivo, essere in grado di difendersi e di far valere la propria personalità rispetto a peer dominanti.

Desideri

Oltre ai bisogni, ci sono anche i desideri. Si ha il bisogno di dimagrire per motivi di salute, ma si desidera farlo senza sacrifici. Si ha bisogno di una vita familiare piacevole e rassicurante, ma si desiderano avventure con partner conturbanti. Non a caso, c'è un detto che dice "protect me from what I want".

Figura 8.3 – Nel mondo delle chitarre, l'imitazione dell'artista è un elemento spesso importante per orientare l'acquisto. Nel caso di "Do You Deserve a Les Paul" ci sono molti elementi strategici interessanti. *In primis* un modello iconico, la Les Paul, appunto, che è uno dei modelli di chitarra più noti, più longevi e più prestigiosi. Poi il bisogno da parte del produttore Gibson di spingere la credibilità del suo secondo marchio, Epiphone, che produce (anche) modelli simili a quelli della prima marca ma a prezzi inferiori. Poi il ricorso a un "artist model", un modello progettato insieme a un artista noto e da lui firmato. A seguire, l'elemento di sfida: la Les Paul è una cosa che il chitarrista si deve guadagnare. Quanto meno dal punto di vista del poterla vincere sapendo replicare un difficile assolo del musicista Björn Gelotte, che ha firmato proprio il modello esclusivo oggetto dell'azione di comunicazione. Infine, c'è l'elemento innovativo nell'utilizzo di Shazam: solo se il chitarrista riuscirà a replicare abbastanza bene l'assolo, il software di riconoscimento lo "approverà", dandogli il via libera per accedere al sito dove la Epiphone Les Paul Björn Gelotte veniva presentata – offrendo quindi opportunità di vincerla, o quanto meno di poterla acquistare in anteprima (http://bit.ly/1OnybOu).

Figura 8.4 – Harley-Davidson ha lanciato questa brillante operazione di video guerrigliero, anche se probabilmente non del tutto "spontaneo", in cui il cliente che prova una moto per decidere se entrare in questo mondo, si trova immerso in un inaspettato motoraduno di harleyisti, che lo accolgono e si congratulano (http://bit.ly/1UYhBpN). Il senso qui è proprio la promessa di acquistare qualcosa che è più di una moto: è il biglietto di ingresso in un mondo emozionale.

Al di là di quella che è, spesso, una razionalizzazione che prende la forma dichiarativa del bisogno, cosa desidera davvero il nostro pubblico? Quanto la qualità, la durata e la performance di un prodotto vengono solo prese come scuse per razionalizzare un acquisto che in realtà non ha molto senso, ma che è molto desiderato? Non comprendere i desideri che muovono il nostro target significa rischiare una comunicazione fortemente disallineata con quello che spesso è il motore primo del processo d'acquisto. Nell'acquisto di un capo di moda, qual è il bisogno e quale il desiderio? Quando è più importante il bisogno (l'occasione formale in cui non si può sbagliare, per esempio) e quando lo è il desiderio (essere guardati e ammirati, sentirsi più sicuri, dimostrare il proprio status sociale)? Interessante notare che i bisogni non si possono creare, nonostante quello che per anni si è detto e si continua a dire. Non si può creare un bisogno per una scarpa tacco dodici o per un'auto sportiva.

I bisogni degli esseri umani sono in genere un numero limitato, più o meno riconducibili alla famosa piramide di Maslow[25], e non è facile crearne di nuovi, se non in casi eccezionali. Forse possiamo parlare di creazione di un nuovo bisogno per la telefonia cellulare, ma forse no: avere un cellulare è di certo un bisogno, altrimenti si è tagliati fuori dalla vita sociale e lavorativa, si è a rischio se si guida l'auto di notte. D'altra parte questo si appoggia su bisogni vecchi come l'uomo: essere raggiungibili dalla propria tribù, per questioni di sicurezza, non solo di socializzazione; dimostrare attraverso un bell'oggetto il proprio status sociale; riuscire a organizzarsi in modo più efficiente per fare di più in meno tempo, avere per le mani un giocattolo nuovo e scintillante e così via.

Quello che possiamo allora dire è che si possono proporre soluzioni innovative a bisogni antichi. Avere un cellulare non è un bisogno di per sé, lo è invece comunicare. O lo è influire sulla percezione che gli altri hanno di noi: bisogno raggiungibile (anche) attraverso il possesso di oggetti esibitivi che contribuiscono a un proprio personal branding, come un iPhone nuovo di zecca. Risolvere uno stato di stress, ansia, disagio può essere tentato attraverso l'acquisto di farmaci, di corsi di meditazione, con sessioni di psicanalisi, iscrivendosi in palestra, cambiando lavoro, cambiando stile di vita: tutti approcci molto differenti alla soluzione del medesimo problema.

> *“Avere un cellulare non è un bisogno di per sé, lo è invece comunicare.”*

Ansie

Con questo termine un po' generico definiamo tutti quegli ostacoli di tipo emotivo che frenano l'adesione delle persone alla nostra proposta di business, alla nostra offerta di comunicazione. Possono essere irrazionali, addirittura in contrasto con quanto esplicitamente dichiarato. Chi si definisce "moderno" difficilmente ammetterà di usare malvolentieri l'e-com-

---

25. Tra il 1943 e il 1954 lo psicologo statunitense Abraham Maslow concepì il concetto di "Hierarchy of Needs" (gerarchia dei bisogni o necessità) e la divulgò nel libro *Motivazione e personalità* del 1954. Questa scala di bisogni è suddivisa in cinque differenti livelli, dai più elementari (necessari alla sopravvivenza dell'individuo) ai più complessi (di carattere sociale). L'individuo si realizza passando per i vari stadi, i quali devono essere soddisfatti in modo progressivo. Questa scala è internazionalmente conosciuta come "la piramide di Maslow", che suddivide quindi i bisogni in:
- bisogni fisiologici (fame, sete e così via);
- bisogni di salvezza, sicurezza e protezione;
- bisogni di appartenenza (affetto, identificazione);
- bisogni di stima, di prestigio, di successo;
- bisogni di realizzazione di sé (realizzando la propria identità e le proprie aspettative e occupando una posizione soddisfacente nel gruppo sociale).

Fonte: Wikipedia, https://it.wikipedia.org/wiki/Bisogno.

merce perché non riesce a superare un profondo disagio nell'usare la carta di credito online, sentendola poco sicura. Un'azienda, spesso, fa resistenza ad avviare una propria presenza sui social media, nel timore che si parli male di lei, pur comprendendo razionalmente che le conversazioni negative, se ci devono essere, ci saranno comunque, ma in altri luoghi. L'idea che se ne parli male in luoghi percepiti come "casa dell'azienda" può comunque causare un forte disagio.

Analizzare le ansie per capire cosa combattere è uno step molto utile per mettere a fuoco la nostra strategia; anzi, spesso, in comunicazione si utilizza un approccio definito "FUD" – Fear, Uncertainty, Doubt (paura, incertezza, dubbio) – che consiste nel generare o fare leva sui timori del proprio pubblico. In un approccio negativo (classicamente cavalcato anche da certi politici o da certe testate per fare audience) l'approccio FUD può arrivare alla diffusione di notizie false o parzialmente scorrette, instillando il germe del dubbio.[26]

A un livello più alto, positivo, un approccio di marketing può invece proprio portare alla creazione di prodotti o addirittura di aziende che esistono per gestire e attenuare le ansie delle persone.

Figura 8.5 – Una strategia FUD può essere messa in campo in modo leggero e divertente, giocando su stereotipi e tormentoni, come in questo caso sviluppato per Duracell nell'ambito di un'operazione coi blogger: http://bit.ly/223RDCg.

26. Un'ampia trattazione dell'approccio FUD si trova su Wikipedia, https://en.wikipedia.org/wiki/Fear,_uncertainty_and_doubt.

Figura 8.6 – La strategia FUD si presta bene anche in operazioni che facciano davvero paura – come in questo caso, in cui il "mandante" è un produttore di serrature. Qui, rientrando, un certo numero di persone ha trovato ad attenderle in casa un palloncino che violava il loro domicilio e affermava "poteva essere un ladro". Ovviamente l'agenzia ha trovato un trucco per introdurre il materiale (e fare paura) senza commettere un reato (http://bit.ly/1rJxyEL).

Aspettative

Il tema delle aspettative delle persone riguarda ciò che queste si attendono, *a priori*, dalla nostra comunicazione, dal nostro sito, ma in ottica più allargata dal nostro prodotto. Possono essere aspettative positive (so già che è un buon prodotto, che l'azienda ha un buon servizio, che questa nuova versione del sito mi piacerà), negative (so già che con questa azienda avrò problemi, che questa marca non sa fare il social), o neutre. In quest'ultimo caso, il discorso si allarga a quanto la comunicazione riesca a realizzare: per esempio, accedendo a un sito gli utenti si aspettano che i menu siano a sinistra o in alto, metterne di non standard può complicare la vita, creare dei problemi. Sempre di più ci si aspetta che le aziende si aprano alla conversazione (ma è vero per tutti e in tutti i casi?) o che quella certa marca parli sempre con certi toni ormai sedimentati e così via. Questo influenza il nostro lavoro: bisognerà tener conto delle aspettative per non creare dei problemi uscendo da quello che è un nostro territorio, abbandonando quella che è una nostra tradizione positiva e apprezzata, d'altra parte superare le aspettative può essere un'opportunità per sorprendere, rompendo gli schemi, e creare un punto di attenzione proprio quando si tratta di lavorare per ribaltare attese negative che ci danneggiano.

Resistenze

Le resistenze sono gli ostacoli razionali: per esempio c'è chi non ama le assicurazioni online, pur riconoscendone la convenienza, perché non è convinto che il servizio, in caso di sinistro, sia paragonabile a quello delle tradizionali. O anche chi ha una resistenza ad acquistare online capi di abbigliamento, o scarpe, non potendoli provare prima; chi non accetta di farsi coinvolgere in operazioni social perché ritiene non appropriato darsi una visibilità in pubblico e così via. Tutte queste informazioni si possono facilmente raccogliere se abbiamo la possibilità di fare una ricerca *ad hoc*. Una ricerca qualitativa, motivazionale, ci darà tutte le risposte che stiamo cercando, con un marchio di qualità che ci garantirà. Non sempre, però, c'è questa possibilità: motivi economici e di tempo sono spesso quelli che rendono difficilmente percorribile questa strada. La nostra raccomandazione è di considerare sempre questa voce nel budget, soprattutto se ci accingiamo a sviluppare un'attività digitale per la prima volta; in seguito, se avremo lavorato bene e saremo stati diligenti nell'ascoltare le persone con le quali siamo entrati in contatto, diventerà più semplice. Qualora non fosse possibile, consideriamo comunque che il web è il panel più grande del mondo e che, se siamo capaci di leggere quanto le persone esprimono spontaneamente, senza lasciarci inquinare dai nostri pregiudizi e preconcetti, considerandoci, cioè, dei partecipanti e non dei protagonisti della conversazione, possiamo comunque riuscire a trarre informazioni estremamente utili e interessanti.

APPROFONDIMENTO

Il fattore più importante di una strategia digitale è la sua capacità, o almeno il tentativo, di **produrre dei risultati** concreti e possibilmente misurabili per il business dell'azienda.
Per questo una buona strategia deve essere:

- onesta, per esempio non assegnare per motivi politici obiettivi che già si sanno irrealizzabili;

- chiara e dettagliata, ovvero non identificare obiettivi vaghi, nascondersi dietro terminologie altisonanti per sfuggire a una definizione puntuale di cosa si intende fare;
- realizzabile in pratica, il che richiede qualche verifica prima di ufficializzarla.

La metodologia BOA2RD

Obiettivi	Sono gli obiettivi delle persone a cui vogliamo rivolgerci, non quelli dell'azienda.
Bisogni	Consideriamo i bisogni manifesti e latenti, razionali ed emotivi, di tutti coloro a cui intendiamo parlare.
Desideri	I desideri vanno oltre i bisogni, poiché operano a un livello più profondo. Non confondiamoli.
Ansie	Gli ostacoli emotivi che frenano l'adesione alla nostra proposta.
Aspettative	Possono essere positive o negative. Distinguendole avremo una buona base su cui lavorare.
Resistenze	Gli ostacoli razionali, più facili da cogliere delle ansie ma fondamentali da comprendere.

Tabella 8.1 – La metodologia BOA2RD in sintesi.

CAPITOLO 9

PARLIAMO DI INFLUENCER

Infine è importante attirare l'attenzione su un aspetto del marketing online che è notevolmente diverso rispetto a quanto capita offline: quello del coinvolgimento (o peggio, dell'uso) di influencer. Nel mondo pre-Internet si usava già cercare di arruolare nelle proprie fila degli influenzatori, basandosi sul presupposto che questi fossero in grado di spostare la percezione in nostro favore e, quindi, in buona sostanza, aumentare volumi e quote di mercato. Gli influenzatori erano sostanzialmente considerati di tre tipi (escludendo i politici, su cui le strategie sono spesso state di natura peculiare e non riconducibili alla semplice comunicazione):

a. **Persone coinvolte nelle decisioni d'acquisto** delle aziende o degli utenti, fino ad arrivare ai prescrittori. Appartenenti al secondo gruppo sono il medico, il farmacista, ma anche il negoziante di fiducia; del primo gruppo facevano (e fanno) parte i consulenti, i funzionari in grado di spostare le decisioni del responsabile acquisti, figure tecniche o di management.
b. **Celebrità** alle quali far provare il prodotto, possibilmente in pubblico, o in un film, in uno spettacolo televisivo (qui siamo nel campo del product placement) o alle quali chiedere di schierarsi a favore della nostra marca, prodotto, attività: si pensi a molte note figure pubbliche che in passato si sono dichiarate utenti di computer Apple, o donne famose che si sono pubblicamente schierate contro la crudeltà verso gli animali, le pellicce, a favore del diventare vegetariani e così via.
c. **Giornalisti** in grado di spostare opinioni di molte persone attraverso i propri articoli. Con l'eterno dubbio, specialmente in Paesi dove l'indipendenza della stampa non era un pilastro del tutto intoccabile, che sul giornalista fossero fatte pressioni da parte della proprietà editoriale o del management, sensibili agli investimenti pubblicitari delle marche e che quindi "suggerivano" che di una certa marca si parlasse bene o male per non infastidire investitori di peso sulla testata.

Oggi la situazione si è evoluta. Senza voler entrare nel merito del mutato ruolo e peso dei media di informazione, va notato come l'emergere di almeno tre categorie di nuovi influencer abbia cambiato lo scenario:

- Parliamo di quei **blogger**, una ristrettissima minoranza del totale, che sono riusciti a costruire degli strumenti di comunicazione autorevoli e seguiti, e che sono effettivamente in grado di influenzare opinioni e comportamenti, direttamente, attraverso la semplice lettura dei loro post e, indirettamente, venendo ripresi da altri blogger che citano, discutono, amplificano il tema. Blogger che vengono seguiti anche da giornalisti, che sempre più spesso tengono d'occhio i più capaci e reputati, utilizzandoli come fonti autorevoli: per cui un loro post può trasformarsi in spunto per un articolo. Blogger che sono diventati celebrità (e fatturano cifre consistenti) ma anche blogger che non realizzano volumi di audience molto grandi ma che sono fortemente autorevoli in specifiche nicchie (e magari fatturano poco o nulla). Va peraltro notato che in molti casi, quelli che erano dei blog di successo si sono evoluti e sono diventati delle vere e proprie testate online, dei magazine, che vivono di pubblicità e di contributi delle aziende per far realizzare contenuti favorevoli. E qui il confine tra pianificazione pubblicitaria, PR tradizionali e PR digitali si fa sempre più labile (se proprio vogliamo intestardirci a segnare dei confini invece di guardare all'obiettivo e lavorare in modo integrato).
- Parliamo di quegli **YouTuber** che attraverso tutorial, lezioni o racconti di proprie esperienze aggregano larghe audience e promuovono efficacemente prodotti (e, per questo, chiedono talvolta compensi rilevanti... ma la percentuale degli influencer che riesce ad arrivare a questo livello è piccolissima).
- Parliamo infine degli **utenti influenti** – persone che non hanno un ruolo riconosciuto (per esempio non hanno un blog o almeno non un blog influente, non sono noti come blogger...) ma che sono in grado, intervenendo in una discussione, forum, parlando in una community, di "spostare l'opinione". Sono reputati credibili e autorevoli e sono tendenzialmente sconosciuti al di fuori del loro ambito, anche se sono magari in grado di influenzare opinioni e acquisti più di certi influencer "famosi". Diciamo sono l'evoluzione del "collega esperto" cui si chiedeva sempre un consiglio prima di acquistare certi tipi di prodotti, come per esempio automobili o computer.

Per questo moltissime aziende, da tempo, compiono operazioni di PR digitali, di costruzione di relazioni personali con i blogger, in qualche modo simili, ma anche molto differenti, da quelle che erano i rapporti con i giornalisti importanti qualche anno fa, che peraltro, attenzione, sono ancora importanti.

Key Learning

Domandiamoci chi sono, per il nostro specifico mercato, gli influencer della Rete: non solo blogger e YouTuber ma anche tutte quelle persone che hanno molti fan su Facebook/follower su Twitter e/o sono opinion leader, sono citate e riprese, le cui idee e affermazioni fanno il giro di Internet o almeno di certi suoi ambiti focalizzati. Non sempre è importante il numero, quanto la capacità di fare opinione.

Lavorare con gli influencer

Se partiamo dal presupposto che esistono persone, o categorie di persone, che possono avere un ruolo importante nel generare effetti positivi per il nostro business, prima di tutto attraverso un loro endorsement, più o meno forte, occorre ragionare su come agire, come lavorare con loro. È importante il "con" contrapposto a "lavorare su", o peggio ancora, "usarle".

Figura 9.1 – Oggi le aziende cercano di stringere rapporti, spesso molto personali, con i blogger. In questo esempio specifico, inviato a uno degli autori, è stato addirittura realizzato un video musicale (insomma...) costruito e cantato su misura, cercando di scrivere un testo che facesse riferimento specifico al soggetto interessato; il tutto nell'ambito di un progetto di comunicazione più ampio per un detergente per Wc: http://bit.ly/1s5liyg.

Difficile fargli raccontare bugie

Fondamentale è qui sottolineare, ancora una volta, che non si tratta di trovare un modo per far credere che il nostro piombo sia in realtà oro. Se il prodotto è carente, se non è nulla di speciale, se abbiamo magagne o cose da nascondere, non sarà possibile, almeno nel medio periodo, far passare attraverso gli influencer una verità diversa, non vera. Soprattutto perché spesso questi, e specialmente i blogger, sono motivati a scrivere da proprie agende personali, non da motivi di profitto diretto. Sono pochi, e poco quotati, i blog o i network di pay-per-post, dove cioè gli autori vengono pagati per postare recensioni e articoli. In particolare, il problema è che spesso si tratta di blog con poca influenza, poca credibilità, poco effetto sul pubblico.

Va d'altro canto considerato che, ultimamente, molti blogger, soprattutto quelli di certe categorie merceologiche o di certe tipologie, sono stati fatti sempre più oggetto di frequenti e pressanti richieste di collaborazione da parte di agenzie e aziende. Queste richieste di "regalare valore" all'azienda con il proprio operato senza averne in cambio concreti benefici ha innescato nei blogger delle riflessioni sulla propria attività. Di qui la nascita di uno scenario, in certi ambiti consolidato (si pensi al mondo delle mamme blogger di rilievo, per fare un esempio), nel quale viene esplicitamente chiesto dal blogger (o dal gruppo di blogger "consorziati") un pagamento per i servizi resi, a fronte di un listino prezzi definito – posizionandosi quindi non tanto come "influenzatori puri" quanto come fornitori di un servizio di comunicazione (e, infatti, spesso questi influencer propongono ai clienti anche attività progettuali, da agenzia, di consulenza di comunicazione).

È comunque raccomandabile che vi sia trasparenza in merito al fatto che certi contenuti siano comparsi a pagamento, per evitare ovvi problemi di comunicazione ingannevole; tema tra l'altro già rigidamente normato negli USA. Il tutto dovrà inoltre avvenire a fronte dello sviluppo di strumenti di misurazione dell'efficacia dell'investimento in questo tipo di operazione: strumenti che ancora non esistono, ma che probabilmente arriveranno nei prossimi anni.

> *"È comunque raccomandabile che vi sia trasparenza per evitare problemi di comunicazione ingannevole."*

Non tutto il mondo degli influencer si è però trasformato in un'impresa: spesso blogger anche di grande rilievo scrivono per passione, o per sostenere il proprio brand personale (il che gli permetterà di trovare un lavoro migliore o di veicolare meglio le proprie attività di consulenza). Quindi, *in primis*, l'influencer deve badare alla propria reputazione, il che rende molto difficile "fare marchette" evidenti per le aziende.

APPROFONDIMENTO

L'attenzione verso la trasparenza e la correttezza si sta facendo più forte in molte nazioni e anche sulle piattaforme che ospitano questi contenuti. Interessante il caso accaduto nel Regno Unito, dove due YouTuber che avevano realizzato video a favore dei biscotti Oreo, si sono visti poi rimuovere questi video da YouTube. Il motivo? Non era chiaro si fosse trattato di video commissionato e pagato dall'azienda. In sostanza di pubblicità, in questo caso abbastanza occulta. E ciò è stato considerato dal canale di video più potente del mondo un comportamento scorretto e non accettabile (http://bit.ly/1TesGAL).

Si inizia individuando gli influencer giusti

Prima di tutto si devono identificare gli influencer giusti. Possono essere giornalisti, possono essere blogger "puri", possono essere blog scritti da più autori. L'importante è che siano persone che hanno la possibilità di far udire la propria voce, magari attraverso una serie di citazioni, reposting, ridiffusioni, sul pubblico che ci interessa e siano in grado di modificare la percezione verso la nostra marca e il nostro prodotto grazie alla propria autorevolezza, credibilità e competenza (Figura 9.2).

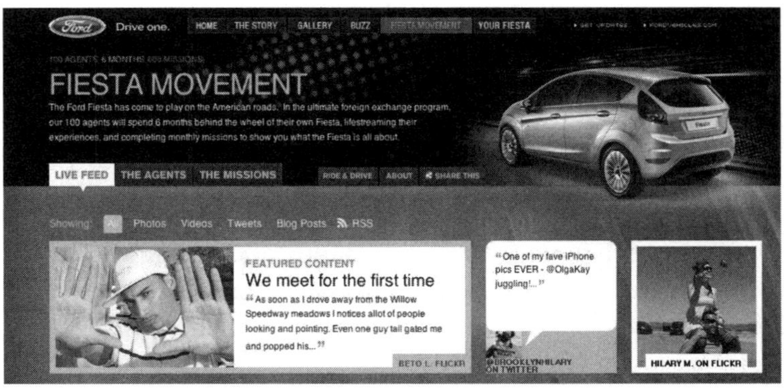

Figura 9.2 – Negli USA il lancio della Ford Fiesta del 2010 ha visto il forte coinvolgimento del mondo blogger. Il programma (www.fiestamovement.com) ha previsto il recruitment di 100 blogger influential, scelti tra circa 4.000 che si sono candidati online. A questi 100 sono state affidate, per 6 mesi, le auto, in modo da poterle recensire attraverso un programma di task da compiere e i cui risultati sono stati da loro diffusi al proprio seguito (usando anche Flickr, Twitter e in generale i loro social). Interessante notare che i guidatori sono sottoposti a un training per capire come si guida un'auto europea (http://bit.ly/1ZMkkBP).

Informare gli influencer

Se è vero che gli influencer non sono persone che possiamo "usare", è vero che sono persone che possono essere (molto?) interessate a ciò che abbiamo da dire e a scriverne, contribuendo volontariamente al nostro processo di comunicazione.

Nella forma più semplice, un blogger che gestisca un blog di pregio sulle tecnologie può essere estremamente interessato ad avere anteprime su nuovi prodotti o iniziative; ad avere contenuti di prima mano: la possibilità di intervistare un personaggio aziendale, di testare di prima mano un prodotto, di avere accesso ad approfondimenti. Tutte cose che gli permettono di scrivere contenuti di alto livello e quindi di fare bene il suo blog, di innalzarne la qualità. È evidente, dunque, che esiste la possibilità di situazioni win-win, dove entrambe le parti trovano un interesse comune, uno scenario in cui entrambe traggono un certo tipo di profitto dalla collaborazione. È pertanto necessario e opportuno tenere informati gli influencer selezionati, tenendo conto che nessuno ha tempo da perdere e che nessuno, *a priori*, è interessato a qualsiasi cosa abbiamo da dire. Nella misura in cui riusciremo a essere interessanti, a dare valore all'influencer, saremo partner utili e apprezzati, e amplificati mediaticamente. Se saremo invece noiosi, faremo perdere tempo, "spammeremo", se come si dice in gergo "non c'è la notizia", saremo considerati dei seccatori, da evitare, di cui si può tranquillamente parlar male, visto anche il fatto che non sappiamo comportarci secondo un minimo di educazione e di buon senso.

Costruire un contatto, una relazione

Come in qualsiasi attività umana, le cose funzionano meglio se ci si conosce, se ci si stima e rispetta. Con gli influencer non basta inviare una cartella stampa e poi sollecitarli alla pubblicazione, come se fossero macchinette in cui infiliamo un gettone e automaticamente abbiamo diritto a vedere una reazione. Molto meglio lavorarci insieme; cercare di conoscerli, possibilmente anche di persona, magari in occasione di eventi e attività *ad hoc*; costruire una relazione, cercare di capire, e anche di chiedere loro come potremmo aiutarli in ciò che a loro interessa, come per esempio avere un blog migliore, più letto e apprezzato.

Dalla collaborazione, dal rispetto reciproco, nasce la stima. Non si deve tendere a costruire un rapporto di amicizia, che sappiamo sarebbe strumentale, una forma di manipolazione. Si deve cercare un buon rapporto di tipo professionale, il che faciliterà la pubblicazione di contenuti positivi e utili, non perché "essendo amici" ci si fa un favore (può capitare, ma non c'è da contarci su base continuativa), ma perché stimandoci, e trovandoci forse perfino simpatici, i nostri input godranno maggiore attenzione, e di maggiore cura. Avendo un buon rapporto, si spera, l'influencer ci penserà con maggiore cautela prima di scatenare una polemica o un attacco. Auspicabilmente, sentirà anche la nostra campana e valuterà in maniera più obiettiva di quanto potrebbe fare nei confronti di un'azienda antipatica, arrogante, noiosa, che cerca di ottenere da lui un valore mediatico in cambio di... nulla.

Figura 9.3 – Nel maggio 2009, in un'operazione di PR per la Marina degli Stati Uniti, quattordici blogger, di alto profilo e di grandi audience, ma non specialisti di temi militari, anzi tutt'altro, hanno vissuto l'esperienza di passare ventiquattro ore a bordo della portaerei Uss Nimitz, poter provare con mano e raccontare ai propri lettori cosa vuol dire lavorare su una nave di quel genere (http://bit.ly/1VVzzKJ). Foto: http://www.nimitz.navy.mil/.

Parte III

Creare una strategia, in pratica

Genius is one percent inspiration, ninety-nine percent perspiration.
Thomas Alva Edison

CAPITOLO 10

UN ESEMPIO DI STRATEGIA DIGITALE

One size does not fit all. È molto importante sottolineare, a questo punto, che non esiste "la soluzione". Non c'è un modello, una case history, un template che si possa copiare e applicare senza sforzo alla propria realtà specifica. C'è un processo, un modello di ragionamento, una strada che ognuno dovrà, più o meno faticosamente, percorrere per giungere alla soluzione adeguata: perché quella che per un'azienda è la soluzione ideale, per un'altra potrebbe essere il disastro, a seconda della realtà della marca, della situazione del mercato e così via. In sostanza, non ci sono scorciatoie, c'è da lavorare sodo.
Partiamo, dunque, con il definire la traccia di quello che può essere un solido documento di strategia, che possa evolvere nel tempo, fungere da guida per lo sviluppo delle attività di comunicazione digitale dell'azienda e da documentazione per il progetto. Daremo per scontato che esista una ben definita e approvata strategia di business, che sia stata compresa e sposata dalle persone che devono occuparsi di comunicazione, in modo da allineare marketing e comunicazione con la direzione generale dell'impresa.
In termini di approccio marketing consideriamo che siano stati identificati bisogni e desideri dei clienti attuali e di quelli potenziali: possibilmente bisogni e desideri che non siano ancora perfettamente soddisfatti, o lo possano essere meglio o in modo diverso; e si siano individuate le strade, i metodi e gli strumenti per portare l'azienda a soddisfare queste esigenze in maniera realizzabile, sostenibile e profittevole, rispondendo efficacemente ai problemi e alle sfide poste dai mercati. Presumiamo, anche, che non ci si trovi in una situazione in cui una strategia di comunicazione tradizionale (advertising, promozioni, PR e così via, attraverso i mezzi non digitali) sia già stata sviluppata in modo prevaricante, senza tenere conto della necessità di integrarsi con la comunicazione digitale.
Che non ci si trovi, cioè, in uno di quei casi dove la strategia della comunicazione aziendale (o meglio, dell'advertising) veda l'uso del digitale come mero adattamento e declinazione di quanto fatto sui media classici.

Se questo fosse il caso, diventa più difficile parlare di strategia digitale e meno didattico, dati i più ridotti margini di manovra possibili.
I punti fondamentali di una strategia solida alla quale fare sempre riferimento sono:

a. darsi obiettivi chiari, ben definiti, che, alla luce dei fatti e delle realistiche proiezioni, siano raggiungibili;
b. pensare al proprio cliente finale, a ciò che desidera realmente, che davvero è disposto a fare, basandosi sulla realtà dei fatti e dei limiti più che sui sogni e sui desideri dell'azienda e del management;
c. evitare di copiare dalle case history e usare con cautela ciò che si è appreso dal passato: le situazioni cambiano e ogni strategia va studiata su misura.

La scelta che abbiamo fatto è stata di evitare una trattazione puramente accademica. Abbiamo preferito adottare un approccio più pratico, definendo *in primis* una traccia di documento strategico, in modo che chi userà questo manuale per sviluppare una strategia di comunicazione digitale possa essere più immediatamente operativo.

Part of the Brand Republic Group About
MARKETING Knowledge Craft Careers M-Live Browse

Social media campaigns need 'objectives', warns Twitter executive

by John Reynolds, 25.04.2013

Tweet 13 Like 20 Share 2

Brands must not view running social media campaigns as "exciting" and "cool", but rather as a marketing platform that needs clearly defined objectives, a leading Twitter executive has said.

Bruce Daisley, UK sales director at Twitter, believes that in the past, too many social media campaigns have been rushed through in a bid to increase fans and followers.

Figura 10.1 – Gli stessi manager di Twitter insistono: per una buona campagna social, la base sono gli obiettivi. Fonte: http://bit.ly/1OnzgWD.

Un modello di strategia. Da usare con cautela e intelligenza

Esistono molti modelli di template per lo sviluppo di una strategia. La maggior parte di essi si limita a cambiare l'ordine dei punti chiave che

deve coprire un documento di strategia, ad approfondire più o meno questo o quel punto. Ovviamente, ognuno può sviluppare il suo, sulla base delle specificità dell'azienda e della situazione, a condizione che siano rispettati i punti chiave.
Anche se è impossibile costruire una to do list universalmente applicabile e che metta d'accordo tutti, l'utilità di questo strumento per indirizzare il pensiero dello stratega, e per organizzare la trattazione dell'argomento, è notevole. Pertanto, accettando il rischio di qualche compromesso, abbiamo creato una ragionevole lista delle cose da fare per sviluppare una strategia e una traccia della sua struttura.
Va assolutamente tenuto conto che si tratta di una traccia e che, in ogni specifica situazione, potrà essere utile aggiungere elementi o cambiarne la sequenza. Quanto a togliere: questa è un'operazione da fare con cautela per evitare di classificare come poco utile una riflessione che, invece, è molto efficace, ma che si percepisce come troppo faticosa e complessa da approfondire.

Key Learning

Il modello è solo una guida. Se non funziona, si cambia.
Compilare un modello non deve sostituire il pensiero; anzi deve stimolare idee e fare venire alla luce i dubbi. Il modello non è un modulo da compilare a tutti i costi. È al nostro servizio, non siamo noi al suo. Serve a mettere ordine nei nostri pensieri e azioni. Se passiamo più tempo a compilarlo che a pensare cosa metterci dentro, stiamo usando il modello nel modo sbagliato.

La strategia è un documento vivente: scritto e semplice

In una sua prima stesura, il documento di strategia servirà per far ragionare insieme tutti gli stakeholder del progetto, che dovranno contribuire, caso per caso, non solo a eseguire il proprio pezzo di lavoro sulla base di esso, ma se necessario a migliorarla per quello che riguarda la parte di propria competenza. Per esempio, nella prima versione la strategia darà alcune indicazioni di massima sull'uso dei social media: l'agenzia, o il reparto deputato, se necessario, metterà a punto e concorderà le revisioni che riterrà opportune, definendo le linee guida più idonee allo sviluppo delle azioni concordate. Questa operazione di primo affinamento va sempre concordata con gli altri stakeholder.

Fondamentale, anche se può sembrare poco professionale, è cercare di sviluppare una strategia, scritta, usando il minor numero possibile di termini gergali, di buzzword. Questo per tre motivi:

1. perché lo sforzo di esprimersi in termini piani e semplici impedisce di trincerarsi dietro le parole e obbliga ad andare in fondo ai propri concetti;
2. perché il documento di strategia, per la sua importanza nel processo di business aziendale, è, o dovrebbe essere, destinato a un pubblico abbastanza ampio all'interno della struttura. Non è detto che tutti siano esperti di comunicazione digitale, abbiano lo stesso nostro lessico, in sostanza capiscano quello che raccontiamo in un gergo iniziatico;
3. infine, se non si capisce quello che scriviamo è probabile che i processi di approvazione si complichino, che il management, possibilmente già sospettoso nei confronti del digitale, veda solo tanto fumo e poco arrosto e non ci dia l'importanza, e i budget, che meritiamo, magari per un semplice ma importante problema di comunicazione interna.

Figura 10.2 – Uno dei rari esempi di strategia aziendale di un'azienda o organizzazione resa pubblica è quello dell'istituzione britannica Tate (che raggruppa una serie di musei inglesi, tra cui quella che era nota come Tate Gallery e che ora si chiama Tate Britain). Anche se il documento è datato (2011), rappresenta un interessante sguardo su come pensa e lavora un'organizzazione (http://bit.ly/1MOSe5u).

Il template

Il documento che riassume la strategia di comunicazione digitale dovrebbe essere composto da due parti: il documento vero e proprio e una serie di approfondimenti allegati, destinati a mettere a fuoco alcuni punti importanti e a dare un background e/o delle linee guida.
La prima parte sarà destinata a tutti gli stakeholder, interni ed esterni, e a tutti quelli che dovranno lavorare al progetto; la seconda parte ad alcuni componenti del team, soprattutto a quelli esterni all'azienda, poiché conterrà elementi fondamentali per capire l'azienda e la sua strategia: elementi ben noti per esempio al marketing aziendale, che dovrebbe essere stato coinvolto nel loro sviluppo e applicazione, ma non necessariamente a chi per la prima volta lavora per/con quella azienda o quella marca.
Raccomandiamo di dividere in due il documento perché incorporare, nella parte principale, informazioni che tutta una serie di persone in azienda già conosce, renderebbe il documento stesso meno efficiente. Del resto, queste informazioni devono essere passate a chi non le conosce.

L'indice del documento di strategia

Un indice del documento di strategia dovrebbe essere strutturato come segue:

1. Executive summary
2. A che punto siamo
3. Dove vogliamo andare
4. Gli obiettivi
5. Le risorse e i limiti
6. Il target
7. La concorrenza
8. Gli insight
9. Il key concept
10. I touchpoint
11. Le strategie social
12. Gli stakeholder
13. Il contingency plan
14. Cosa facciamo
15. Controllo e misurazione
16. Governance

Gli approfondimenti allegati al piano potranno avere come oggetto:

- Approfondimento 1: la visione dell'azienda sul business e sulle implicazioni del digitale nel proprio business.
- Approfondimento 2: la situazione di mercato, i problemi e opportunità da cogliere, le attività dei concorrenti, come imparare dai comparable.
- Approfondimento 3: le attività passate di comunicazione digitale dell'azienda, e cosa abbiamo imparato da esse.
- Approfondimento 4: ricerche, numeri, dati significativi sulle vendite, il business, investimenti pubblicitari, percezione della marca, estratto delle ricerche recenti più significative sia nostre che di terzi.
- Approfondimento 5: la marca. Cos'è, come siamo, il DNA, mandatory. Il nostro posizionamento.
- Approfondimento 6: lo stato attuale della presenza digitale dell'azienda, i progetti in corso. Idem per la presenza in comunicazione tradizionale. Cosa abbiamo online, cosa abbiamo fatto, cosa intendiamo fare per il sito, il blog e così via.

Andiamo adesso ad approfondire ogni punto della strategia, individuando cosa deve contenere e come può essere sviluppato (Tabella 10.1).

Executive summary

Il primo punto è quello che si scrive per ultimo. Elaborato il piano, occorre sempre sintetizzarlo in una pagina o due, evidenziando solo l'essenziale, i punti che volete che il vostro management colga, capisca e approvi. Questo perché il management non necessariamente ha il tempo, la voglia e le competenze di digerirsi un documento di 30 o più pagine, con tutte le conseguenze che ciò comporta sulle approvazioni.
Deve dunque essere un paragrafo di sintesi e di "vendita" interna, che possa essere facilmente trasformato in poche slide di presentazione, che evidenzi obiettivi e risultati attesi, che dia una chiara ma sintetica idea di cosa proponiamo di fare e perché.

In pratica

Una o due slide, o pagine, contenenti gli obiettivi, l'idea, i risultati attesi, i motivi che ci hanno portato all'idea. Più un paio di slide che sintetizzino cosa proponiamo di fare e con quali strumenti.

	Il documento di strategia digitale	
0	Executive Summary	Da scrivere alla fine. Una sintesi degli obiettivi, di cosa andremo a fare in pratica, dei risultati attesi.
1	A che punto siamo	"L'azienda: lo stato del business, del marketing e della comunicazione, le attività del recente passato. Il mercato: lo stato, i trend, gli elementi significativi. "
2	Dove vogliamo andare	Cosa l'azienda vuole diventare: posizionamento, eventi, azioni imminenti che avranno un impatto sulla comunicazione.
3	Gli obiettivi	"Devono essere chiari, misurabili, specifici e focalizzati, comprensibili e condivisi/condivisibili all'interno, raggiungibili, razionali ma coraggiosi. Serve una definizione degli obiettivi generali e di quelli specifici per canale o strumento, nonché un'attribuzione di priorità ai diversi obiettivi, individuando degli obiettivi intermedi."
4	Le risorse e i limiti	Cosa l'azienda può mettere a disposizione del progetto e cosa deve essere procurato all'esterno in termini di persone, competenze, asset. Cosa rimane fuori dalla nostra portata.
5	Il target	Conoscere il target attraverso la frequentazione on e offline. Ascolto della rete.
6	La concorrenza	Analisi dei concorrenti: cosa fanno, attraverso quali strumenti, in che modo, rivolgendosi a chi, con quali budget. Osservazione dei comparable (aziende comparabili con noi per tipo di problemi da risolvere o azioni effettuate) per trovare ispirazione.
7	Gli insight	L'insight è una comprensione profonda di un bisogno, un comportamento, un tratto psicologico del target che ci permette di costruire una comunicazione (e un prodotto) estremamente "relevant".
8	Il Key Concept	Il mondo del brand sotto forma di promessa, reason why, tono di voce. Una sola idea, ragionata per touchpoint e non in una logica "pubblicitaria".
9	I touchpoint	I punti di contatto delle persone con il messaggio. Individuazione e connessione dei diversi touchpoint.
10	Le strategie social	Un documento a parte, contenente il modo in cui vogliamo che il nostro brand/prodotto viva all'interno dell'insieme disomogeneo dei suoi diversi pubblici sulle piattaforme social.
11	Gli stakeholder	Blogger, community forti, aggregatori di reputazione, giornalisti, istituzioni, gruppi di pressione: identificazione e coinvolgimento nella nostra comunicazione.
12	Il contingency plan	Identificazione dei possibili rischi, valutazione della relativa gravità, assegnazione delle priorità. Sviluppo di piani di risposta (anche attraverso automatismi) e attivazione di un sistema di early warning.
13	Cosa facciamo	Definizione delle attività in termini di mezzi e strumenti: pubblicità, promozioni, PR, CRM, social, web, in store, unconventional e così via.
14	Controllo e misurazione	Impostazione del progetto e delle tecniche di misurazione in base alle nostre esigenze e ai nostri obiettivi.
15	Governance	Chi fa che cosa, con chi, entro quali limiti. Chi prende quali decisioni. Quali sono le responsabilità e i limiti di autonomia. Quali sono le risorse di cui abbiamo bisogno, interne ed esterne, chi sono, dove le troviamo. Quali sono i flussi e i processi.

Tabella 10.1 – Il sommario del documento di strategia digitale.

A che punto siamo

Questa sezione iniziale è dedicata a un breve riassunto dello stato attuale del business, del marketing e della comunicazione dell'azienda. Verranno sintetizzati lo stato, i trend, gli elementi significativi del mercato, le attività di marketing (per esempio lanci di prodotto, cambi di prezzo, campagne pubblicitarie) che avranno luogo nel periodo per cui dovrà essere sviluppata la strategia di comunicazione digitale.
Questi sono elementi che dovrebbero essere già stati definiti dall'azienda nell'ambito della pianificazione del proprio business. Se non sono già stati definiti, è opportuno sospendere l'attività di sviluppo sulla comunicazione. Saremmo, infatti, in una situazione dove non abbiamo messo a punto i basic del nostro business, per cui comunicheremmo su fondamenta ben poco solide. In sostanza, se non sappiamo bene cosa faremo, riuscirà veramente difficile comunicarlo in modo efficace.
Sono elementi che servono per dare un contesto e fornire indicazioni utili per lo sviluppo di strategia e azioni a chi non vive l'azienda giorno per giorno o, come nel caso di una nuova agenzia, magari la conosce poco o niente.

In pratica

- L'azienda: lo stato del business, del marketing e della comunicazione, comprese le attività che avranno luogo nel periodo di sviluppo della digital strategy.
- Il mercato: lo stato, i trend, gli elementi significativi.

Dove vogliamo andare

Dovremo a questo punto scrivere un breve riassunto di quale sia la direzione che sta prendendo l'azienda. Parliamo degli eventi importanti imminenti, contestualizziamo le azioni future che influenzeranno la comunicazione e/o che da questa dovranno essere supportate. In questa parte dobbiamo condividere, in sostanza, cosa l'azienda (o la marca) ha in progetto di diventare. Quello che siamo e quello che vogliamo essere domani. O quello che vogliamo continuare a essere.
La meta che vogliamo raggiungere influenza, infatti, in modo rilevante la strada che vogliamo prendere. Questo tipo di informazione diventa estremamente importante nel momento in cui abbiamo deciso di far cambiare rotta alla nostra marca. Quando, per esempio, vogliamo ringiovanirla, cambiare target, renderla più contemporanea cambiandone valori e linguaggi.

Se questa decisione e i nuovi parametri non sono comunicati efficacemente nel piano è inevitabile, e probabilmente succederà comunque, che chi sviluppa il progetto con informazioni incomplete si ritrovi a lavorare su basi vecchie, su idee della marca che il management ha deciso essere superate, ritrovandoci ad andare nella vecchia direzione anziché nella nuova. In sostanza andremo a sprecare tempo e fatica su una strada che non è quella decisa dal management. Con tutte le conseguenze del caso.

In pratica

Che cosa l'azienda ha in progetto di diventare: posizionamento, eventi, azioni imminenti che avranno un impatto sulla comunicazione.

Figura 10.3 – Molto delicato è il tema del bilanciamento della comunicazione tra il racconto della marca e il racconto del prodotto. Cerchiamo di farci acquistare per le nostre performance o per quello che desideriamo rappresentare? Promuoviamo le caratteristiche del prodotto o l'adesione a un mondo positivo e attraente? Un esempio di comparazione delle comunicazioni è contenuto in questo post, dove si confronta una campagna di Wilkinson con una campagna di Gillette: http://bit.ly/1qhVb64.

UN CASO (FITTIZIO) DI STUDIO

Un manuale è un manuale, si sa. Ma i lunghi elenchi di regole rischiano di rimanere tra le pagine del libro, se non troviamo subito un modo di applicarle. Perciò abbiamo deciso di introdurre qui la creazione di un ipotetico caso di studio: la storia di un'azienda immaginaria (ma vero-

simile) che ci permette – seguendone il pensiero di sviluppo strategico step by step – di "scaricare a terra" in modo ancora più concreto e comprensibile cosa intendiamo. Dando quindi ulteriori spunti di riflessione e di immaginazione.
Naturalmente alcuni punti mancheranno: sono quelli in cui devono essere acquisiti materiali esterni (per esempio ricerche) o che possono essere sviluppati adeguatamente con un team composto dalle giuste professionalità (per esempio il social, il SEO/SEA, il media e così via). Per tutte queste parti è bene ricordare che il documento di rifermento rimane la strategia, che accoglie il contributo delle diverse competenze che contribuiscono alla buona riuscita del progetto.
Naturalmente abbiamo privilegiato la natura didattica del caso; e sicuramente, in questa storia di fantasia applicata al marketing, ci sarebbe molto da discutere e da criticare su tutta una serie di fronti, che non sono però fondamentali ai fini di dare una migliore comprensione di ciò che abbiamo spiegato a livello teorico.

Il Caso HOD: HAMBURGER ON DEMAND
La nostra (immaginaria) azienda è una giovane startup.
Il suo business: portare a casa hamburger personalizzati, on demand.
In pratica: attraverso una mobile app, gli abitanti di Milano (per ora solo loro) possono configurarsi un hamburger personalizzato, scegliendo tra oltre 20 ingredienti di base. L'hamburger "su misura" verrà preparato e rapidamente consegnato a domicilio attraverso l'usuale motociclista.
Nelle prossime sezioni presenteremo come la nostra azienda ha affrontato il percorso di definizione della propria strategia digitale.

Gli obiettivi del piano

La sezione successiva del documento strategico è quella dedicata all'importantissimo aspetto degli obiettivi cui deve tendere il successo del piano. Il tema degli obiettivi è, forse, il più importante e delicato: per questo motivo abbiamo deciso di dedicare ampio spazio a questo argomento, che necessita e merita un certo approfondimento.
Necessita, soprattutto, di una riflessione. Dato che senza un buon obiettivo non ci potrà mai essere una buona strategia, dobbiamo essere attenti a quello che facciamo in questa fase.
L'esperienza ci insegna che troppo spesso "obiettivo" è diventata una buzzword priva di reale significato, come Mission e Vision: una slide inevitabile ma in fondo poco utile nel nostro PowerPoint, scritta più con l'obiet-

tivo di "suonare bene" che con quello di tracciare davvero una rotta per la nostra attività.
Ciò è particolarmente grave quando questi obiettivi vengono dati come input a partner esterni – che li devono trasformare in azioni concrete, azioni che devono essere misurate poi sul raggiungimento di quegli obiettivi.
È quindi importante avere un atteggiamento molto critico e autocritico nel confronto degli obiettivi, così come scritti (e non solo pensati o raccontati).
Davvero hanno un senso?
Sono davvero specifici, concreti?
Sono realmente raggiungibili, anche se con notevoli sforzi e grande impegno?
Cosa vogliamo, davvero, ottenere?

Come devono essere i nostri obiettivi?

Gli obiettivi della strategia di comunicazione sono, generalmente, quelli di modificare la percezione, l'atteggiamento, i comportamenti delle persone in direzioni favorevoli al nostro business e in sintonia con la direzione in cui l'azienda vuole andare. Gli obiettivi della comunicazione sono funzionali al raggiungimento degli obiettivi di business, o della nostra attività politica, caritatevole, associativa.
Alcuni punti fondamentali:

a. **Alla base della strategia ci sono sempre obiettivi chiari.**
   Se non sappiamo bene dove vogliamo arrivare, faremo molta fatica ad andarci. Se questi obiettivi non ci sono, forse stiamo parlando di tattiche, di esperimenti: la strategia esiste per indirizzare le azioni verso un obiettivo concordato e condiviso. Usare Facebook non è una strategia, ma un mezzo per raggiungere un obiettivo di comunicazione; così come usare un forno a microonde non è una strategia, ma una tattica per raggiungere l'obiettivo di cucinare rapidamente un pasto.
b. **Gli obiettivi devono essere misurabili.**
   Si deve poterli settare a un certo livello oggettivo e valutare cosa si è poi ottenuto nella realtà nel corso del progetto. Si tratta di definire a cosa miriamo e quali risultati ci attendiamo, rendendone la misurazione il più possibile oggettiva e concreta. Se un obiettivo non è misurabile, come potremo sapere se l'abbiamo raggiunto e in che misura? Come potremo definire il successo? È importantissimo, specialmente per chi non proviene da culture "aziendali", capire che le imprese (sane) ragionano sul principio di ottimizzare gli sforzi, quindi di capire "quanto ha reso" ogni attività, per imparare e

migliorare per il futuro. Proporre attività che sfuggano del tutto a questo principio significa proporre degli atti di fede, delle scommesse di cui, poi, però non si conoscerà l'esito, degli investimenti che non si capirà se è valsa la pena fare o meno.

c. **Gli obiettivi devono essere specifici e focalizzati, non vaghi e generali.**
Dobbiamo definire in dettaglio cosa vogliamo conseguire. "Diventare ricchi e famosi" non è un buon obiettivo. "Entrare nella top ten dei giocatori mondiali di tennis" è un obiettivo decisamente migliore, perché ci permette di orientare la nostra azione. "Migliorare la nostra immagine" è un obiettivo troppo vago. "Essere percepiti come il ristorante con il miglior rapporto prezzo/qualità della città" è un buon obiettivo, così come lo è voler diventare il miglior ristorante della città (ma rispetto a quale classifica?). E da obiettivi diversi nasceranno naturalmente strategie differenti.

E ancora, gli obiettivi dovranno essere:

- comprensibili e condivisi/condivisibili all'interno dell'azienda;
- raggiungibili in pratica, fattibili. Ambiziosi sì, irrealistici no;
- razionali ma coraggiosi. L'azienda non può essere guidata da obiettivi dettati dalla paura, che porta alla passività, al non fare per non sbagliare.

In pratica

Gli obiettivi devono essere sempre:

- chiari;
- misurabili;
- specifici e focalizzati;
- comprensibili e condivisi/condivisibili all'interno;
- raggiungibili;
- razionali ma coraggiosi.

APPROFONDIMENTO

Gli obiettivi non sono solo vendere di più. Gli obiettivi sono le opportunità da cogliere, i problemi da risolvere. Per esempio tagliare i costi, o aumentare i margini, o rendere più semplice e veloce la vendita.
Nel nostro specifico, sono le opportunità e i problemi in cui il digitale possa rappresentare uno strumento efficace e di significativa impor-

tanza, tale per cui valga la pena investirci risorse significative. Se l'investimento è economicamente marginale non sarà nemmeno il caso di investire tempo e sforzi nello sviluppo di una strategia, trattandosi di un'attività poco importante e nella maggior parte dei casi opzionale.

IL CASO HOD E I SUOI OBIETTIVI DI BUSINESS

Nel caso immaginario della nostra azienda, i primi obiettivi sono inevitabilmente obiettivi di business. Dove vogliamo andare, qual è la nostra visione.
Raccontiamo allora che dopo un primo finanziamento "Friends and Family" che ha permesso l'avvio delle attività di studio del progetto, la startup ha ottenuto dei fondi da un Business Angel – potendo così pensare alla costruzione di un progetto che ha portato dopo circa 24 mesi di lavoro all'inizio dell'attività commerciale su Milano.
In termini di business, quindi, gli obiettivi di HOD sono:

1. Mettere a punto l'attività, imparando dagli errori e dai feedback dei clienti – per poter raffinare il loro modello operativo, produttivo, logistico e di marketing.
2. Sul fronte awareness e interesse, lavorare sul passaparola (in rete e fuori).
3. Portare dei risultati economici tali da permettere un successivo round di finanziamento (probabilmente con un fondo specializzato).
4. Con i fondi raccolti aprire in una seconda città (probabilmente Bologna) per dimostrare la scalabilità del modello che, a tendere, dovrà evolvere in un franchising.
5. Procedere a un successivo round di finanziamento per lanciare il franchising sul territorio nazionale.

Gli obiettivi raggiungibili sono cambiati nel tempo, per effetto del digitale

Un tempo gli obiettivi di comunicazione si limitavano in genere a temi quali la creazione di awareness, preference, brand equity, in quanto la comunicazione funzionava in modo pavloviano: emetto un messaggio ben calibrato, le persone reagiscono cambiando idea o comprando. Oggi le cose si sono fatte più complicate. Come dicevamo in apertura, le persone sono più resistenti di qualche anno fa, si fidano meno delle aziende, hanno un maggior accesso all'informazione e possono comunicare a volte con una voce più forte delle aziende stesse. Dobbiamo tener conto di questo nello stabilire gli obiettivi, perché questi siano realisticamente raggiungibili e siano davvero funzionali al benessere dell'azienda in uno scenario che è molto cambiato rispetto alle condizioni "classiche" di qualche anno fa. Non solo: gli strumenti digitali e il loro funzionamento sul pubblico permettono di darci obiettivi prima impensabili, perché impraticabili nella sostanza.

Il caso più eclatante di questi nuovi obiettivi è settare come focus di una certa fase iniziale della comunicazione il **capire meglio il pubblico**. Nell'arena della comunicazione classica io parlo a qualcuno e solo con fatica raccolgo un feedback; per capire e conoscere il mio cliente devo ricorrere ad altri strumenti, come le ricerche di mercato. Oggi, *in primis* coi social, posso stimolare conversazioni, ascoltare opinioni, origliare scambi di pensieri tra soggetti, monitorare la reazione quantitativa e qualitativa ai miei stimoli.

In fase iniziale gli obiettivi devono essere generali: raccogliere dati e informazioni sulle persone, convincerle ad avviare una conversazione, innescare un processo di posizionamento dell'azienda e così via. Solo dopo si daranno, a cascata, obiettivi specifici relativi ai vari strumenti. Stabiliremo, per esempio, quale ruolo specifico attribuiremo a Facebook, cosa ci attendiamo da un'operazione fatta su YouTube, cosa otterremo in cambio di un'attività di costruzione di una community proprietaria.

Esempi di obiettivi possibili di una strategia di comunicazione digitale:

- creare awareness (conoscenza) per la nostra marca, prodotto, servizio;
- cambiare la percezione delle persone rispetto alla nostra azienda, marca, prodotto;
- convincere le persone a parlare con noi, non solo per costruire relazione ma per aiutarci a capire meglio cosa vogliono, di cosa necessitano, come sono fatte, cosa pensano, per permetterci di imparare e di servirle meglio;
- portare persone a visitare un punto vendita o un'esposizione, a partecipare a un evento;
- educare il cliente all'uso del prodotto;
- rendere più efficiente il processo di vendita e di assistenza post vendita.

In aggiunta ricordiamo, anche se esula dal perimetro che abbiamo voluto dare al libro, che il digitale non è solo uno strumento di comunicazione, è anzi un modo di fare business nuovi o di fare in modo nuovo il nostro business, cambiando anche i parametri fondamentali del marketing mix, inventando prodotti nuovi, cambiandone radicalmente la logistica, il servizio, la determinazione del prezzo.

In pratica

Il digitale ci offre l'opportunità di porci obiettivi impensabili sugli altri mezzi, primo fra tutti quello di comprendere il nostro pubblico.
Definiamo prima gli obiettivi generali, solo in seguito quelli specifici per canale o strumento.

Figura 10.4 – Non dobbiamo pensare al mondo digitale solo come a opportunità di comunicazione: si può usare per cambiare profondamente il proprio modo di fare business (http://bit.ly/1WuIGSB).

I nostri obiettivi sono realistici?

Sappiamo già che le aziende lavorano con limiti e condizioni che ne riducono la possibilità di fare. Anche se in forma abbozzata, conviene valutare al più presto se gli obiettivi che ci diamo siano realistici in termini di coerenza tra l'impegno necessario per raggiungerli, o almeno provarci, e le risorse necessarie. Ovviamente ciò non è facile prima di averci lavorato e sviluppato dei piani di dettaglio. D'altra parte se non si verifica almeno la compatibilità degli ordini di grandezza, si rischia di lavorare per settimane

o mesi su un piano che a un certo punto andrà scartato, perché si scopre che costa troppo, richiede all'azienda un impegno eccessivo o risorse umane non presenti: per esempio per lo sviluppo di contenuti o la relazione con il pubblico. Bisogna quindi rendersi conto il prima possibile che si è su una falsa pista, adottare il principio del fail fast[27], in modo da sprecare meno tempo e meno soldi possibile.
Occorre essere molto oggettivi e realistici rispetto ai nostri limiti su quello che siamo davvero in grado di fare, sia per le risorse disponibili, sia in conseguenza (positiva o negativa) della cultura aziendale, della capacità di affrontare processi complessi e così via. Essere oggettivi e realistici rispetto ai limiti che ci vengono posti dalla percezione da parte del mercato della nostra identità e dello status della nostra marca, dalla situazione distributiva, dal prezzo, dalla nostra storia. Omettere di tener conto dei fattori esogeni, o interni, che limitano ciò che possiamo ragionevolmente raggiungere, significa non fissare degli obiettivi, ma piuttosto eleggere dei desideri irrealizzabili a scopo dell'azione.
In questa prospettiva è indispensabile avere un approccio realistico su quanto siamo appetibili sul mercato, quanto siamo (e siamo percepiti) smart, quanto siamo digitali. Se all'interno dell'azienda la cultura e la conoscenza del digitale è limitata o osteggiata, è difficile e rischioso fare grandi progetti per il breve termine. Conoscendo i nostri limiti, è meglio fare un piano di learning, formazione, sensibilizzazione e crescita per superarli. Bisogna evitare di imbarcarsi in avventure troppo al di là della nostra portata, o non credibili per la situazione attuale della nostra marca.

In pratica

Nel formulare gli obiettivi, siamo oggettivi e realistici rispetto alle risorse disponibili, alla cultura aziendale, ai limiti posti dalla percezione da parte del mercato della nostra identità e dello status della nostra marca, dalla situazione distributiva, dal prezzo, dalla nostra storia.

Dare le corrette priorità agli obiettivi, se sono più di uno

Fissare troppi obiettivi all'interno di una stessa strategia, e con risorse insufficienti, è uno dei peccati mortali più diffusi.
Non si può, d'altra parte, essere integralisti e pretendere che le aziende debbano sempre limitarsi al conseguimento di un solo obiettivo monoliti-

27. Vedi Capitolo 12.

co, quando la realtà del mercato impone che gli obiettivi da raggiungere per il successo o la sopravvivenza siano più d'uno contemporaneamente. In questo caso occorre evitare la sindrome del "tutto è importante", perché se tutto ha la stessa importanza finisce che nulla è veramente importante. È dunque cruciale definire un ordine di priorità, il che guiderà anche l'allocazione efficiente delle risorse disponibili. Bisogna tenere conto inoltre del fatto che normalmente esiste una concatenazione di obiettivi intermedi, necessari da raggiungere per arrivare a quello finale. Negli anni Sessanta poteva bastare andare in televisione e dire "comprami". La gente lo faceva, obiettivo raggiunto. Oggi non funziona più così, se non raramente, a meno di avere prodotti talmente nuovi e talmente straordinari che si vendono da soli.

Per esempio, per raggiungere il successo, obiettivo finale, una marca nuova dovrà:

- passare attraverso una fase in cui si darà l'obiettivo di essere conosciuta (costruire awareness);
- comunicare un perché, la promessa: cosa darà alle persone in cambio dei loro soldi (generare interesse);
- far quindi sapere dove trovare il prodotto e magari attivare uno sconto o una promozione (fare trial, cioè la prova del prodotto);
- comunicare le performance reali del prodotto, rassicurando, portando a supporto testimonianze di persone reali che l'hanno provato (estendere il trial dagli early adopter ai follower);
- ritornare successivamente alla carica con azioni promozionali o forti azioni valoriali sulla marca (fidelizzazione all'uso, uso esclusivo del proprio prodotto rispetto ai prodotti concorrenti).

E così via, accompagnando la crescita di una relazione d'uso e di valori tra la marca/prodotto e il target, o meglio i vari target.

Naturalmente a livello di grandi operazioni di comunicazione (lancio di un nuovo prodotto, riposizionamento, rilancio stagionale e via dicendo) gli obiettivi di tutti gli strumenti online e off-line dovranno essere perfettamente allineati. Nel caso di operazioni più piccole, tattiche, potremo affidare obiettivi specifici a strumenti particolarmente efficaci per quel caso: per esempio, e-mail per comunicare l'apertura di un nuovo punto vendita, Facebook per condividere un video e portare gli utenti su YouTube.

In pratica

Se abbiamo più obiettivi, diamo loro delle priorità e definiamo con cura anche gli obiettivi intermedi.

IL CASO HOD E I SUOI OBIETTIVI DI COMUNICAZIONE

Nel caso della nostra HOD, in termini di attività di comunicazione e marketing per la fase in cui stanno operando, gli obiettivi sono stati definiti come:

- Comprendere la reazione del mercato alla proposta di prodotto.
- Testare il marketing mix.
- Creare awareness del servizio e generare passaparola, in rete e fuori; generare conversazioni.
- Generare trial, far provare il servizio.

Risorse, must e budget

La sezione successiva del documento strategico va dedicata agli aspetti di risorse, e quindi anche di budget, a disposizione del team per la messa in opera del piano.

Dei grandi temi delle risorse, come limiti allo sviluppo di un progetto digitale, abbiamo già parlato nel Capitolo 5. Scendendo a un livello operativo analizzeremo nello specifico la situazione del budget.

La teoria più elementare dell'organizzazione dei progetti vuole che quando si inizia a studiare un'attività se ne definisca anche un budget a disposizione. Purtroppo questo è un aspetto che viene molto spesso disatteso, specialmente quando si coinvolge un'agenzia esterna nel progetto. Si dà un brief, delle indicazioni, un bando di gara... ma si omette di indicare il budget disponibile. Ci sono due motivi principali che portano a questo comportamento:

1. l'azienda non è in grado di stimare un budget perché non conosce le dinamiche del digitale, i costi dello strumento, le soglie minime di investimento per essere efficaci;
2. si cerca di portare l'agenzia a lavorare al ribasso, sulla base del principio che, se si comunica il budget, l'agenzia tenderà a spenderlo tutto; mentre, non comunicandolo, magari ci farà spendere meno.

Ovviamente questo è un comportamento inefficiente. Si verificano quotidianamente casi in cui viene sviluppato un progetto, all'interno o con l'aiuto di un'agenzia, si approvano le sue linee guida e i suoi strumenti, per poi arrivare alla voce dei costi e rendersi conto che l'investimento necessario è (molto) superiore a quello disponibile. A volte si riesce a salvare il piano eliminando attività accessorie, altre volte non è salvabile e va ristudiato sulla base dei fondi disponibili. Il che significa aver sprecato tempo e fatica, e quindi rilavorare spesso in situazioni di urgenza o emergenza. Significa aver fatto lavorare a vuoto l'agenzia, che spesso già lavora in situazioni di marginalità ridottissime, data l'aggressività dei clienti a ridurre le remunerazioni; significa costringerla a un extra sforzo inutile e non retribuito, con il rischio che questa, per non peggiorare la situazione dei propri costi, faccia di tutto per investire in lavoro e pensiero il meno possibile per la seconda tornata.

In quest'ambito è anche fondamentale definire cosa l'azienda può mettere a disposizione del progetto, e cosa deve essere procurato all'esterno: persone, competenze, asset. Non si può dare per scontato, per esempio, che sia il personale dell'azienda, idealmente i responsabili di prodotto, a fornire testi approfonditi per una pagina web, o rapide risposte a frequenti domande poste sui social. Dato il loro carico di lavoro potrebbe essere un compito aggiuntivo insostenibile, e quindi potrebbe essere necessario prevedere una figura di content development esterno. Ciò significa un costo extra da preventivare *ab inizio*, per non ritrovarsi spiazzati nella fase di realizzazione operativa del progetto.

> *“È fondamentale definire cosa l'azienda può mettere a disposizione del progetto.”*

Importantissimo definire anche quello che si può e non si può fare in termini di limiti legali, usi e divieti della cultura aziendale o del comparto merceologico. Insomma, specialmente se il team che lavorerà allo sviluppo del progetto non è tutto composto da consolidati esperti in materia, occorre evitare che si commettano errori, la cui riparazione costa tempo, fatica, stress e soldi inutili, aiutando i partner attraverso un'attività di formazione, di travaso di conoscenza da parte dell'azienda.

In pratica

Definiamo cosa l'azienda può mettere a disposizione del progetto e cosa deve essere procurato all'esterno: persone, competenze, asset.

IL CASO HOD: UN ACCENNO ALLE RISORSE

Ovviamente le prime risorse (oltre quelle economiche) sono state le competenze di persone accuratamente scelte sul fronte della logistica, della produzione, della sicurezza alimentare. Le competenze di marketing dei fondatori sono state integrate da quelle di un consulente esperto e di un'agenzia.

Data la criticità e la centralità della mobile app (che ipotizziamo si debba inoltre interfacciare con un sistema interno che genera gli ordini per

la cucina, per il delivery, per l'amministrazione e così via), si è scelto di svilupparla, costruendo un centro di competenza e sviluppo interno sul fronte "tecnico" e appoggiandosi all'agenzia per ciò che riguardava la creazione degli aspetti di usabilità, grafica, logiche di navigazione.
Sempre l'agenzia è stata responsabilizzata per lo sviluppo delle attività di comunicazione online, mentre una seconda agenzia è stata selezionata per le attività di PR, sia tradizionale che digitale. Le attività di advertising sono state invece rimandate al momento in cui il business sarà abbastanza cresciuto da poter pensare di investire anche in quel senso.

APPROFONDIMENTO

Digitale non vuol necessariamente dire low cost.
Specialmente in Italia sembra essersi diffusa, complice certamente anche la crisi, la convinzione che le attività di comunicazione digitale siano sempre progetti che devono costare poco, e magari essere in grado di portare gli stessi risultati di campagne di comunicazione tradizionale dai costi di centinaia di volte superiori.
Questo non è assolutamente vero. A parte che uno strumento come l'advertising televisivo fa un mestiere diverso, e porta risultati diversi, da una pagina Facebook, i costi per sviluppare appropriatamente un'operazione digitale sono piuttosto alti: per via della numerosità delle capacità/risorse professionali necessarie e dell'elevato numero di ore-uomo, spesso necessarie, perché vadano in porto progetti che, se non sono di tipo banale, sono certamente work intensive.

La determinazione del budget

La determinazione del budget da investire in comunicazione digitale, mutuando alcuni principi classici della comunicazione, si può raggiungere in diversi modi. Per esempio:

a. basandosi sugli investimenti passati e i risultati ottenuti;
b. valutando gli investimenti fatti dai concorrenti e, qualora si desideri adottare una politica aggressiva, decidendo per un investimento più alto;
c. sulla base degli obiettivi che ci si è posti, valutando i costi probabili delle azioni necessarie per cercare di raggiungerli.

Figura 10.5 – Un concetto semplice, quasi banale, per esempio scoprire su Pinterest quale sia il sogno di una fortunata donna selezionata e realizzarlo ricreando fisicamente quanto è stato immaginato. Facile a dirsi e idea potente. Tuttavia per non diventare banale e controproducente, per poter vivere con forza, ha avuto bisogno di qualità e investimenti cospicui (http://bit.ly/1TKqbTE).

In realtà i metodi seguiti sono anche, o soprattutto, altri. Dal metodo del "meno possibile", chiedendo preventivi competitivi a più agenzie per la realizzazione di una singola, specifica azione tattica; a quello dell'avanzo di budget del piano di comunicazione tradizionale. Si adottano così, però, approcci molto lontani da quelli coerenti con una gestione professionale delle risorse e dei progetti aziendali. Ciò che conta però è che:

1. esistono soglie minime di budget, sotto le quali non si riesce a sviluppare un'attività di comunicazione di successo, a meno di rare combinazioni di genialità e fortuna, sempre possibili, ma su cui non si può far conto in un piano di business;
2. più che la quantità dell'investimento conta la qualità. Rende di più un budget contenuto, ma speso in ottica strategica, con intelligenza e coraggio, che uno elevato speso in operazioni di imitazione dei concorrenti, poco rilevanti per i consumatori e poco innovative.

Va poi tenuto conto che, anche nel digitale, la pubblicità, da AdWords a Facebook, ha mostrato una buona capacità di accelerare e facilitare i processi di comunicazione, meritandosi quindi una parte del budget complessivo in quanto investimento che produce ritorni correlati al business.

Il target

A seguire, il documento di strategia dovrà concentrarsi sul (o meglio, sui) target cui la nostra comunicazione si indirizza, sia direttamente sia (come nel caso degli influencer) in modo indiretto.

Oggi, da parte di molti esperti e influencer del marketing digitale si assiste a una certa ritrosia nell'uso del termine target, che in passato, nel marketing e nella comunicazione digitale, sottintendeva il concetto di gruppi di persone omogenee cui indirizzare, attraverso mass media appropriati, la nostra comunicazione. Oggi i target si sono frammentati, ogni persona è diventata più unica e diversa dai suoi simili, i mass media hanno perso trazione a fronte di consumi culturali/informativi diversi e di palinsesti personalizzati. Tanto che si parla sempre di più non solo di comunicazione personalizzata, one-to-one, ma addirittura di customizzazione dei prodotti, arrivando a contemplare l'outsourcing della produzione ai consumatori: per esempio vendendo i "progetti" dei prodotti che i consumatori realizzeranno in casa propria attraverso le stampanti 3D.

Se questi ultimi scenari sono, nel breve periodo, difficilmente realizzabili all'interno della struttura economica e di mercato come noi la conosciamo, almeno per un gran numero, forse la maggioranza, delle aziende, resta il fatto che non possiamo più pensare alla comunicazione come un messaggio lanciato ad ampi strati di individui, assolutamente interscambiabili, e senza possibilità di feedback che non sia l'acquisto. Detto ciò, il problema pratico cui ci troviamo di fronte è, ora, quale termine adoperare per indicare il nostro "pubblico obiettivo", sia esso composto da singoli individui o da numerose comunità di persone fra loro simili.

La decisione che abbiamo preso, nella scrittura di questo libro, è stata che, in mancanza di un termine altrettanto efficace, e non volendo imbarcarci nella costruzione di neologismi più o meno sensati, useremo per chiarezza e semplicità il consueto termine target. Indicando però strettamente le persone cui vogliamo parlare, senza portarci dietro tutte le definizioni e le standardizzazioni proprie di un target tipicamente pubblicitario: passivo, numerosissimo, indifferenziato.

Definire il target e conoscerlo

Sempre di più facciamo fatica a comunicare con target indifferenziati, in una logica top down ("io parlo a te" dall'alto e non mi attendo una risposta); anche se va detto che non sempre è davvero indispensabile, o perfino possibile, avviare conversazioni con le persone. Si possono fare attività monodirezionali sui social media e trarne beneficio, anche se questo per alcuni rappresenta un'eresia dal punto di vista ideologico.

Figura 10.6 – Anche le donne comprano automobili, quindi ha senso fare delle prove su strada pensate per loro, come in questo caso: il sito autoaspillo.com, destinato proprio alle automobiliste, presta la massima attenzione ai fattori interessanti per un pubblico femminile e con un linguaggio più leggero. http://bit.ly/1TeE3bL.

Sempre di più parliamo agli individui, in massa o singolarmente: basti pensare a cosa succede quando qualcuno risponde a un nostro post, a una nostra attività su Facebook o a un nostro tweet. Ma le persone occorre conoscerle, regola fondamentale del marketing e principio spesso disatteso. Fa riflettere il fatto che certi product manager, responsabili della comunicazione, direttori marketing non visitino più da anni i punti vendita, non ricerchino il contatto con le persone vere sul territorio, non cerchino di capire il mercato reale parlando e osservando. Certo, abbiamo mille cose da fare e troppo poco tempo. Quindi, quando va bene, si riesce a commissionare delle ricerche, che sono però la mappa, non sempre il territorio. Input utilissimi, certo, ma per capire l'umanità c'è una bella differenza tra leggere un manuale, consultare i risultati di uno studio oppure praticarla. È importante essere fra la gente, nella vita reale, sui punti vendita, nei luoghi che frequenta, facendo un po' di etnografia di prima mano, ed è importante esserlo anche nel mondo virtuale: frequentare la Rete, i social, interagire, sporcarsi le mani.

> *“È importante essere fra la gente.”*

Capita di lavorare con responsabili aziendali che “non sono su Facebook perché non mi piace”. Con persone che non conoscono non solo gli strumenti ma la cultura, le buone maniere, le dinamiche del mondo digitale. E tuttavia queste persone devono poi gestire il social e il digita-

le per l'azienda. Non stupisce quindi se si ricade nei vecchi paradigmi della pubblicità, dei social media usati come un altro media per infliggere pubblicità e attendersi reazioni pavloviane. Non stupisce, anche, che molte di queste iniziative non portino risultati, perché non parliamo la lingua delle persone che si trovano dall'altra parte del monitor, perché ci comportiamo in modo dissonante e sbagliato rispetto alla cultura, alle aspettative, alle abitudini dei praticanti del mondo digitale: ormai una buona fetta della popolazione italiana e mondiale.
Sapere a chi ci rivolgiamo è essenziale in ogni processo di comunicazione, anche interpersonale. Conoscere il nostro interlocutore ci aiuterà a trovare gli argomenti, i toni, le modalità più adatte a farci comprendere. Quando creiamo una strategia digitale non è molto diverso. Tuttavia è importante ricordarsi che le modalità di fruizione di un brand online – le modalità attraverso le quali il consumatore si rapporta a un brand, o a un'azienda, o a un prodotto – devono tener conto del contesto nel quale questo si inserirà, l'ambiente Internet per così dire.

Ascoltare per capire

Le metodologie di ascolto e conoscenza degli utenti della Rete sono molte. Ai fini della costruzione di una strategia digitale efficace, tuttavia, è sempre opportuno partire dedicandosi, prima di tutto, a comprendere come Internet viva il nostro brand o il prodotto. In pratica, mettere da parte, per un attimo, il profilo del target stabilito e dedicarsi a capire chi, effettivamente, conosce il brand, usa il prodotto e ne parla.
Questa fase, l'ascolto, si basa su un presupposto semplice: Internet è il più grande panel del mondo. A meno che non si stia lanciando un brand o un prodotto del tutto innovativo, qualcuno starà già parlando di noi.
E se il brand/prodotto è in effetti innovativo? Ci concentreremo su quelli simili o limitrofi: nulla si crea, tutto è frutto di un'evoluzione, tecnologica o di mercato.
Il primo passo da compiere è un benchmark: un'analisi di quanto è già presente. Allarghiamo il più possibile il campo dell'indagine, partendo da un'analisi della concorrenza diretta. Individuiamo categorie diverse di presenza online: siti istituzionali, magazine, blog, forum, conversazioni. Per esempio, se stiamo lavorando su una moto, come prima cosa passiamo al setaccio i siti istituzionali delle case che producono moto simili, o comparabili, alla nostra. Questo ci servirà per avere un quadro chiaro di come parla la concorrenza. Non è un'analisi della concorrenza in termini di quote di mercato, ma in termini di costruzione del messaggio, di modalità di stare online, di universi semantici utilizzati. Avremo produttori che si

concentrano sulle prestazioni, altri che lavorano sul senso di libertà, altri ancora che mettono al primo posto gli aspetti pratici del proprio prodotto, la maneggevolezza nel traffico, i consumi e così via. Costruiamo una mappa di questa prima ricognizione, e passiamo a leggere "quello che si dice". Un buon ponte tra il discorso delle aziende e quello delle persone online è costituito dai magazine. Il filtro giornalistico, che sia effettivamente fatto da testate ufficiali, ma anche da spazi che non sono tali, come blog multiautore di settore, rappresenta una buona cartina di tornasole per comprendere come il nostro prodotto viene interpretato da chi ha l'obiettivo specifico di farsi seguire per i contenuti che produce e non per vendere prodotti. Anche in questo caso è utile mappare le modalità di trattamento dell'informazione: copia-incolla dei comunicati stampa, arricchimento dei contenuti attraverso fonti dirette e/o indirette, formato delle informazioni e così via. Infine, dopo aver sentito le voci ufficiali, approfondiamo il discorso delle persone sul nostro prodotto in termini di opportunità di comunicazione. Ascoltiamo le voci non ufficiali che vengono fuori dai forum, dai blog personali, da Facebook e Twitter: la ricerca per hashtag è uno strumento prezioso per intercettare e comprendere il discorso sui social media. Ne otterremo un quadro ampio in cui potremo distinguere, innanzitutto, "di cosa" si parla quando si parla di moto (di meccanica o di percorsi, di marche o di vacanze), ma anche uno spaccato estremamente interessante sul "come" se ne parla. È assai probabile che si userà un linguaggio diverso se si parla di una Harley o di una BMW, questi codici sono fondamentali per comprendere a fondo il modo in cui le persone percepiscono, vivono e interpretano i valori di marca. Infine, potremmo stupirci scoprendo che non sono solo i centauri a parlare di moto, ma anche le loro compagne/compagni, magari con argomentazioni e linguaggio differenti: se siamo bravi nel calibrare il nostro messaggio, anche questi, che non sono target diretti, possono diventare interlocutori interessanti in una presenza online.

"È utile mappare le modalità di trattamento dell'informazione."

In pratica

Prevediamo sempre una fase di ascolto della Rete per conoscere meglio il nostro pubblico. Internet è il più grande panel del mondo, approfittiamone.

Figura 10.7 – Può bastare coinvolgere poche persone per creare un grande rumore, ma bisogna saperle ascoltare, e magare sorprenderle perché le si conosce bene. Proprio come ha fatto KLM. http://bit.ly/27ovqmv.

IL CASO HOD: L'INDIVIDUAZIONE DEL TARGET

Il management di Hamburger On Demand ha esaminato il mercato per capire su quali tipi di persone si incrociassero meglio l'offerta di HOD e i bisogni – tenendo conto anche del fatto che i prodotti HOD non sono particolarmente a buon mercato, rispetto a offerte comparabili (come per esempio la pizzeria a domicilio sotto casa) a fronte però di una qualità di prodotto e di una experience nettamente superiore e più piacevole, divertente.

Dall'analisi sono emerse alcune ipotesi di lavoro, che dovranno poi essere validate con una fase qualitativa (parlando con persone in target) e soprattutto prevedendo, in corso d'opera, di verificare chi davvero ha comprato i prodotti, quali sono i target che sembrano reagire meglio alla proposta, come hanno effettivamente reagito i target che avevamo ipotizzato come prioritari.

In dettaglio, sono emersi come prioritari:

- coppie giovani senza figli, sposate o conviventi, di reddito medio o superiore, interessate a un'esperienza piacevole e a un cibo divertente anche quando non hanno voglia di uscire a cena;

- gruppi di amici che si ritrovano in casa, soprattutto giovani sotto i 30 anni, appassionati di eventi televisivi, sportivi e non;
- in misura inferiore, come target secondario, single e persone "in trasferta" che possono occupare un momento potenzialmente poco gradevole come la cena "solitaria" con un'esperienza pratica, comoda e divertente;
- infine un occhio di riguardo va a giovani lavoratori, startup e perché no, agenzie di comunicazione, dove restare chiusi dentro a lavorare fino a notte inoltrata non è un'esperienza infrequente.

In pratica

Per conoscere il nostro target è fondamentale che lo frequentiamo, on e off-line.
Per riuscire a entrare in sintonia con il proprio target e conoscerlo meglio, uno dei tool che possono essere utili è il Metodo BOA2RD, di cui abbiamo parlato nel Capitolo 8.

APPROFONDIMENTO

Raffigurare il target con le buyer personas
Il Metodo BOA2RD è uno strumento estremamente utile anche se decidiamo di definire il nostro target attraverso la costruzione di buyer personas. Per "personas" intendiamo la definizione di personaggi creati a tavolino, archetipi (non stereotipi, attenzione!) basati su quanto già conosciamo del nostro target e creati al fine di identificare i nostri clienti. Le personas hanno un nome e una storia personale, che noi attribuiamo loro per comprendere meglio quali siano gli obiettivi che guidano il loro comportamento, quali i processi di scelta da loro seguiti e quali le motivazioni che possono muoverle. Comprendere chi sono le persone reali con le quali entreremo in relazione potrà fare la differenza tra una comunicazione indirizzata genericamente a un "target" e una comunicazione tagliata su misura per qualcuno dotato di gusti, esigenze, interesse, abitudini.[28]

28 . In rete si trovano molti esempi di costruzione delle buyer personas. Un libro dedicato esclusivamente a questo argomento è *Buyer Personas: How to Gain Insight into Your Customers' Expectations, Align Your Marketing Strategies, and Win More Business*, di Adele Revella, John Wiley & Sons, 2015.

L'analisi della concorrenza

Sappiamo che un'utile analisi della concorrenza richiede di partire da un'analisi in termini di business e di marketing delle attività dei nostri competitor, ossia l'individuazione delle loro politiche di prodotto, prezzo, servizio, distribuzione. Tuttavia dal momento che queste attività fanno parte del normale processo di business dell'impresa, consideriamo che siano già state svolte (si veda, per esempio, la definizione che ne dà Wikipedia, https://en.wikipedia.org/wiki/Competitor_analysis). Noi però abbiamo bisogno, in questa fase della stesura della strategia digitale, di comprendere come operano i competitor dal punto di vista della comunicazione: non solo, quindi, di concentrarci su cosa e come fanno, ma perché lo fanno.

Chi sono i nostri competitor?

Punto fondamentale è fare un pensiero serio, e fuori dagli schemi, su chi siano davvero i nostri competitor: quelli che vendono lo stesso nostro prodotto? O quelli che offrono soluzioni alternative alle nostre per risolvere lo stesso problema? Se produco chiavette USB, la concorrenza è limitata a chi fa chiavette o si estende anche, e magari soprattutto, a chi offre servizi di hosting di file nel cloud, come per esempio Dropbox o Microsoft? Se vendo acqua minerale, i miei competitor sono solo quelli che fanno il medesimo lavoro o, per esempio, anche i produttori di caraffe filtranti? In estrema sintesi, possiamo dire che è mio concorrente chiunque possa sottrarmi fatturato, anche a breve-medio termine. Qui si potrebbe allargare il discorso a come un frigorifero sia concorrente di una vacanza, ma rischieremmo di allontanarci troppo dal nostro focus.

Che cosa ci serve sapere?

Una volta che si è ipotizzata la strategia che seguono i competitor, possiamo passare all'analisi di dettaglio delle loro attività. La lista di cose che si possono analizzare è potenzialmente infinita, e purtroppo a voler fare un lavoro esaustivo, in un mercato con parecchi competitor, si corre il rischio di terminare l'analisi quando ormai non serve più, perché nel frattempo le cose sono cambiate. Si può, infatti, parlare di mesi di elaborazione, per esempio se si va ad analizzare in profondità siti complessi, attività di advertising molto ramificate, iniziative di social di grande successo sul pubblico e molte, rapide declinazioni/innovazioni. È importante perciò adottare un approccio agile, che ci permetta di identificare quali siano i parametri davvero più rilevanti per noi e di analizzarli in tempi ragionevoli.

Tra gli aspetti che potranno essere importanti per noi, sicuramente ci sono:

- A chi parlano?
- Quali piattaforme di comunicazione usano? Come?
- Ci sono significative differenze di approccio/strategia nelle varie piattaforme? Usano piattaforme diverse per parlare a target diversi, di prodotti diversi, per cogliere opportunità diverse?
- Ci sono evidenze che stiano sperimentando cose (per loro) nuove?
- Ci sono evidenze che si stiano preparando a lanciare prodotti nuovi o a introdurre novità nel loro marketing/comunicazione?
- Quali risultati stanno ottenendo? Quali sono le loro evidenze di successo/insuccesso dal punto di vista quantitativo (persone che seguono/che interagiscono)?
- Come sta reagendo il pubblico dal punto di vista qualitativo? Che tipo di commenti? Ci sono dei key learning sul mercato, sul pubblico, che possiamo trarre?
- Quanto stanno ragionevolmente investendo?
- Quanto lavorano sulla marca e quanto invece sui prodotti?
- Quali sono i temi di comunicazione che cavalcano?
- Come si muovono sul fronte SEO? Quali keyword stanno usando?

Parte di queste informazioni le possiamo trarre dalle attività di ascolto che dovremmo già avere avviato; fatte "in casa" o attraverso il supporto di un'agenzia specializzata esterna; realizzate "a mano", o avvalendosi di software di monitoraggio più o meno complessi, non solo per capire quali siano i temi di cui il mercato parla, del sentiment verso la nostra marca e le concorrenti, verso il prodotto e così via, ma anche per avere indicazioni sui risultati che i nostri competitor stanno ottenendo nel mondo digitale.

Oltre i competitor: i comparable

Nell'analisi, sempre a condizione di avere il tempo e le risorse per farlo, è interessante includere non solo i diretti competitor, ma anche i comparable: aziende cioè che possono essere comparabili a noi, per tipologia di problemi che risolvono, perché operano su target simili o per mille altri motivi.

Tornando all'esempio delle motociclette: una volta passato al setaccio il mondo delle due ruote online, potremmo allargare il campo di indagine e andare a imparare da chi ha già compiuto i passi che ci accingiamo a compiere noi. Dimentichiamo per un attimo l'oggetto del messaggio e concentriamoci sul mezzo. Come sono stati pianificati i recenti lanci di prodotti innovativi, non importa che si tratti di prodotti completamente diversi come merendine o bevande o smartphone? Come sono stati accol-

ti questi lanci dalla comunità degli utenti in Rete? Che riscontri hanno avuto sul mercato?
Approfondiamo l'uso degli strumenti che è stato fatto: un sito o un blog collettivo? Una serie di video o un blogtour? Visite guidate in azienda o ufficio stampa tradizionale? Leggiamo i blog specializzati e anche quelli che ne parlano magari solo una volta o due, seguiamo i forum, setacciamo Facebook alla ricerca di gruppi dedicati: di marca o non, pagine e gruppi spontanei, di appassionati e anche di detrattori.

Identificare i comparable

In prima battuta possiamo ovviamente considerare aziende che fanno lo stesso nostro mestiere ma in altre nazioni, anche se non sono presenti nel nostro mercato.
Successivamente possiamo valutare le aziende che hanno affrontato problemi simili ai nostri, in ambiti diversi, per vedere se hanno individuato soluzioni di successo che possiamo, adattandole, sfruttare per le nostre operazioni. Una rapida carrellata dei comparable da considerare può essere la seguente:

- **aziende, brand, o prodotti del settore merceologico di riferimento:** che cosa offrono in termini di prodotti e servizi, come comunicano con i loro target, quali iniziative promozionali pongono in essere, quali sono i modelli di business di riferimento, in cosa si caratterizza la cultura del settore. Per esempio, che cosa significa un'automobile per un italiano rispetto a un americano;
- **aziende, brand o prodotti con un'identità simile:** se per esempio abbiamo a che fare con una marca storica, mitica, sarà opportuno andare a vedere che cosa propongono le altre con la stessa caratteristica, anche se appartengono a settori merceologici diversi da quello di nostro immediato interesse;
- **aziende, brand o prodotti con un progetto simile:** se stiamo lavorando, per esempio, a un servizio collaborativo digitale, non limitiamoci a osservare i servizi che affrontano il nostro stesso tipo di bisogno. Ampliamo il nostro orizzonte osservando servizi collaborativi che rispondono ad altre esigenze, perché ne otterremo preziose indicazioni circa elementi con i quali dobbiamo fare i conti anche noi: interfaccia, modalità di interazione fra gli utenti, livelli di servizio previsti, modelli di business e così via;
- **aziende, brand o prodotti con problemi simili:** per esempio, stiamo lavorando su una multinazionale con diversi brand e brand diversi nei vari Paesi che vuole promuoversi con il suo nome, oltre

che con quello dei suoi prodotti. Osservare come si sono mosse le altre aziende che hanno compiuto operazioni simili può essere fondamentale per rilevare meccanismi che possono esserci.

IL CASO HOD: ANALISI DEI COMPETITOR E COMPARABLE

Nel caso di HOD, l'analisi ha portato a individuare due principali categorie di competitor:

1. microaziende locali (pizzerie, kebab) che offrono un servizio basico, con qualità molto variabile e limitata affidabilità, senza alcuna possibilità di personalizzazione e un serbatoio di clienti limitato al quartiere – ma che per la loro numerosità sono un fattore di disturbo importante;
2. aggregatori di ristoranti (in primis Bacchette e forchette, Just Eat, Deliveroo).

L'analisi dei comparable, condotta in rete attraverso un'attività di ricerca e analisi durata circa due settimane, è stata tesa a identificare aziende dal modello di business analogo su USA e principali Paesi europei.
Questa attività ha permesso di identificare Domino's Pizza (negli USA) come un interessante punto di riferimento da cui attingere idee e spunti. In particolare, sul fronte della configurazione dell'offerta e della comunicazione, sono state ritenute molto interessanti alcune attività, che potrete trovare raccontate a questi link:

- http://bit.ly/1Nt9UWZ – il Domino's Tracker, che consente di veder nascere la pizza che abbiamo ordinato;
- http://bit.ly/1Wv9XUZ – Domino's Pizza, in Australia, impegnato questa volta in una social pizza;
- http://bit.ly/1Oo43SU – la pizza via app, sempre di Domino's Pizza Australia;
- http://bit.ly/23NvjMF – la pizza via XBox di Pizza Hut.

L'analisi qualitativa di competitor e comparable

Una volta mappati i nostri competitor e comparable, sulla base di quello che abbiamo osservato, dobbiamo compiere un passo ulteriore per far sì che questo lavoro diventi davvero utile allo sviluppo di una strategia. Questo passo è una vera e propria analisi qualitativa che ci condurrà a individuare le opportunità e le minacce, a partire dai campi semantici che abbiamo osservato. Le moto sono considerate un bene o un male per l'ambiente? Se l'argomento è toccato da più persone forse è un micro trend:

approfondiamolo e cerchiamo di capire in che modo e se occuparcene nella nostra comunicazione. Individuiamo le nicchie: magari siamo convinti che la nostra moto sia destinata a un target maschile, di trentenni urbani, e scopriamo invece che esistono gruppi di centaure attempate che si divertono a girare l'Europa in sella a moto simili alla nostra. Poniamo grande attenzione anche ai settori limitrofi: la moto sta alla gastronomia come...?

È la voce delle persone che deve emergere da questa fase dell'indagine, quindi non ci risparmiamo. Gli utenti che sentiamo parlare in questa fase sono quelli con i quali presto o tardi dovremo confrontarci; in ultima analisi sono il nostro vero target.

In pratica

Osserviamo i nostri concorrenti con attenzione: cosa fanno, attraverso quali strumenti, in che modo, rivolgendosi a chi, con quali budget. Anche i comparable, aziende comparabili con noi per tipo di problemi da risolvere o azioni effettuate, hanno molto da dirci.

Per gli uni e per gli altri, analizziamo molto bene anche l'universo unofficial che gli gira attorno, sotto forma di presenza spontanea nei social media (blog, gruppi o altro creati dagli utenti), poiché è questo mondo che ci parla del nostro vero target.

La ricerca di un insight

La sezione successiva del documento di strategia dovrà focalizzarsi sull'individuazione di un insight: un aspetto forte della vita, del lavoro, dei bisogni delle persone che la nostra attività è in grado di migliorare o quantomeno di affrontare.

Abbiamo parlato prima dell'importanza della relevance. La risposta al problema della relevance spesso non viene da noi, dai nostri bisogni imprenditoriali o dalla visione del mondo dell'azienda. Se dobbiamo parlare alle persone, in un mondo in cui la comunicazione passa sempre più spesso per canali emozionali, per la loro pancia, uno strumento intellettuale, ma anche operativo, è la ricerca di un insight.[29]

Possiamo definire l'insight come il distillato della comprensione di un aspetto psicologico, profondo e non banale, del nostro target, uno spunto riguardante il nostro prodotto che ci permetta di costruire una comunicazione rilevante, che parli alle emozioni del target. Spesso l'insight è formu-

29. Per una buona definizione del customer insight, si veda: http://bit.ly/27jRdeV.

lato come una domanda, un bisogno più o meno espresso e consapevole al quale dare una risposta. Si basa in genere su realtà non immediatamente apparenti, a volte su sensazioni irrazionali e/o che il target non confessa volentieri. Deve, per essere potente, avvicinarsi il più possibile a delle "grandi verità", rifuggendo dall'ovvio, forse già abbondantemente sfruttato dai nostri competitor.
Alcuni esempi di insight, del tutto teorici: "Gli uomini non indossano le cinture di sicurezza in taxi perché temono che ciò sia percepito come un atto di sfiducia verso il conducente (o una manifestazione di pavidità)". Oppure: "I giovanissimi maschi usano malvolentieri il profilattico perché temono che l'interruzione per indossarlo 'raffreddi l'atmosfera' e possa far cambiare idea alla partner". O ancora: "Alcune madri sanno che merendine troppo caloriche non sono sane per l'alimentazione del bambino, ma non sanno resistere all'espressione di felicità del bambino quando la mamma gliele offre".
È evidente come, disponendo di uno spunto di questo genere, il processo di sviluppo creativo, sia in termini di strategia sia di esecuzione, sarà notevolmente facilitato e si riuscirà più facilmente a sviluppare soluzioni forti, efficaci perché non banali, rilevanti e che toccano punti sensibili del target. Aiutando aziende e agenzie nel difficile compito di essere innovativi.
Gli insight realmente utili sono, naturalmente, quelli che influenzano opinioni, atteggiamenti, comportamenti che influenzano il consumo dei nostri prodotti, l'adesione alle nostre iniziative, la condivisione di opinioni positive o negative presso il proprio network. Rappresentano, dal punto di vista strategico, una delle prove più concrete dell'effettivo orientamento dell'azienda alle persone, dell'interesse a conoscerle e capirle, del vero approccio marketing oriented.
Due esempi di comunicazione basata sugli insight:

1. Sappiamo tutti che dovremmo bere più acqua, ma se nessuno ce lo ricorda... sicuramente ce ne dimentichiamo. Ecco allora un frigorifero da scrivania – inviato a un noto e seguito influencer. Ogni volta che l'influencer apriva il minifrigo per bere (facile da ricordare, essendo posizionato sulla scrivania...), il piccolo device lanciava un tweet dall'account dell'influencer, ricordando così automaticamente a tutti i suoi follower di bere di più (si veda http://bit.ly/27oj1yL).
2. Anche se spesso conduciamo approfondite e razionali comparazioni fra diverse autovetture quando dobbiamo cambiare macchina, resta il fatto che nell'intimo siamo sempre più attirati dalla più bella, dalla "più figa"; solo che facciamo fatica ad ammetterlo, anche

con noi stessi. Ecco allora che Mini, cogliendo questo insight, lo ha fatto dire e dimostrare a chi ha meno filtri, ed è più spontaneo nell'ammettere la verità: i bambini (si veda http://bit.ly/1TP5DJX).

In pratica

L'insight è quasi una rivelazione. La comprensione profonda di un bisogno, di un comportamento, di un problema, di un tratto profondo della psicologia del target che influenza fortemente le scelte d'acquisto. Individuarlo significa trovare una strada potente verso una comunicazione, e un prodotto, altamente rilevante, perché tocca le persone nel vivo.

Figura 10.8 – Ecco un esempio di comunicazione basata sugli insight: quando si è a casa è difficile stare a dieta e non fare strappi, tanto non ci vede nessuno. Ma se il frigorifero avvisa tutti i membri del nostro network sociale che abbiamo sgarrato, allora stiamo molto più attenti, siamo sotto la pressione sociale del nostro network. http://bit.ly/1YsVAOL.

IL CASO HOD: INSIGHT

Nel caso di HOD è stato individuato (in fase iniziale del processo che ha portato alla decisione di lanciare il progetto) un insight di base.
A fronte di un generalizzato declino, nella generazione dei giovani adulti, del tempo dedicato alla preparazione del cibo, aumenta il tempo speso a socializzare tra amici, coppie, gruppi in ambito domestico (anche per effetto della crisi, che ha reso meno frequenti le uscite al ristorante).
Il cibo ha una funzione socializzante, di collante, di momento di condivisione e allegria – deve essere quindi non solo di buona qualità ma anche essere "divertente".

Esiste quindi come somma di questi fattori il desiderio di un fornitore di soluzioni – un'azienda che possa portare a casa cibo buono e divertente, che si possa condividere in gruppo. Che possa essere un elemento importante ed entertaining della serata.
In questo, la possibilità di progettare "su misura" il cibo può risultare anche in una serie di interazioni sociali, di scambi, discussioni all'interno del gruppo – un gioco collettivo, un pretesto per ridere e passare piacevolmente il tempo.
Questo, sia pur in misura ridotta, può essere vero anche per piccoli gruppi o coppie.
Sintetizzando, l'insight è la necessità di un cibo comodo, buono, sfizioso ma anche divertente e allegro, che dia una marcia in più alla serata in casa fra amici, sollevando i padroni di casa dall'onere di investire tempo e fatica nella sua preparazione.

Articolare una strategia di comunicazione, trovare un'idea

Questa sezione del documento strategico si dovrà concentrare su quella che è l'idea di fondo della nostra campagna/attività.
Lo sviluppo di una strategia è allo stesso tempo un processo logico/razionale e creativo. Attraverso il processo di acquisizione di informazione, di sviluppo del pensiero razionale e di un po' di creatività, è arrivato il momento di elaborare il concetto che dovrà essere al cuore della nostra campagna.
Le basi di una strategia di comunicazione tradizionale sono state definite sin dagli anni Quaranta. Questo approccio, validato da decenni di storia, di messe alla prova, di fine tuning, è ancora valido anche quando ci occupiamo di digitale, soprattutto perché ci costringe a farci delle domande fondamentali (anche se, attenzione, ne esistono varie versioni, con terminologie diverse, in genere il succo del discorso è sempre lo stesso, e ne presenteremo qui una versione semplice e facilmente usabile).
Quando si parla di strategie di comunicazione, digitali o tradizionali che siano, è sempre utile definire alcuni punti chiave, tra cui:

1. qual è la nostra **promessa**: cosa succederà nella vita del cliente se comprerà il nostro prodotto, accetterà di dare attenzione alla nostra proposta, di dare retta alla nostra richiesta di socializzare;
2. qual è la **reason why**: come possiamo dimostrare che la nostra non è una proposta vuota, che ci sono delle prove che la supportano;

3. quale sarà il **tono**, la nostra personalità: come vogliamo suonare, come apparire; professionali, amichevoli, dinamici o altro, vogliamo essere rassicuranti, vogliamo innescare dei timori, essere giovanili o compassati e così via.

Chiaramente le promesse possibili per una stessa marca sono infinite: quale sarà quella che, in un'ottica di vero marketing, risulterà più rilevante, più vicina a bisogni e desideri del target? Dall'analisi dei fatti e degli obiettivi arriveremo a individuare, inevitabilmente, più soluzioni possibili, ma quale sarà la strada più adatta?

Tutto questo è il cuore centrale della strategia, è molto probabile sia la sua parte più importante. Di norma, o in modo ideale, è la responsabilità chiave dello stratega, che insieme al team (cliente, agenzia) saprà identificare i temi e gli aspetti più rilevanti, efficaci, giusti per marca e prodotto. Sulla base di questi elementi si arriva allo sviluppo di un concetto di fondo, di un'idea creativo-strategica centrale, chiamata anche concept. Ripetiamo però che ci si può arrivare anche in altri modi, se si ha esperienza e competenza sul campo, o una formidabile intuizione.

Il processo parte da una conoscenza del prodotto/servizio da comunicare e del target a cui comunicarlo. Riflettendo, spesso in team e a volte da soli, su quale sia il punto centrale che dà un senso, una motivazione forte ad acquistare il prodotto o a interessarsi al nostro gioco, o a visitare il nostro sito. Per un professionista della comunicazione questo può essere un processo anche abbastanza rapido. Tuttavia, in casi complessi, essendo tra l'altro uno dei punti che determinano tutto il processo creativo, può occupare settimane o mesi.

Teniamo presente che un concept definisce un intero mondo, il mondo della marca, dotato di una omogeneità sua propria, oltre che coerenza interna e pertinenza, il più delle volte riassumibile in una frase – esemplare il "Just Do It" di Nike –, ma soprattutto capace di generare un universo in cui questa imposta la promessa, la reason why, il tono. Dunque, il concept è anche metafora comunicativa e di struttura: creatività prima della creatività, il succo del discorso.

IL CASO HOD: IL CONCEPT

Nel nostro immaginario caso HOD, partendo da ciò che l'azienda può e vuole fare, e soprattutto prendendosi in carico gli insight individuati, è stato sviluppato un concept fondante.

(Attenzione: un concept non è un claim, un messaggio pubblicitario. Questo andrà successivamente sviluppato dall'agenzia, dai creativi,

basandosi fortemente sul concept come brief, come obiettivo di ciò che si deve riuscire a comunicare).
Nel caso specifico, il concept è stato definito come:
HOD: gusto e praticità non sono mai stati tanto divertenti e social.

Sovente il concept è già confezionato nel claim della marca, come nel caso di Nike; sotto certi aspetti può essere che il concept si sovrapponga molto o del tutto con quella che l'azienda ritiene essere la propria mission; altre volte non esiste ancora, deve nascere appositamente per i canali digitali. In questo caso teniamo presente che, dal momento di creatività costituito dal concept, nasceranno tutte le creatività conseguenti: il sito, la presenza social, le app. Questa firma diventerà l'identità stessa del brand sul digitale. Attenzione: non necessariamente il concept coincide con lo slogan pubblicitario. In particolar modo per i non addetti ai lavori, si rischia moltissimo il fallimento se si cerca di trovare una bella frase, un bel titolo... ma non è il nostro mestiere, quando invece quello che dovremmo fare è trovare l'idea di base, possibilmente espressa nel modo più semplice. A trasformarla in un messaggio in "pubblicitese" ci dovranno poi pensare i creativi, quello è compito loro.

Figura 10.9 – In questo caso di video per Internet, fatto a supporto del turismo svizzero, la promessa è chiarissima: in Svizzera troverai tutto pulito e ordinatissimo. Maniacalmente. http://bit.ly/1VXndBK.

Per chi non vi si è mai cimentato, il processo di sviluppo di un concept può essere arduo, perché tutti i vantaggi e i benefici che potremmo comunicare fanno a gara nella nostra mente, o nelle riunioni del team, per essere comunicati. Così nascono strategie che chiedono di comunicare che il prodotto è innovativo, è efficace, è unico, ha anche un prezzo ragionevole e pure un bel design, che ci farà invidiare dai nostri amici, ma che ha anche un'assistenza tecnica di prim'ordine ed è disponibile in varie versioni e molti colori.
Troppa informazione? Nessuna informazione. Più cose diciamo, meno le persone riescono a capire e a memorizzare. Se il nostro prodotto non ha nessun valore/vantaggio che lo rendano outstanding, forse abbiamo fatto un cattivo lavoro nel progettarlo, e non si capisce per quale ragione lo si dovrebbe comprare.

APPROFONDIMENTO

Cambiare la vita delle persone, con una brand utility
In moltissimi casi di comunicazione, il tema fondante è che la marca o il prodotto "cambiano la vita" alle persone. Spesso nascono basandosi (solo) su posizionamenti a tavolino che, giocando sull'emotività, cercano di nobilitare un prodotto poco originale; applicando dei valori di marca, degli "intangibili" che giustifichino un premium price, che diano una ragione ad acquistare un prodotto che funzionalmente non ha molto da dire.
Questo meccanismo può funzionare bene con i profumi o nella moda, ma diverso è per prodotti o servizi più concreti.
Se il prodotto non ha caratteristiche o innovazione che producano un impatto significativo sulla vita delle persone, si rischia sempre più di non convertire all'acquisto un consumatore che si fa sempre più smaliziato e che, grazie alla Rete, può anche facilmente comparare, attingere alla saggezza (e all'esperienza) collettiva sui prodotti.
Di certo, la concretezza non è detto sia solo funzionale – può assolutamente essere emotiva. Migliorare il mio stato d'animo, farmi sentire più orgoglioso di me, un pochino più realizzato, più considerato dai miei pari sono per esempio temi comunemente adottati dal marketing, posizionamento e comunicazione di automobili e moto (pensiamo a vetture o motocicli di marca, o molto sportivi).
Un certo numero di marche ha però trovato utile lavorare per dare un valore concreto (per esempio regalando servizio) al pubblico – anche in situazioni dove di per sé il prodotto è poco differenziato dalla concorrenza.

Si parla allora di "brand utility", strumenti concreti che diventano l'oggetto (o il pretesto) per attività di comunicazione (sostituendo una difficile comunicazione di prodotto non basata su fatti tangibili o comunicazioni "valoriali" di marca, talvolta troppo artificiali).

Un interessante caso è stato quello della carta igienica Charmin. Invece di limitarsi a declamare le doti di sofficità e morbidezza, ha colto un insight molto chiaro e semplice, specialmente nelle donne (e ancora di più nelle donne con bambini). Trovare un bagno in un quartiere non familiare – e, possibilmente, trovare un "buon" bagno.
Di qui lo sviluppo di un sito e di una app mobile (Site or Squat – https://www.sitorsquat.com/) che, anche grazie alla collaborazione del pubblico, recensisce i bagni pubblici, di locali, di centri commerciali e così via – permettendo non solo di individuarli attraverso la geolocalizzazione e di farsi guidare dal telefono all'indirizzo giusto; ma anche di poter leggere le recensioni e quindi minimizzare i rischi. Il tutto in un contesto molto vicino al mondo della marca. Una marca, si può proprio dire, che in questo caso è davvero vicina nel momento del bisogno.

Meglio dire una cosa per volta

È opportuno selezionare delle idee "single minded": dire una cosa sola, la più potente, la più utile; fare la promessa più rilevante e coinvolgente rispetto al nostro target. Dire di una persona "è la più bella che conosco", oppure "nessuna cucina come lei", o ancora "una che non si fa mettere i piedi in testa da nessuno" dà subito un quadro chiaro dello stereotipo cui facciamo riferimento. Dire di un uomo che è alto, abbastanza bello, simpatico, sa ascoltare ed essere tenero, ma deciso quando serve, che è al contempo un buon padre e un focoso amante, un conoscitore di vini e ristoranti ma anche un buon cuoco, sul lavoro un personaggio stimato ma che sa equilibrare vita privata e professionale e così via, non ci permette di avere un'idea chiara di chi sia in realtà. In fondo, troppe qualità, nessuna qualità. Di conseguenza, nessuno stimolo a considerare il prodotto/servizio per un possibile acquisto, per una possibile adesione.

Pensiamo digitale, non pubblicitario

Inevitabilmente, data la nostra cultura contemporanea e la potenza visiva dello strumento, si corre spesso il rischio di pensare a idee/concetti di impostazione pubblicitaria. Cosa che spesso non porta a buoni risultati se stiamo pensando a operazioni da compiere in Rete.

APPROFONDIMENTO

Proviamo ad andare su YouTube e a cercare "pubblicità profumo". Avremo accesso a decine di spot, spesso molto belli e molto coinvolgenti; che trasmettono emozioni, che propongono immagini evocative della rappresentazione di un preciso tipo di uomo o di donna.
Ma questo mondo, questa idea, tutta immaginifica ed emotiva, come portarla sul web, su Facebook, su Twitter, su Snapchat? Le sue possibili declinazioni, per esempio sul tema del mare, del fuoco, di emozioni indefinibili, di ori e di sete... come tradurli in contenuti e in azioni altrettanto forti su Internet, sui social?
Il tentativo di adattare o declinare mondi pensati (solo) per la pubblicità porterà, con estrema probabilità, a risultati poveri e poco affascinanti, rompendo il giocattolo emozionale costruito dall'advertising.

Uno dei test per capire se un concetto è "strettamente pubblicitario" o se è un concetto esteso/estensibile di comunicazione, è domandarsi se possa funzionare su tutti i touchpoint interessanti. Dove per touchpoint si intendono mezzi e strumenti che riteniamo di dovere o potere impiegare nella nostra campagna di comunicazione (ne riparleremo un po' più avanti).
Nel nostro progetto useremo di norma una serie di touchpoint per entrare in contatto con il nostro target; per aumentare l'esposizione al nostro messaggio, per usare lo strumento più adatto per una specifica funzione al servizio dei nostri obiettivi o perché le persone con cui ci interessa relazionarci usano strumenti diversi e possono essere raggiunte solo con touchpoint differenti.
Il messaggio deve essere sempre coerente e sinergico. Se un'idea funziona bene su un solo strumento ma non su tutti, probabilmente non è un'idea efficace per la nostra attività di comunicazione. Dobbiamo prendere quindi il concetto che stiamo abbozzando e provare a immaginarci cosa potrebbe diventare, cosa potrebbe originare sui vari strumenti digitali (e non). Se "regge" o se in certe applicazioni non riuscirebbe a dare origine a cose che non siano banali, didascaliche, poco originali.

In pratica

Il concept è il cuore della strategia, il momento in cui il pensiero diventa creatività al servizio degli obiettivi del brand. Deve contenere il mondo del brand sotto forma di promessa, reason why, tono di voce, poiché è anche metafora comunicativa.

Concentriamoci su un'idea sola: se cerchiamo di dare troppe informazioni non ne passerà nessuna.
Ragioniamo per touchpoint, possibili momenti di incontro della nostra audience con il nostro brand, e rifuggiamo dai concetti troppo "pubblicitari".

Dalla grande strategia alle strategie più piccole

A questo punto abbiamo le idee di fondo abbastanza chiare: sappiamo a chi parliamo, qual è il nostro obiettivo, qual è l'idea centrale. Adesso è il momento di scendere a una strategia di più basso livello, che sia la cinghia di trasmissione con l'operatività. In realtà, di solito, a una serie di strategie focalizzate sulle priorità dell'azienda.
Vediamone alcune particolarmente importanti.

Strategie di visibilità

Una volta definita la strategia digitale di fondo, dobbiamo riflettere sul fatto che, qualsiasi cosa decideremo di fare, dovremo assicurarci che sia visibile per il nostro target. Questa riflessione, in genere, è utile farla prima di iniziare a sviluppare il pensiero sulle azioni concrete. Come fare awareness/visibilità per la nostra marca, o il nostro sito, la nostra pagina Facebook e così via?
Se abbiamo una nutrita schiera di follower su Facebook, ansiosi di avere nostre notizie, faremo certe scelte. Se, all'opposto, siamo una marca nuova, sconosciuta, seguita da nessuno, avremo problemi del tutto differenti. Conviene allora iniziare a pensare a come potremo rendere visibile ciò che faremo. Se abbiamo budget potremo pensare ad attività pubblicitarie, o magari potremo usare le confezioni dei nostri prodotti, o sfruttare il nostro database per operazioni di direct marketing. Sicuramente dovremo dare un occhio di riguardo al SEO. Potremo pensare a operazioni di PR e ufficio stampa, o di PR digitali su blogger e influencer. Tentare la carta del guerrilla per attirare l'attenzione del target sulla nostra iniziativa, e costruire un evento che faccia "scandalo", coinvolgere influencer che parlino (si spera) di noi, sponsorizzare eventi digitali?
La verifica di cosa è opportuno o possibile fare per essere visibili è fondamentale per definire quali azioni di comunicazione potremo poi ragionevolmente pensare di mettere in opera.

Strategie di contenuto

Di norma si tende a riflettere sui contenuti una volta che si è deciso come sarà articolata in concreto la propria attività di comunicazione. In realtà è raccomandabile fare delle riflessioni prima di passare alla fase di ideazione delle attività concrete, per darsi dei paletti, per verificare cosa potrebbe essere fattibile e cosa no, per non sprecare tempo inutilmente. In effetti, si sono visti parecchi casi in cui azienda e agenzia hanno sviluppato dei buoni piani di comunicazione, centrati sulla fornitura al pubblico di contenuti (utili, interessanti, divertenti), su una o più piattaforme digitali (sito, blog, Facebook, LinkedIn e via dicendo); salvo poi, passati in fase di realizzazione, scoprire che il costo, lo sforzo, la complessità dello sviluppo di quei contenuti non erano compatibili con le possibilità reali, che il progetto non era realizzabile in pratica. Di conseguenza si è stati costretti a buttare via buona parte del lavoro fatto, e con questo anche tempo e soldi, e ricominciare su un'altra strada.

Se la strategia di base fin qui sviluppata sembra poterci portare a progetti che vedano una possibilità interessante nella fornitura di contenuti di pregio al pubblico è sempre raccomandabile, già in una fase relativamente iniziale del progetto, farsi delle domande le cui risposte potranno orientare il pensiero creativo/realizzativo.

APPROFONDIMENTO

I contenuti "visuali" sono quelli che, su praticamente tutte le piattaforme, fanno registrare i risultati migliori. Al di là della potenza di fuoco di YouTube, della capacità di Instagram nell'affermarsi come un social sempre più forte – considerato ormai la vera star del settore, è importante ricordare che anche su piattaforme come Facebook e Twitter i contenuti video, le GIF e in generale le immagini di grande impatto e qualità stanno diventando veri e propri pilastri per costruire l'engagement con il pubblico. Infine, si annuncia in proposito una vera e propria rivoluzione delle immagini, attraverso il mondo dei messaggi che si autodistruggono di Snapchat. Sono ormai molte le aziende che, tra il 2014 e il 2016, hanno iniziato a sperimentare su questo strumento e sono ormai disponibili in rete moltissime risorse che ne documentano il funzionamento, le possibili attività, i casi di studio.

Tre indicazioni interessanti, tra le mille che si trovano in rete:

1. Dal 2014 al 2015 il numero di contenuti video pubblicati su Facebook da persone e aziende è cresciuto di quasi quattro volte: http://bit.ly/1Kou6o4.
2. Se un tweet contiene un'immagine, può ottenere il 18% di click in più e il 150% di retweet in più: http://bit.ly/1pmfsWR.
3. Non dobbiamo pensare al contenuto "visuale" solo come entertainment o come strumento esclusivamente B2C: dalla ricerca

"Demand Gen Report's 2014 Content Preferences Survey" emerge chiaramente come un numero importante di buyer esprima il desiderio di una maggior quantità di contenuti visuali o interattivi in ambito B2B: http://bit.ly/1K3l1Ch.

Per un approfondimento e altre statistiche, ecco il link a un interessante articolo di hubspot (che, tra l'altro, è uno dei brand che meglio sa usare il content "professionale" nelle sue attività di marketing e comunicazione): http://bit.ly/27onuBH.

Tra le prime domande da porsi:

1. **Quali tipi di contenuti possono dare un valore al target**, essere interessanti e originali, non ampiamente disponibili e presidiati da altre aziende, organizzazioni, individui e portare benefici al nostro business?
2. **Quali contenuti ha a disposizione l'azienda**, quali crea regolarmente o può ragionevolmente creare?
3. Il tema individuato permette la creazione di **una quantità sufficiente di contenuti** interessanti su base regolare, o rischia di esaurirsi in poco tempo?
4. Fuori dall'azienda, **chi potrebbe sviluppare, con competenza, contenuti funzionali alla nostra strategia?** Quali sarebbero le difficoltà e i costi per sviluppare su base regolare quantità sufficienti di contenuto?
5. Se si tratta di **contenuti sottoposti a regolamentazioni e verifiche legali**, come per esempio i prodotti farmaceutici, siamo in grado di individuare correttamente e di gestire i processi di submission, verifica e approvazione in modo che siano compatibili con i nostri tempi, il budget, le risorse umane a disposizione?
6. Se l'azienda deve essere coinvolta nella **verifica ed eventuale revisione dei contenuti** che intendiamo pubblicare, su base regolare, è possibile organizzare il lavoro delle persone competenti (responsabili prodotto, specialisti e in generale tutte le figure che ricoprono un ruolo in questo senso) affinché possano dare risposte esaurienti e in tempi rapidi? Esistono in azienda persone in grado di fare queste verifiche e messe a punto, o vanno individuate all'esterno? E con quali complessità e costi?
7. Il lavoro di sviluppo e content curation effettuato da **partner esterni e agenzie** sarebbe di dimensioni tali da essere compatibile

con la remunerazione messa a disposizione e con la loro struttura e le loro risorse?

8. **La cultura dell'azienda e la sua organizzazione**, e i carichi di lavoro, sono compatibili con un approccio basato sul rispetto di un piano editoriale preparato con congruo anticipo e implementato regolarmente?

Se le risposte a questo tipo di domande lasciano spazi a ragionevoli dubbi e perplessità, potrà essere il caso di riflettere con maggiore cura se un approccio di comunicazione basato sul content sia veramente un'idea sostenibile e realizzabile in pratica.

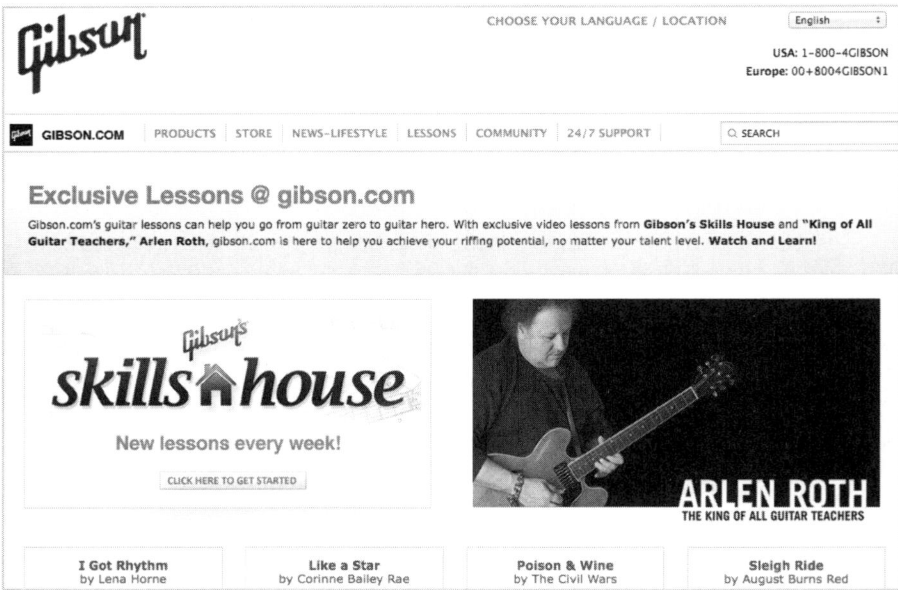

Figura 10.10 – Un ottimo e semplice esempio di content strategy. Chi compra una chitarra, magari economica, se non impara a suonare abbandonerà presto lo strumento e non acquisterà altre chitarre e amplificatori, anche ben più costosi. Per questo i fabbricanti di strumenti come Gibson sviluppano e pubblicano contenuti di pregio: non solo prove di prodotto ma tutorial e lezioni, per permettere alle persone di imparare a suonare qualcosa. http://bit.ly/1sdP18k.

Strategie di database

La vera potenza di una strategia di comunicazione sta, normalmente, nella capacità da parte dell'azienda di integrare diversi strumenti per intervenire in modo efficace nelle diverse fasi del buy cycle. Lo strumento del direct marketing, o del 1-to-1 marketing, è in grado di portare interessan-

ti risultati di business, richiedendo però di conoscere i propri clienti uno a uno, di avere quindi un buon database.
Uno degli obiettivi importanti che può avere un'azienda è proprio quello dell'arricchimento del database, della profilazione degli utenti. I tool della comunicazione digitale possono ricoprire un ruolo fondamentale nel raggiungimento di questo obiettivo. È dunque opportuno, in una fase di pianificazione strategica, iniziare a pensare a come raccogliere questi dati, attraverso quali iniziative convincere le persone a darci informazioni, sempre sulla base di uno scambio di valore.
Sulla base di queste riflessioni potremo decidere che ci basterà organizzare un concorso per raccogliere indirizzi e-mail, o invece costruire un club o un servizio per accedere al quale è necessario compilare un qualche tipo di questionario, o altri tipi di intervento più strutturato basato, per esempio, sul monitoraggio dei comportamenti degli utenti: sapendo però che più è sofisticato il progetto più sarà complesso da gestire, richiedendo anche risorse importanti e competenze specialistiche. Teniamo ovviamente conto che ognuno di questi aspetti può essere un sotto capitolo di una strategia ad ampio raggio, o essere l'obiettivo principale di un'attività di comunicazione più ristretta che debba risolvere specifiche problematiche puntuali dell'azienda. Questi ragionamenti, fatti prima di passare alla fase "creativa", anche per orientarla da subito su binari giusti, andranno rivisti e validati sulla base di ciò che avremo effettivamente deciso di fare.

In pratica

Dopo aver definito la strategia generale, possiamo dedicarci a quelle di dettaglio. Le principali tra queste sono le strategie di visibilità, quelle di contenuto e quelle di database. Ciascuna di esse va affrontata ponendo molta attenzione a ciò che comporta in termini di risorse, strumenti, risultati che ci possiamo attendere.

Identificazione dei touchpoint

In questa sezione del documento di strategia è giunto il momento di definire dove andare a parlare, quali saranno gli strumenti giusti, con quali mezzi, in quali occasioni possiamo raggiungere le persone con cui ci interessa comunicare.
A questo punto abbiamo definito cosa vogliamo dire e a chi; conoscendo il nostro target e sapendo cosa dicono i nostri competitor e cosa si dice in Rete, di noi e di loro. In realtà, almeno in parte, questo lavoro è già stato

fatto, a questo punto. Idee per attività su specifici strumenti sono già inevitabilmente nate. Ma è corretto e utile formalizzare la decisione dei touchpoint, dedicare tempo ed energia a domandarsi se gli strumenti che abbiamo scelto siano davvero i più adeguati per il nostro target o se non ne esistano altri più efficaci. Teniamo presente che nascono frequentemente nuovi strumenti, piattaforme, network sociali, che possono portare il nostro messaggio.

I touchpoint			
OFFLINE	MEDIA	TV	
		Stampa	
		Radio	
		Cinema	
		Affissione	
	IN STORE	Pdv	
		Espositori	
		Packaging	
		Volantini	
		Pos	
	EVENTI	Fiere/esposizioni	
		Convegni	
		Spettacoli	
		Rassegne	
		Eventi tematici	
		Presentazioni e convention aziendali	
	SPONSORIZZAZIONI	Eventi	
		Spazi pubblici	
	UNCONVENTIONAL	Guerrilla	
		Flash mob	
ONLINE	SITI	Corporate	
		Di brand	
		Di prodotto	
		Siti evento	
	SOCIAL MEDIA	Blog	Aziendali
			Personali
			Professionali
			Collettivi
		Community	Generaliste
			Di brand/ di prodotto
			Indipendenti
			Di testate editoriali
		Forum	Generalisti
			Di brand/di prodotto
			Indipendenti
			Di testate editoriali
		Social Network	Generalisti
			Professionali
			Aziendali
			Indipendenti
		Servizi collaborativi	
	MAGAZINE	Generalisti	
		Verticali	
	MOBILE	App	

Tabella 10.2 – Un (non esaustivo) elenco di touchpoint da considerare.

L'obiettivo è quindi di individuare, e mettere a punto, una forte idea centrale, per poi arrivare alla sua applicazione sui vari mezzi e strumenti, ragionando in una logica di ricerca di sinergia. Dato che inevitabilmente le persone potranno trovarsi a visualizzare, o se siamo fortunati ricercare attivamente, la nostra comunicazione su vari mezzi e strumenti, dobbiamo assicurarci che l'insieme dei messaggi che ricevono sia coerente. Non solo: vari strumenti hanno varie potenzialità e ruoli in comunicazione, fanno cose diverse. Dobbiamo allora definire, all'interno del nostro piano, per cosa usiamo il web, quale obiettivo dare a Facebook, a cosa ci servirà aprire un profilo Twitter, quale sarà il senso di inserire Instagram. Sapendo che se Twitter può veicolare solo un concetto sintetico, può efficacemente incentivarmi a visitare un sito o un blog dove il tema può essere approfondito quasi all'infinito; che un sito web non è più generalmente considerato un buon luogo dove innescare conversazioni fra utenti e fra consumatori e marca; mentre lo sono per aspetti più tecnici, per esempio, i forum e per aspetti sociali ambienti come Facebook o Google+.

In sostanza, in questa parte della strategia definiamo come uno strumento porta all'altro in modo sinergico, e insieme portano le persone al nostro obiettivo, arricchendo l'esperienza e l'interazione, e migliorando l'efficacia della comunicazione, il suo potenziale di conversione.

Figura 10.11 – I touchpoint devono lavorare in sinergia e non dobbiamo confonderli con i media su cui pubblichiamo contenuti o facciamo pubblicità. Un interessante articolo ci fa capire come Burberry's ha raggiunto risultati rilevanti proprio pensando in modo intelligente e appropriato a come (ri)entrare in contatto con i propri potenziali clienti: http://onforb.es/1XbMsiQ.

Key Learning

Dalla strategia di business deriva la strategia di comunicazione. Questa deve basarsi su concetti che possano efficacemente funzionare su tutti gli strumenti che si intende adottare. Occorre evitare di sviluppare un concetto televisivamente forte e chiedere che "venga adattato" per gli altri strumenti. Difficilmente adattamenti e declinazioni su strumenti diversi danno origine a comunicazioni potenti.

In pratica

Le persone ragionano per touchpoint (punti di contatto con il messaggio), non per aggiunta di canali. Dobbiamo quindi individuare questi touchpoint diversi e fare in modo che collaborino tra di loro per "parlarsi" l'un l'altro e portare il discorso sul nostro brand nella direzione che ci aspettiamo.

La strategia social

Vista l'importanza degli strumenti social nei piani di comunicazione delle aziende, potrà essere opportuno dedicare una sezione specifica del documento a questo tema, e a quali saranno le strategie che adotteremo in merito.
La strategia social rappresenta un capitolo molto importante della strategia digitale. Abbiamo già ricordato all'inizio che l'uso degli strumenti viene dopo l'elaborazione della strategia, e in questo senso l'aspetto social non solo non fa eccezione, ma è un caso tipico. Anche la strategia social va costruita nella sua interezza, pur essendo figlia di quella digitale. È il momento in cui si decide come il prodotto/servizio/brand debba vivere all'interno dell'insieme disomogeneo dei suoi utenti/clienti/appassionati/simpatizzanti. Anche in questo caso gli obiettivi possono essere molti: vendita, awareness, cocreazione e così via, in armonia con gli obiettivi generali della presenza digitale, ma sapendo che attraverso i canali social si possono realmente, e in modo tangibile, instaurare delle relazioni.
Non entreremo qui nel merito di tutte le problematiche legate alla stesura della strategia social, che meriterebbe una trattazione a sé e su cui sono stati scritti centinaia di libri e innumerevoli articoli e post, ma forniamo solo un sommario dei passi fondamentali da affrontare. È però importante sottolineare un aspetto, soprattutto per chi sia abituato a frequentare e a interagire con operazioni di marketing digitale esclusivamente made in

Italy: va purtroppo sottolineato che quanto finora visto sul nostro mercato sono operazioni in larga percentuale poco strategiche, poco curate e comunque abbastanza "piccole", dal taglio molto limitato e senza un pensiero di ampio respiro. Ci si può quindi far trarre in inganno sul cosa può e deve essere un uso efficace del mezzo digitale e del social. Confrontando, anche attraverso i casi che abbiamo incluso in questo manuale, per esempio, ciò che viene fatto all'estero, ci si rende conto che da noi questi strumenti sono ancora decisamente sottoutilizzati. Da qui, due conclusioni:

1. non bisogna farsi indurre a pensare che digitale e social siano solo ciò che normalmente vediamo sul nostro mercato. Non è un caso che molte agenzie di grande prestigio abbiano scelto di non aprire sedi in Italia, dato il sostanziale sottosviluppo del mercato;
2. possiamo attenderci un futuro in cui vedremo operazioni di ben più ampio respiro, effetto e budget anche da noi, ma probabilmente realizzate da multinazionali o grandi aziende di ampie vedute e spirito innovativo. Mettendo così ancora più in difficoltà aziende locali improntate a un certo conservatorismo, o a un approccio di risparmio sia sui costi che sugli investimenti, che possono permettere di diversificarsi e di competere.

Il documento di social media strategy

1	L'organizzazione interna	Abbiamo a disposizione le risorse necessarie in termini di persone, competenze, soldi e tempo? Le nostre policy e i nostri processi ci consentono di lavorare coinvolgendo tutta l'azienda senza creare colli di bottiglia?
2	Ascolto della rete	Forse qualcuno sta già parlando di noi. Chi è questo qualcuno? Dove sta parlando di noi? Che cosa sta dicendo?
3	Gli obiettivi	Quali risultati intendiamo raggiungere? Come li misureremo?
4	Con chi vogliamo relazionarci	Con chi vogliamo entrare in contatto? Che cosa è rilevante per queste persone? Come usano i social media, quali social media usano? Di cosa parlano, qual è la loro cultura? Come si relazionano con la nostra categoria di prodotto, cosa pensano e dicono di noi?
5	La strategia	Quale topic svilupperemo? Come distribuiremo i contenuti (quali strumenti, quali piattaforme)? Con quale trattamento (stile, funzione relazionale)? Con quale priorità? Quali processi?
6	Gli strumenti	Quali piattaforme useremo? Con quale ruolo?
7	Il piano editoriale	Quali fonti ci forniranno i contenuti che ci servono? Quali strumenti di creation utilizzeremo? Quali categorie di contenuti saranno pubblicate? Con quali pesi relativi? Come cambia lo stesso contenuto quando viene pubblicato su strumenti diversi? Che formato deve avere ciascun contenuto in relazione alla piattaforma sul quale viene pubblicato? Con quale periodicità aggiorneremo i contenuti su ciascuna piattaforma?
8	La gestione della community	Quali sono le nostre community policy? Quali le criticità? In che modo ci occuperemo del monitoraggio della community?

Tabella 10.3 – La social media strategy in sintesi.

Verificare l'organizzazione interna

Valutiamo in prima istanza le competenze e il budget che abbiamo a disposizione. Le domande che ci porremo in questa fase sono:

- Abbiamo a disposizione le risorse necessarie in termini di persone, competenze, soldi e tempo?
- Le nostre policy e i nostri processi ci consentono di lavorare coinvolgendo tutta l'azienda senza creare colli di bottiglia?

Se il digitale, in generale, viene considerato un mezzo a basso costo, ciò è ancora più vero per i social. Sappiamo tuttavia che non è così e che il costo principale si esprime in tempo/uomo. Detto in parole povere: sembra semplice, ma un'operazione fatta bene richiede moltissimo lavoro, ore/uomo e quindi soldi.
Stare nella conversazione significa, oltre che saper pianificare un'adeguata distribuzione di contenuti provenienti dall'azienda, anche saper cogliere le opportunità offerte dallo stream che si crea naturalmente attraverso i contenuti sviluppati dagli utenti. Queste attività richiedono un'attenzione costante e prontezza nelle risposte, oltre che nelle proposte; saper afferrare gli spunti che le persone offrono parlando con noi, commentando, e usarli in tempi rapidi per alimentare la comunicazione, la relazione, la marca, la percezione positiva, per parlare più efficacemente con essi, per dimostrare attenzione, interesse, rispetto. Flussi di approvazione troppo lunghi e complessi possono creare colli di bottiglia che rallentano il processo e ne diminuiscono l'efficacia.
È ovvio che non sempre si può fare tutto all'interno, per mancanza di tempo, risorse, competenze. Per questo esistono le agenzie che offrono, tra gli altri servizi, un'attività di community management in outsourcing. Il punto qui è che, comunque, se è l'azienda che parla, chiunque rediga materialmente e pubblichi le risposte lo sta facendo in nome e per conto di essa, anzi è l'azienda. Se il community manager improvvisato posta un commento inappropriato, la percezione, la critica, l'arrabbiatura non si dirigerà contro di lui ma contro l'azienda, che ne subirà tutti i danni del caso.

In pratica

Il social non è gratis. La prima cosa da fare, quindi, per introdurlo in azienda è verificare che ci siano le risorse disponibili in termini di persone, tempo e budget. L'organizzazione dei flussi interni dovrà garantire al social fluidità e tempestività nella partecipazione alla conversazione.

Figura 10.12 – In particolar modo nel mondo dei social, il pubblico non perdona gli errori di superficialità, di arroganza, le furbizie e gli svarioni, e regolarmente partono i cosiddetti "epic fail", diffusi nel mondo con il tam tam della Rete. Ecco una lista che raccoglie alcuni tra i peggiori epic fail più recenti: http://bit.ly/23RX5aG, ma all'argomento, che appassiona molto, sono dedicati gruppi e comunità in abbondanza. (Immagine: backofthenapkin via Flickr.)

Ascoltare la Rete

Come abbiamo anticipato, l'ascolto è un approccio chiave per capire e per creare. Forse qualcuno sta già parlando di noi. Chi è questo qualcuno? Dove sta parlando di noi? Che cosa sta dicendo? Da queste informazioni traiamo gli insight, i bisogni reali e circoscritti espressi dalle persone, per creare le condizioni per essere accettati nella conversazione in corso.

Questa parte del lavoro è spesso, correttamente, delegata a un istituto di ricerca o a un'agenzia specializzata, poiché è importante che al di là del puro e semplice dato (appunto, chi sta parlando, cosa sta dicendo e così via) si sappia leggere "dietro" di esso, per estrapolare le motivazioni che ne sono alla base, e che ci consentono di ottenere il vero insight.

L'ascolto e il monitoraggio avvengono normalmente attraverso l'uso di software specializzati che ricercano per parole chiave all'interno di siti, blog, fonti social e così via, permettendo di raccogliere in forma "grezza" ciò che si dice di un tema, di una marca, di noi. È fondamentale, però, essere consapevoli che non esistono (ancora?) software in grado di capire il senso delle conversazioni, di attribuire un sentiment articolato a ciò che si dice di noi: parlano bene, male, in modo indifferente e così via. Non solo la complessità delle lingue,

> *“Non esistono software in grado di capire il senso delle conversazioni.”*

ma anche la difficoltà di individuare ironia, sarcasmo, modi di dire colloquiali rendono allo stato attuale impraticabile affidarsi unicamente a una macchina. Per questo motivo, tutte le attività di ascolto serie si basano sull'intervento di uno o più (molti) analisti, che leggono e valutano ciò che la macchina ha raccolto. Vengono stilati dei report che evidenziano problemi e opportunità, sentiment generale e argomenti caldi, critiche ed elogi tipici: insomma, danno un senso a ciò che si dice in Rete, in modo che azienda e agenzia possano usare queste informazioni per comprendere la realtà e migliorare la propria azione.
Laddove non fosse possibile, per questioni di tempo e risorse, un approccio professionale all'ascolto, interno o esterno all'azienda, è comunque raccomandabile usare strumenti semplici, come una ricerca su Google, che ritornerà risultati diversi, più intricati e complessi di quanto possono fare software di ricerca e filtro *ad hoc*, e dedicare all'ascolto un lasso di tempo tanto più ampio quanto meno le competenze che vi si possono dedicare sono specializzate, in modo da avere per lo meno una casistica osservata di congrue dimensioni.

In pratica

Monitoriamo la Rete per sapere se qualcuno sta già parlando di noi, dove e come: questo ci permetterà di inserirci correttamente nella conversazione.

Definire gli obiettivi delle attività social

Come sempre, non è raccomandabile andare a caso o intuito, meglio pianificare. Accollandoci tutti i costi, gli sforzi e le complicazioni di un'attività social, quali risultati intendiamo raggiungere? Come li misureremo? È importante che in questa fase, oltra a una precisa formulazione degli obiettivi da perseguire con la nostra presenza social, definiamo anche in quale modo intendiamo misurarli.
Del tema degli obiettivi abbiamo già lungamente parlato. Fondamentale qui ricordare che se investiamo tempo, denaro e sforzi ci deve essere una buona ragione. È utile precisare che gli obiettivi del social non devono necessariamente coincidere con gli obiettivi della presenza digitale, e che attraverso quello si possono perseguire svariati obiettivi: promuovere un evento, creare awareness, supportare il trial, solo per citare quelli più frequenti.

Il social è la strategia ideale per le meccaniche di co-creazione, attraverso le quali si possono perseguire obiettivi più ambiziosi, come (ri)posizionare un prodotto/brand, o dare (nuova) vita ai valori di una marca.

In pratica

In questa fase definiamo gli obiettivi specifici della nostra presenza social e come intendiamo monitorarli.

Conoscere la nostra audience

Analogamente a quanto già detto in precedenza, anche per una corretta strategia social dobbiamo studiare il target che intendiamo raggiungere: con chi vogliamo entrare in contatto? Che cosa è rilevante per queste persone? Come usano i social media e quali usano? Di cosa parlano, qual è la loro cultura? Come si relazionano con la nostra categoria di prodotto, cosa pensano e dicono di noi? Qui di nuovo si ritorna al tema dell'ascolto e del monitoraggio della Rete.

In pratica

Per capire quale strategia social adottare, dobbiamo conoscere bene le persone con le quali ci relazioneremo. Prevediamo una fase di ascolto e monitoraggio della Rete focalizzata su questo obiettivo.

Disegnare la strategia

In maniera analoga a quanto visto fin qui dovremo farci le stesse domande e fare gli stessi ragionamenti applicati alla strategia generale, questa volta calati nello specifico dei mezzi social, con un particolare riguardo alle riflessioni sui contenuti e sulle modalità di interazione con le persone.
Tutte le strategie social sono sostanzialmente strategie di contenuti. Il punto di partenza è, dunque, l'individuazione del/dei topic da sviluppare, per poi attribuire a ciascuno di essi un "circuito di distribuzione" (quali strumenti, quali piattaforme), un trattamento (lo stile, la funzione relazionale), la priorità all'interno della strategia.
Ma i contenuti non sono l'unica cosa da affrontare. Ciò che è peculiare di una strategia focalizzata sui social è l'attenzione da dare ai processi. Da un certo punto di vista, si potrebbe dire che i processi con cui si creano e gestiscono le attività social sono attività operative, e quindi non ricadono sotto il cappello della strategia. Il che può anche essere, a livello "teorico".

Il punto è che, sulla base della nostra esperienza, i processi hanno una tale importanza su cosa si può fare (bene) e cosa non si riesce a fare, o si fa male, che vanno messi a punto in una fase iniziale del progetto. Il rischio è sempre lo stesso: buttare il cuore oltre l'ostacolo, lanciarsi in progetti bellissimi, per poi passare alla fase realizzativa e scoprire che non sono realizzabili concretamente per la natura e le risorse dell'azienda, e quindi ritornare alla casella iniziale avendo sprecato molto tempo.

In pratica

Nel definire la strategia, poniamo attenzione a due elementi fondamentali: i contenuti sui quali intendiamo lavorare e i processi con cui gestiremo le attività social.

Definire gli strumenti

Una volta definita la strategia è il momento di decidere quali piattaforme utilizzare. Questa fase viene affrontata, troppo spesso, all'inizio del processo di creazione della strategia social, quando la tentazione di liquidare il tutto con "apriamo una pagina Facebook e un profilo su Instagram" sembra esaurire l'argomento. In realtà questo approccio è limitante, e non garantisce di poter utilizzare appieno le potenzialità dell'approccio social, soprattutto se gli obiettivi che ci siamo posti vanno oltre quelli "di minima". L'approccio social non si esaurisce nell'utilizzo degli strumenti, men che meno nell'utilizzo dei social network generalisti.
Un attento esame dei nostri obiettivi può portarci a soluzioni più efficaci, attraverso un uso più creativo delle piattaforme, o l'uso di quelle specializzate, o addirittura di quelle proprietarie, prescindendo del tutto dalle esistenti. Per questo, nel momento in cui affrontiamo questa fase della strategia social, chiariamo bene quale ruolo intendiamo attribuire a ciascuna piattaforma: possiamo decidere, per esempio, di usare Instagram come principale strumento di storytelling, Twitter come canale di relazione e Facebook come spazio dell'intrattenimento e dell'amplificazione. Dipende da chi siamo e da chi sono, e come si muovono, le persone con le quali vogliamo stabilire una relazione. In questo modo riusciremo a utilizzare ciascuna piattaforma per ciò che sa fare meglio, in relazione al nostro pubblico, piuttosto che usare tutti gli strumenti solo per far rimbalzare un messaggio unico dall'uno all'altro.

In pratica

Definiamo quali piattaforme social useremo. In relazione ai nostri obiettivi e alle specificità della nostra audience, attribuiamo a ciascuna un ruolo peculiare all'interno della strategia.

Elaborare il piano editoriale

La "messa a terra" della definizione della strategia social e della selezione degli strumenti è costituita dalla creazione di, almeno, due documenti di lavoro: il piano editoriale e la gestione della community. Vediamo il primo. Il piano editoriale è uno strumento finalizzato a risolvere diversi problemi:

- garantire omogeneità, in termini di strategia e di obiettivi da raggiungere, ai contenuti creati e condivisi a prescindere dalle piattaforme utilizzate;
- pianificare il calendario della pubblicazione;
- verificare la relazione tra i contenuti nei rimbalzi tra i diversi touchpoint considerati;
- avere sempre presente il flusso di creazione, approvazione, pubblicazione dei contenuti.

La creazione di un piano editoriale è un lavoro di solito a carico del community manager o, in casi più complessi, del social media manager. Ed eccone i punti salienti.

1. **La definizione del topic**. Il topic è l'argomento centrale di cui intendiamo parlare, che emerge dalle fasi precedenti di stesura della strategia e che deve essere sempre attinente all'attività dell'azienda o al prodotto-servizio sul quale stiamo lavorando. Non è detto che il topic sia esattamente coincidente con il prodotto o il servizio offerto: per esempio, un'assicurazione per i viaggi non è detto che parli di assicurazioni, poiché è molto più probabile che il suo pubblico sia interessato ai viaggi, e dunque un topic che si annuncia più promettente sarà appunto costituito dai viaggi. Dobbiamo cioè essere assolutamente certi che il topic e le sue declinazioni siano rilevanti per le persone con le quali vogliamo entrare in relazione. Assicuriamoci, inoltre, che ci garantisca ricchezza e varietà negli argomenti che man mano proporremo, onde evitare di ritrovarci nel giro di qualche mese a non sapere più cosa dire.
2. **L'individuazione delle fonti**. Se abbiamo dei contenuti, avremo anche delle fonti che dovranno fornirceli. Le fonti possono essere interne o esterne, online o offline. Più fonti considereremo in que-

sta fase di pensiero, più sarà facile poi procedere alla stesura. Quelle interne possono essere la proprietà, la direzione marketing, la funzione ricerca e sviluppo, il customer care e così via. Tra quelle esterne, possiamo averne di online, come i siti di news, i blog, i social network, e offline, come magazine, news, ma anche corsi, libri e così via.

3. **Gli strumenti per facilitarci la vita**. Facciamoci aiutare nella gestione dei contenuti dagli innumerevoli strumenti di curation presenti online, ma scegliamoli subito, in modo da potere già definire una struttura dei flussi di pubblicazione. Tra gli strumenti irrinunciabili, un feedreader per ottimizzare i tempi di raccolta dei contenuti, uno strumento di curation come Hootsuite, ma anche tool meno specifici ma interni alle singole piattaforme, come le liste di Twitter, i gruppi di LinkedIn e così via.
4. **La definizione dei flussi**. Oltre alla fonte, dobbiamo stabilire chi scrive e pubblica, quali processi di approvazione e coordinamento tra azienda/agenzia/freelance esistono; quali processi organizzativi e di responsabilità sviluppare all'interno dell'azienda.
5. **La distribuzione dei contenuti**. Quali categorie di contenuti saranno pubblicate? Con quali pesi relativi? Come cambia lo stesso contenuto quando viene pubblicato su strumenti diversi? Che formato deve avere ciascun contenuto in relazione alla piattaforma sul quale viene pubblicato?
6. **I tempi dei contenuti**. La persistenza di un post sui social dipende da vari fattori: la rilevanza del contenuto, l'affollamento delle timeline, la presenza di post sponsorizzati o comunque promossi, l'orario e il giorno di pubblicazione e così via. Assicuriamoci di conoscere bene questi tempi, eventualmente prevedendo di fare un po' di esperimenti prima di trovare il momento giusto per tutto quello che intendiamo pubblicare.

In pratica

All'interno del piano editoriale definiamo il nostro topic e stabiliamo tutto ciò che riguarda la pubblicazione dei contenuti: le fonti, i responsabili, le piattaforme, i formati, i tempi. Nella sua forma più semplice, il piano editoriale è il documento che indica cosa sarà pubblicato, dove e in che data, con un anticipo di qualche giorno o qualche settimana, in modo da darsi i tempi per organizzarsi, produrre i contenuti, farli approvare senza entrare in uno stato di panico e urgenza continui.

IPOTESI CALENDARIO FEBBRAIO

Lunedì	Martedì	Mercoledì	Giovedì	Venerdì	Sabato	Domenica
					1	2
					Domani Partita chiave	PROGETTO AFRICA
					Prime news su XY	Hanno provato XY in anteprima
3	4	5	6	7	8	9
I risultati di ieri	DAL NOSTRO ALBUM DI FOTO	La Panchina	PROGETTO AFRICA	Modi di impiego di XY	Un'altra partita difficile	PROGETTO AFRICA
BEST OF THE WEEKEND	Quando sarà disponibile XY?	LA VOSTRA OPINIONE SU...	DAL NOSTRO ALBUM DI FOTO	SPAZIO INTERAZIONE	Hanno provato XY in anteprima	XY i vantaggi
10	11	12	13	14	15	16
Il Road Show XY	Aggiornamento risultati	DAL NOSTRO ALBUM DI FOTO	I giocatori chiave	XY Messo alla prova	DAL NOSTRO ALBUM DI FOTO	Turno di riposo e allenamento
BEST OF THE WEEKEND	XY Messo alla prova	SPAZIO INTERAZIONE	PROGETTO AFRICA	LA VOSTRA OPINIONE SU...	Il Road Show XY	XY Offerta lancio
17	18	19	20	21	22	23
Focus: Allenatore	DAL NOSTRO ALBUM DI FOTO	Aggiornamento risultati	PROGETTO AFRICA	XY Offerta lancio	La partita di domani	PROGETTO AFRICA
BEST OF THE WEEKEND	XY: il progettista racconta	LA VOSTRA OPINIONE SU...	DAL NOSTRO ALBUM DI FOTO	SPAZIO INTERAZIONE	XY Messo alla prova	XY: il progettista racconta
24	25	26	27	28		
XY Da definire	Aggiornamento risultati	DAL NOSTRO ALBUM DI FOTO	Focus: Panchina lunga	LA VOSTRA OPINIONE SU...		
BEST OF THE WEEKEND	XY: il progettista racconta	SPAZIO INTERAZIONE	PROGETTO AFRICA	DAL NOSTRO ALBUM DI FOTO		

LEGENDA:

- SPONSOR SQUADRA
- PRODOTTO
- LAVORIAMO CON LE PERSONE
- CSR - PROGETTO AFRICA
- GALLERIA FOTOGRAFICA
- INTERAZIONE

Figura 10.13 – Un esempio basico di piano editoriale mensile.

Definire le modalità di gestione della community

Gestire una community significa non solo occuparsi di farla crescere, pubblicare contenuti e rispondere ai commenti, ma anche stabilire e far rispettare delle regole, monitorare la reazione del pubblico, sapere come intervenire in caso di criticità. Insieme al piano editoriale, quindi, si creeranno anche uno o più documenti che fissino questi punti. In particolare:

- Definiremo delle policy da diffondere nei nostri social, all'interno delle quali dichiareremo i nostri propositi in merito alla community e definiremo che cosa si può e non si può fare, oltre a chiarire quali siano i diritti e i doveri del moderatore e dei partecipanti stessi, ossia cosa permettiamo e non permettiamo agli utenti di fare: entro quali limiti permettiamo la libertà di parola, quali sono i limiti non superabili che innescano automaticamente la rimozione dei commenti (insulti, attacchi personali, contenuti fuori tema, contenuti illegali, autopromozione/spam e così via).
- Definiremo una struttura che ci aiuti a valutare gli interventi dei partecipanti in base al loro livello di criticità (normale, medio, alto), per poter identificare tempestivamente le potenziali fonti di crisi e saperci regolare di conseguenza; stabiliremo il tempo massimo accettabile dal momento in cui è stato pubblicato un commento al momento in cui risponderemo; una schematizzazione, quindi, di responsabilità, autonomie, approvazioni per gestire le risposte in termini di identificazione, escalation e gestione della crisi.

- Infine, stabiliremo chi si occuperà di monitorare la community (nelle strutture più piccole è un compito del community manager, nelle più grandi dell'analyst), in che modo e con quali strumenti, con quale periodicità, per chi: a chi sono destinati i monitoraggi? All'interno dell'agenzia, al cliente, all'interno dell'azienda? Se i destinatari sono diversi, devono ricevere tutti le stesse informazioni?

Chiaramente, se la nostra idea iniziale pone problemi di elevata complessità per lo sviluppo in pratica di una strategia social e l'azienda non ha tempo e risorse da dedicare e/o è molto orientata a uno stretto controllo (vuole cioè verificare e approvare tutto ciò che deve essere pubblicato), sarà opportuno ridefinire gli obiettivi in base a queste specifiche esigenze e, se necessario, passare a pensare a un progetto più semplice e "leggero". Bisogna selezionare attentamente quali siano le piattaforme che possiamo ragionevolmente gestire: proprio perché un tweet è fugace nella timeline di un utente, è necessario che le risposte siano tempestive, veritiere ed esaurienti. A volte è sufficiente prendere tempo per rispondere in un secondo momento, magari in forma privata, ma questa non può essere la norma. Meglio allora, se non possiamo essere reattivi, evitare quelle piattaforme su cui la reattività e la velocità sono un fattore non eludibile.

In pratica

La gestione di una community richiede delle regole: una community policy, un flusso che chiarisca quali interventi possono diventare critici, un monitoraggio costante. Se l'azienda nella quale ci troviamo rende complicata la gestione, può essere il caso di ridimensionare il progetto social.

Il ruolo di intermediari, influencer, stakeholder: analizzare e intervenire

La sezione successiva del documento di strategia sarà dedicata a come sfruttare il ruolo di intermediari e influencer nel nostro processo di comunicazione.

Approfondendo le considerazioni generali fatte nel Capitolo 9, il nostro business (e quindi i nostri risultati) non è quasi mai l'esito di una semplice interazione tra produttore e consumatore. Nella decisione d'acquisto, nella formazione di un'opinione intervengono altri attori: gruppi di pressione o influencer possono infatti prendere posizione, positiva o negativa, nei

confronti della nostra azienda e delle sue attività, condizionando il business attraverso la loro influenza sulla nostra audience.
I siti di e-commerce possono attirare percentuali molto rilevanti delle nostre vendite, o peggio quelle della nostra categoria merceologica. A complicare ulteriormente le cose c'è da considerare che, su un sito come Amazon per esempio, la comparazione fra prodotti concorrenti è facilissima, trovandoci così in situazioni in cui il mercato diventa molto trasparente in termini di prezzi e prestazioni, il confronto rapido e comodo. Non solo: lo scenario competitivo viene esacerbato dalla possibilità, per chi ha comprato il prodotto, e purtroppo anche per chi ci voglia danneggiare se il sito intermediario non applica filtri efficaci, di esprimere un parere, di raccontare una verità che smascheri la nostra pubblicità basata su promesse esagerate, di evidenziare una scarsa qualità. Gli aggregatori di reputazione, esempio primo TripAdvisor, fanno la stessa cosa per alberghi e ristoranti. Blogger e user influenti della Rete possono contribuire in modo significativo a determinare ciò che si pensa di noi.
Probabilmente, l'influencer più potente è Google: infatti a seconda del ranking, la nostra posizione nella lista dei risultati, il nostro business può crescere o diminuire. Blog e siti di recensioni, che siano professionali o amatoriali, purché credibili e seguiti dal nostro pubblico, possono essere trampolini di lancio per le nostre vendite o grandi ostacoli: sia direttamente, dato che un certo numero di nostri potenziali clienti li usa regolarmente per documentarsi prima di una decisione d'acquisto; sia indirettamente, dato che i loro contenuti vengono indicizzati su Google, magari prima del nostro sito ufficiale, e quindi prima della nostra versione dei fatti.

> “*L'influencer più potente è Google.*”

La stessa massa degli utenti può scatenarsi in attività di user generated marketing, ovvero casi in cui le persone si fanno propagatrici della marca, iniziano a farci pubblicità, a promuoverci, a diventare evangelisti. Si fanno carico, senza che nessuno gliel'abbia chiesto, di un'attività di marketing a nostro favore. Il che può essere un problema, perché a volte i nostri fan si appropriano della marca e la portano in direzioni non volute da noi.
È quindi necessario quasi sempre domandarsi quali siano le figure che possono intervenire a sostegno o contro la nostra attività di marketing. Considerarle stakeholder che possono avere un ruolo importante nella comunicazione. Se possibile, pensare a specifiche azioni di comunicazione sul digitale per loro. In nessun caso fare finta che non esistano e che gli unici attori siano l'azienda che parla e il possibile cliente che ascolta.

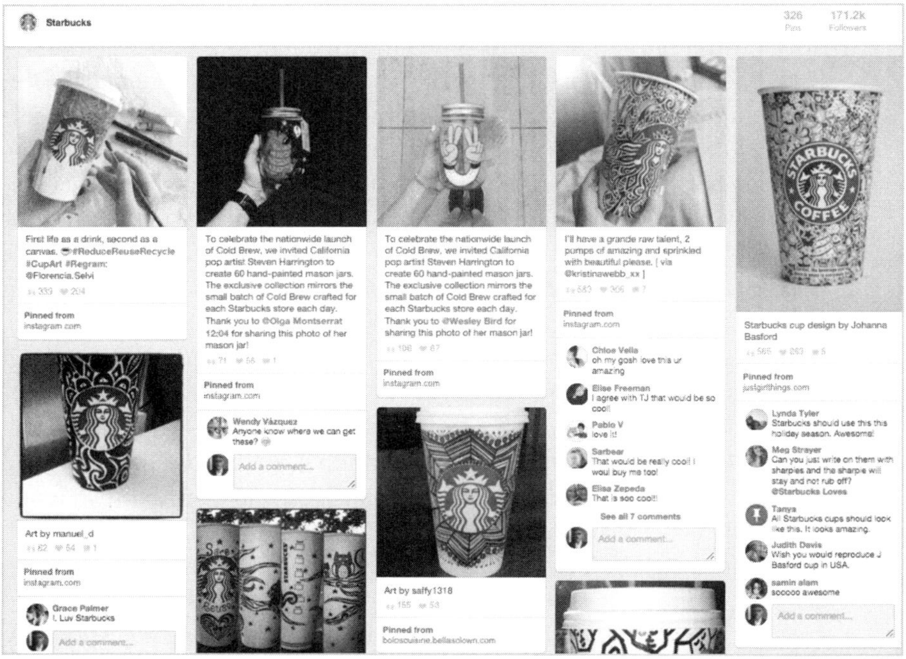

Figura 10.14 – Un buon esempio di operazione basata sullo user generated content. Nel 2014 Starbucks ha dato voce alla creatività dei propri clienti, lanciando un concorso in cui chiedeva alle persone di decorare i propri bicchieri di carta con disegni... o scarabocchi. http://bit.ly/1J01FLQ. Con oltre 4.000 proposte inviate, l'attività è stata un buon successo – e una delle proposte è stata adottata per un bicchiere "limited edition". http://bit.ly/1RGF9eB. Alcune delle proposte inviate si possono vedere qui: https://it.pinterest.com/starbucks/starbucks-cup-art.

In quest'ottica, nella nostra strategia, dobbiamo definire come lavoreremo (con quali obiettivi, quali modalità) con gli influencer della Rete (blogger, utenti molto attivi e credibili, giornalisti presenti anche in Internet) e con gli aggregatori di reputazione (per esempio, siti di recensioni), prevedendo eventualmente la collaborazione con siti che aggreghino community forti (per esempio appassionati di sport, mamme) perché si facciano portavoce del nostro messaggio e contribuiscano ad amplificare le nostre novità, i nostri contenuti.

In pratica

Oltre alla nostra azienda e al nostro target la Rete è piena di stakeholder: blogger, community forti, aggregatori di reputazione. Questi influencer vanno identificati e coinvolti nella nostra comunicazione, stabilendo per ciascuno un ruolo e delle azioni specifiche.

Contingency plan e "Piano B"

Al tredicesimo posto del documento di strategia ci è parso giusto, giocando un po' con la superstizione, inserire una sezione dedicata a come prevenire o affrontare eventi infausti.
Anche se il tema è, ancora una volta, molto specialistico, e in certa misura esula dallo stretto campo della strategia, è comunque opportuno delimitarne il perimetro e focalizzare i temi principali. In ogni progetto di un certo peso e importanza è sempre opportuno, e a volte vitale, predisporre, prima della partenza, dei piani alternativi da adottare in caso di insuccesso. Un concorso che abbiamo studiato può non piacere e avere pochi partecipanti (o troppi vincitori), una nostra iniziativa social può (sempre) fallire e non causare un aumento delle persone interessate a interagire con noi, una nostra attività sui blogger può incontrare un diffuso disinteresse. La prima cosa da fare è capire dove si è sbagliato ed evitare, invece, la caccia a "chi" ha sbagliato, che porta tutti ad arroccarsi e nessuno a risolvere il problema. Subito dopo mettere in atto il piano alternativo che avevamo studiato proprio per l'evenienza.
Così come in battaglia, se fallisce in attacco, non si lascia allo sbando l'esercito, in attesa che i generali decidano il da farsi nella nuova situazione, così al fallimento di una nostra azione, di un esperimento, dobbiamo essere pronti a non lasciare marca, prodotti e obiettivi in balìa del mercato. Ricordando che, tanto per citare un esempio storico, all'atto dello sbarco in Normandia, il generale Eisenhower aveva già pronto il comunicato ufficiale in cui annunciava e spiegava alla popolazione il fallimento della gigantesca operazione, lavorando per rassicurare e tenere alto il morale della nazione pur in presenza di un grave scacco e di perdite umane ingentissime.
Più nello specifico, poi, occorre distinguere tra un piano per recuperare un'iniziativa che non ha avuto successo, e un vero e proprio caso di crisis management. Senza voler entrare nel dettaglio di quella che è una delle discipline cardine delle attività di relazioni pubbliche, è comunque opportuno fissare alcuni punti chiave.

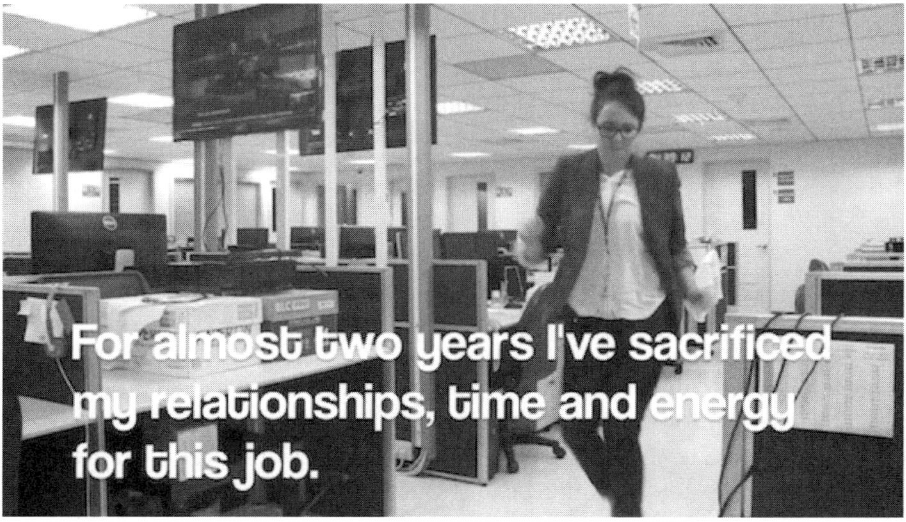

Figura 10.15 – Oggi le crisi nascono sempre più spesso su Internet e arrivano in seguito ai mass media. Per questo è importante saperle individuare e rispondere bene online. Come nel caso di queste dimissioni date molto criticamente in Rete, cui è stato risposto molto bene. http://bit.ly/1NuGJmr.

In particolare, può essere utile focalizzare l'attenzione sulle chiavi della gestione di una crisi su Internet.

Identificare i rischi

In fase di progettazione delle azioni, e comunque con il massimo anticipo ragionevolmente possibile rispetto al momento in cui potrebbero accadere, è fondamentale individuare le possibili crisi che potrebbero arrivarci addosso.

Cosa potrebbe succedere? Esistono azioni, temi, comunicazioni da parte nostra, reazioni rispetto ad azioni da noi compiute che potrebbero far reagire negativamente o violentemente il pubblico? Esiste una matrice di insoddisfazione, disapprovazione od odio nei nostri confronti, sulla cui base potrebbe facilmente attecchire una polemica? O siamo invece benvoluti e amati, quindi possiamo contare su una base di persone pronte a schierarsi a nostro favore in caso di crisi?

Occorre sempre tener conto che tra i rischi più probabili esiste sempre quello dell'errore "operativo". Molti casi da manuale derivano, per esempio, da una scarsa vigilanza delle proprie azioni rispetto alla realtà circostante: programmare una serie di post o tweet, pubblicati successivamente "in automatico", e non rendersi conto che, a causa di avvenimenti esterni, possono offendere la sensibilità del pubblico; oppure dover affrontare reazioni violente a post di cattivo gusto scritti da una persona del nostro team.

Figura 10.16 – Mettere in automatico la pubblicazione dei contenuti significa togliersi molti pensieri, ma non deve significare disinteressarsene. Altrimenti l'inesorabile ignoranza delle macchine potrà metterci in grossi guai. Come ha scoperto l'NRA, la potente lobby dei produttori e possessori di armi negli USA. Un tweet apparentemente banale, traducibile in "Buon Giorno sparatori. Buon venerdì. Piani per il weekend?". Un tweet programmato da tempo, talmente neutro da non poter presentare in teoria alcun rischio. Giusto? Purtroppo, poco prima della pubblicazione, un uomo armato aveva compiuto una strage in un cinema. Involontariamente, quindi, un tweet del tutto inappropriato... e non gestito nel modo più accorto http://bit.ly/1TDwdG8.

Valutare la gravità di ogni rischio e assegnare delle priorità

È perfettamente possibile che si infili in una nostra comunicazione un marchiano errore di grammatica, come per esempio sbagliare clamorosamente un congiuntivo. La Rete si scatena a prenderci in giro, ma se si tratta di un episodio isolato e noi reagiamo in maniera appropriata la crisi si sgonfia e magari attiriamo persino "simpatia". Rischio basso, dunque, priorità bassa. Altra cosa, invece, è se un dipendente scontento rivela al mondo, per esempio con un documento trafugato, che la nostra sensibilità alle cause sociali e al benessere dei nostri clienti è solo una finzione, artatamente applicata all'esclusivo fine di massimizzare i nostri profitti. Non dimentichiamoci che, a scatenare le crisi, sono *in primis* i nostri errori, spesso peggiorati dal nostro tentativo di ingannare le persone rispetto alla realtà. Cosa complessa e rischiosa, come abbiamo visto, nell'era digitale.

Figura 10.17 – Commenti antipatici se ne ricevono tanti. Rispondendo male, si rischiano gli epic fail. Ma qualche volta si riescono a conseguire degli epic win, risolvendo un problema... relazionandosi con il cliente e parlando la sua lingua. http://bit.ly/1Tc32Q2.

Una volta identificati tutti i rischi possibili, occorre assegnare loro una priorità in termini di studio, analisi, sviluppo delle azioni di rimedio. Dando la priorità agli eventi business-critical o mission-critical, in altre parole a quelli che rischiano di mettere in seria difficoltà la nostra azienda, o il raggiungimento del nostro obiettivo, anche non legato al business.

Un possibile incidente che abbia una non trascurabile probabilità di accadere, e che potrebbe danneggiarci in modo sensibile, avrà diritto a essere studiato con cura e a vedere importanti investimenti di risorse per prepararsi adeguatamente. Un incidente estremamente improbabile, ma di quelli che se si verificano potrebbe portare alla chiusura dell'azienda, ha bisogno di uno studio ancora più approfondito.

Incidenti di routine, che portano poco danno e si possono gestire facilmente, avranno una priorità più bassa negli investimenti in termini di preparazione all'evento, dato che se cerchiamo di essere pronti per qualsiasi possibile evenienza, grande o piccola, rischiamo di caricarci di una quantità di lavoro ben superiore alle nostre forze. Rubando così risorse alla conduzione del nostro lavoro, del nostro core business per prepararci anche a eventi poco probabili e poco rischiosi, cadendo nella cosiddetta overpreparation. Anche se, detto onestamente, in particolar modo in Italia, questo è uno scenario poco diffuso, dato che di solito le nostre imprese, anziché essere troppo preparate, lo sono poco o per niente.

IL CASO HOD: I RISCHI IDENTIFICATI

Nel nostro ipotetico caso di HOD, il management ha individuato prioritariamente tre aree di rischio, di gravità differente (dove la gravità è stabilita anche in base alla facilità o meno di rispondere efficacemente al problema e ricostruire fiducia e customer satisfaction).

- **Rischi lievi**: (per esempio) l'ordine arriva in ritardo, il cibo è freddo o danneggiato nel trasporto; problemi di funzionamento dell'app ecc.
- **Rischi medi**: il prodotto non viene consegnato del tutto o arriva un prodotto che non è quello ordinato. Il sapore non è all'altezza, il contenuto del box è danneggiato o comunque sgradevole e così via.
- **Rischi gravi**: vengono attribuiti al prodotto l'insorgere di sintomi di intossicazione alimentare o comunque di malesseri da parte di chi l'ha consumato. Manipolazioni dei prodotti (per esempio la presenza di oggetti estranei), notizie su pericolosità o insalubrità dei prodotti HOD ecc.

Sviluppare i piani di risposta

Per ogni crisi è, dunque, necessario sviluppare un piano che identifichi, in termini specifici per quanto possibile, quale dovrà essere la risposta dell'organizzazione, come rispondere alle critiche, su quali mezzi, quali posizioni prendere, quali strumenti attivare e come. Questi piani devono essere possibilmente accompagnati da materiali già pronti all'uso, per poter essere operativi il prima possibile, fino ad arrivare, per esempio, alla preparazione di *dark sites*, siti web che affrontino particolari crisi, preparati in anticipo e lasciati "spenti", ma che si possono attivare e rendere visibili nel giro di pochi minuti. Spesso la tempestività di risposta, se è buona, è una delle chiavi per evitare che la crisi degeneri ed esca totalmente dal controllo.

Soprattutto è cruciale definire chi fa che cosa e quando: chi ha la responsabilità di cosa; chi è il secondo in comando, dato che le crisi hanno la brutta abitudine di avvenire quando l'amministratore delegato è in vacanza in luoghi irraggiungibili e il direttore marketing è irreperibile. Deve comunque esserci sempre qualcuno che deve fare qualcosa e qualcuno che deve prendere delle decisioni per evitare di lasciare la barca in balìa delle onde senza nessuno al timone.

IL CASO HOD: LO SVILUPPO DI RISPOSTE A SITUAZIONI DI CRISI

Nel caso di HOD, sono state sviluppate una serie di azioni che dovranno essere implementate in maniera il più possibile automatica e quindi veloce, con l'obiettivo prioritario di minimizzare l'insoddisfazione, evitare la diffusione in rete di critiche al servizio/prodotto, recuperare la fiducia e la fedeltà dei clienti, evitare il detonare di crisi pericolose.
Tra le azioni di mitigazione previste:

- **Rischi lievi o medi**: previa verifica dell'effettivo disservizio, invio immediato e prioritario dei prodotti corretti, senza richiedere un nuovo pagamento ma anzi accompagnando il nuovo ordine con un voucher per una certa quantità di prodotto gratuito; nel caso non venga verificato l'effettivo disservizio, si chiederà all'utente di contattare privatamente l'azienda per andare più a fondo nell'analisi del caso. Valutare di prendere posizione nel caso la lamentela risulti infondata o tentativo di frode. Nei casi più gravi prevedere l'intervento personale dei fondatori (per esempio saranno loro a consegnare di persona l'ordine corretto e a porgere in prima persona le scuse... dove opportuno mediatizzando l'intervento riparatore).
- **Rischi gravi**: immediata richiesta di contatto privato per approfondire il caso, con la richiesta, se possibile, di conservare un campione del prodotto per successive analisi. Prevedere attivazione dei legali dell'azienda e di un laboratorio di analisi. Apertura di una cellula di crisi che segua costantemente l'evolvere del problema, valutare la rapida emissione di comunicazioni al pubblico in merito al problema, specialmente se già di dominio pubblico – anche se ancora in attesa di conferma che il problema sia effettivamente avvenuto e sia davvero imputabile all'azienda. Preparazione *ex ante* di dossier sulle metodologie di controllo, rispetto degli standard di sicurezza alimentare.

Sviluppare gli automatismi di risposta

Per rendere gestibile il processo è opportuno definire regole "what if", in modo che per la struttura che deve rispondere sia più facile prendere decisioni; specialmente in momenti di stress che possono rendere più complicata, e a volte errata, la valutazione e la decisione sul da farsi. In sostanza, definire che, se succede una certa cosa, la reazione sarà di un certo tipo; se succede un altro evento non ci sarà reazione e così via. Decidere insomma qual è la condizione che fa scattare il piano di crisi, e senza la quale non si fa partire l'attività. Capire cosa è una crisi e cosa no, monitorare lo sviluppo delle situazioni per identificare i falsi allarmi e quelli veri.

Attivare un sistema di early warning

Come ai tempi della guerra fredda USA e URSS avevano implementato vaste reti di radar per avvistare i missili nemici appena partiti, e avere più tempo per rispondere, così dobbiamo fare noi, per evitare di scoprire che siamo in crisi quando sentiamo dire al telegiornale che da giorni infuria in Rete una polemica nei nostri confronti, della quale, non monitorando le conversazioni, non ci eravamo accorti. Il tema qui è ancora una volta quello dell'ascolto. Sapere, magari su base quotidiana, soprattutto se siamo in una qualche situazione a rischio, cosa si dice di noi in Rete.
In conclusione, però, la cosa più importante è evitare le crisi. Evitare i rischi inutili. Lavorare prioritariamente per prevenire i problemi, più che per risolverli. Anche perché, in un mondo sempre più trasparente, quanto più abbiamo da nascondere, tanto più probabilmente ci sarà qualcuno a portarlo alla luce e a crearci attorno uno scandalo.

In pratica

Le crisi vanno prevenute. Facciamo attenzione quindi a identificare i possibili rischi, valutarne la gravità e assegnare loro delle priorità, sviluppare piani di risposta, anche attraverso automatismi, e attivare un sistema di early warning.

Cosa facciamo

In questo capitolo del documento di strategia dovranno essere presentate le attività concrete, le azioni che intraprenderemo per mettere in pratica ciò che abbiamo pensato.
In risposta alle domande contenute nei capitoli precedenti, l'elaborazione di queste strategie richiede competenze professionali ed esperienza. Richiede, in misura maggiore o minore, l'intervento di specialisti che abbiano già lavorato sul campo nel realizzare questo genere di progetti. Anche perché, in un mercato ancora così giovane e liquido, le situazioni possono cambiare da un mese all'altro, le teorie evolvono e un ruolo molto impor-

tante ha la sensibilità, l'esperienza e un po' di intuizione. Il che però non significa, nei limiti del possibile, delegare integralmente a un'agenzia esterna tutto il lavoro; è anzi molto raccomandabile che l'azienda si faccia coinvolgere, si faccia spiegare, cerchi di partecipare, per accumulare esperienza in prima persona, diventare competente: in sintesi, diventare man mano più esperta.

Una volta individuata la strategia e sviluppato un concetto di base della nostra comunicazione, si passa a declinare le strategie per ogni mezzo/strumento: pubblicità, promozioni, PR, CRM, social, web, in store, unconventional e così via.

In realtà, il documento di strategia, tra le sue funzioni primarie, ha il compito di definire la strada e dare le indicazioni a chi deve sviluppare le azioni concrete. Quindi, in questa prima incarnazione del documento, è naturalmente impossibile elencare le azioni, perché sono l'oggetto della fase successiva del lavoro. Quando invece se ne realizza una versione più avanzata, per esempio per presentare il progetto dopo la sua conclusione al management e documentare le attività, sarà ovviamente necessario completarlo incorporando una descrizione di quelle che sono state le attività scaturite dalla strategia, per mezzo/strumento. Come si integrano e come devono funzionare in sinergia fra di loro.

In pratica

La definizione delle attività da svolgere dopo aver progettato la strategia richiede competenza ed esperienza. È bene non delegare tutto all'agenzia, ma per quanto possibile imparare, portare nel tempo know-how in azienda. In questa sezione del piano vengono descritte le declinazioni della strategia in termini di mezzi e strumenti: pubblicità, promozioni, PR, CRM, social, web, in store, unconventional e così via.

Controllo e misurazione

Ogni piano efficace deve essere misurabile e misurato. Come farlo e cosa misurare sarà l'oggetto di questa sezione del documento di strategia.

Il tema della misurazione del digitale, della valutazione del ROI (return on investment, quanto ci ha reso il nostro investimento) del social, del digital, è uno di quelli più ferocemente dibattuto negli ultimi anni; e solo recentemente si inizia a vedere un po' di luce in fondo al tunnel. Senza volere, e potere per limiti di spazio, entrare nei dettagli specialistici del tema, è opportuno però dare alcune indicazioni di fondo in ottica strategica, anche

perché pensare alla misurazione serve a progettare meglio l'attività che vogliamo determinare.
I punti salienti che dobbiamo tenere in mente sono:

1. **Sul web la misurazione è possibile a un livello abbastanza soddisfacente. Sui social, meno.**
   Dato il tipo di uso che si fa del web, tipicamente passivo, e gli strumenti che negli anni si sono raffinati, possiamo avere a disposizione una mole di dati interessanti e utili per il nostro marketing, monitorando cosa fanno gli utenti con il nostro sito. Qui ha un senso tenere sotto controllo il numero di pagine viste, da quale nazione sono state viste, da quali pagine sono entrati i visitatori e da quali sono usciti (sono usciti soddisfatti o insoddisfatti? Occorre analizzare la situazione per capirlo) e così via. Con strumenti gratuiti come Google Analytics si possono ottenere risultati interessanti, anche se il livello di conoscenza e comprensione ottenibile sale di molto se è possibile usare strumenti più professionali, messi nelle mani di analisti esperti.
   Sul fronte dei social si sta lavorando molto sul tema e, prevedibilmente, il tipo di misurazioni ottenibili dalle piattaforme è destinato a migliorare, perché gli operatori del mondo digitale si rendono conto che la valutazione dei risultati è un fattore determinante nelle scelte di investimento delle aziende. A oggi però il tipo di dati ottenibili in automatico dalle piattaforme social tende a raccontarci delle storie che di per sé non ci aiutano molto a migliorare le nostre attività di business, a meno che non vengano integrati da una dose massiccia di lavoro umano che li traduca in risposte e insight qualitativi, dai quali si possono imparare molte cose. Questi dati servono a capire, a imparare, a darci indicazioni su quanto vicini o lontani siamo dal raggiungimento degli obiettivi, a individuare cosa abbiamo fatto bene e cosa non ha funzionato, offrendoci strumenti per migliorare l'esistente. Se i numeri o le impressioni qualitative che raccogliamo non sono utili per questo scopo, la misurazione è inutile o addirittura dannosa, perché distoglie la nostra attenzione da ciò che è importante: migliorare il business e la comunicazione della nostra organizzazione. Ci porta ad adorare dei falsi idoli, dei numeri, che di per sé poi rischiano di non avvicinarci ai nostri obiettivi.
   Il tema della misurazione del nostro successo in un'azione digitale non si può ridurre alla valutazione, spesso aleatoria, del ROI; né la sua misurazione in azioni non digitali, *in primis* la pubblicità, è poi davvero tanto più certa e significativa.

2. **Le misurazioni devono aiutarci a migliorare il business.**
   Misurare il numero di fan di una pagina Facebook, per esempio, ci dice solo quante persone hanno cliccato su "Mi piace". Tuttavia forse non sono mai più tornate a visitarci. Difficilmente possiamo correlare questo numero, o quello dei follower su Twitter, a un miglioramento del nostro business, l'aumento delle vendite, la crescita della preference, l'evoluzione della percezione effettiva della nostra marca. Si parla di "vanity metrics", di metriche che sollecitano la nostra vanità, ci fanno sentire bravi e ci permettono di costruire dei grafici in salita... ma a noi deve interessare molto di più capire i numeri generati sul business dalle nostre azioni. E non sono le statistiche standard di Facebook che ci possono raccontare questa storia. Ci interessa sapere quanto si parla di noi, quanti hanno visitato passivamente la nostra pagina, sapere cosa si dice, cosa fanno le persone dopo aver discusso di o aver sentito parlare di noi, se e quanto portano avanti la conversazione con altri: raccomandano o no il prodotto, confessano di averlo comprato e trovato buono, o cattivo, si dichiarano scettici rispetto alla nostra comunicazione. Ci interessa anche sapere quali altri strumenti usano per farsi un'idea, quante persone sono nel buy cycle, qual è il "sentiment" nei nostri confronti o nei confronti di specifiche azioni che abbiamo fatto, o prodotti che abbiamo lanciato.
   Naturalmente queste misurazioni più approfondite, e utili, si possono ottenere solo attraverso processi abbastanza complessi (senza scomodare il tema dei big data, allo stato attuale fuori portata per molte aziende italiane), e che coinvolgono il tema e le pratiche di CRM e di database.
3. **La misurazione deve essere *actionable*.**
   I numeri e le indicazioni che raccogliamo devono davvero servire da input per correggere il tiro. Se tutto quello che facciamo con i numeri è metterli su un grafico, possibilmente in salita, è stata una spesa inutile raccoglierli. Se la nostra reazione di fronte a un valore misurato è chiamare l'agenzia e dire "voglio che l'anno prossimo il numero sia più alto", l'attività è autoreferenziale.
   Tutto ciò che è misurazione deve dare delle indicazioni per migliorare i nostri risultati di business, passando magari per step indiretti, come il miglioramento della notorietà, l'incremento qualitativo della nostra percezione, la raccolta di dati per il nostro database e così via.
4. **La misurazione deve essere *segmentabile*.**
   Molto spesso le aziende si concentrano fortemente sul numero complessivo di fan della propria pagina Facebook. Sapere quanti

sono i fan è un po' come sapere quante persone sul mercato conoscono la nostra marca, che siano in target o meno, indifferentemente da età, sesso, reddito. Dato che il mio pubblico normalmente è composto da segmenti distinti, devo poter capire quali sono i risultati raggiunti su ciascun segmento: sui giovani rispetto agli adulti, sugli uomini rispetto alle donne, sui liberi professionisti rispetto ai lavoratori dipendenti e così via, altrimenti non riuscirò a trarre indicazioni su come mettere in opera azioni effettivamente mirate. All'estremo, dovrei poter misurare i risultati su ciascuna persona, e per ognuna mettere in opera una strategia *ad hoc*: approccio, allo stato attuale, poco praticabile per complessità e costi.

5. **Misurare serve a essere valutati e trasparenti in azienda.** Il risultato delle nostre misurazioni serve per le persone che devono decidere, serve a dimostrare che ciò che abbiamo fatto, ciò che facciamo, serve a qualcosa. Serve per imparare: per capire cosa ha funzionato e cosa no, e di conseguenza sapere cosa non fare più e dove investire i soldi la prossima volta. Perché non possiamo dimenticarci che tutto quello che facciamo, per l'azienda, sia esso tradizionale o digitale, deve avere un impatto positivo sul suo business. E questo impatto deve essere il più possibile evidente, misurato, compreso. Un'azienda sana non solo valuta cosa funziona o cosa no, ma quale attività o combinazione di attività funziona meglio per unità di budget. In una parola, il ROI, il ritorno sull'investimento. In questa logica opera un buon management.
   Sapendo che non sempre le persone coinvolte nelle decisioni sul budget da allocare sul digitale sono necessariamente molto esperte in materia, le misurazioni servono a generare informazioni che permettano loro di prendere decisioni sensate su cosa fare, e di valutare l'operato di chi si è occupato della comunicazione digitale in azienda.
6. **Le misurazioni migliori sono quelle che ci costruiamo noi.** Occorre capire che c'è una certa differenza con l'advertising tradizionale, in cui da anni ci si è messi d'accordo su quali siano le variabili che ci interessa misurare e quali i numeri che vogliamo ottenere, mettendo in pista sofisticati strumenti per raccogliere questi numeri. In questa sede non affrontiamo il tema se questi numeri, tipicamente reach, frequency, opportunity to see, GRP siano poi davvero significativi per il business.
   Online, i numeri che possiamo ottenere "in automatico" dai siti non sempre sono quelli che ci servono per capire l'impatto della nostra comunicazione sul business. Il problema è che questi nume-

ri non ci dicono poi molto, a meno che noi non si venda online e quindi si possa tracciare, click dopo click, il percorso che hanno fatto gli utenti per comprare e cosa sia stato più efficiente.
Se vendiamo offline, o il nostro obiettivo circostanziale non è di vendere, questi numeri ci danno solo un'indicazione parziale di come e quanto le persone hanno interagito con la nostra comunicazione; non quanto questa abbia portato risultati in termini diretti di business (vendite) o indiretti (mutamenti della percezione, aumento del passaparola al di fuori dei nostri siti e social, riduzione delle critiche e così via). Per questo il punto fondamentale è costruire dei progetti che incorporino dei sensori, dei modi per misurare quello che ci interessa. Parallelamente, allargare la misurazione a strumenti, quali l'ascolto e il monitoraggio, che ci diano indicazioni funzionali a capire come stiamo andando rispetto a uno specifico obiettivo. Facendo un esempio banale: possiamo tracciare l'impatto sulle vendite di un'attività in cui noi chiediamo alle persone di inserire un codice specifico, pubblicato solo su un social media, all'interno del nostro sito di e-commerce per ottenere un (piccolo) sconto o partecipare a un concorso. Ma questo è un processo che dobbiamo costruire *ad hoc*.

Il **processo** della misurazione, in sostanza, è:

a. decidere quali sono gli obiettivi che vogliamo raggiungere con la comunicazione;
b. darci un valore quantitativo, entro un tempo dato, per gli obiettivi che vogliamo raggiungere;
c. capire come possiamo monitorare il raggiungimento degli obiettivi;
d. costruire progetti funzionali al monitoraggio;
e. raccogliere i dati;
f. valutare i dati e capire, imparare;
g. tornare da capo e ricominciare.

Il tutto ovviamente accompagnato dalla debita reportistica e comunicazione interna.

In pratica

- Teniamo presente che sul web si può misurare tutto.
- La misurazione deve aiutarci a migliorare il nostro business attraverso la comprensione dei fenomeni e la valutazione di quanto siamo vicini ai nostri obiettivi.
- Deve essere actionable, cioè utile a fornirci indicazioni pratiche su come procedere.

- Deve essere segmentabile, cioè utile a comprendere, e agire con, i diversi segmenti di pubblico con cui ci relazioniamo.
- La misurazione serve a essere valutati e trasparenti in azienda, altrimenti non si riesce ad allineare le iniziative agli obiettivi di business.
- Decidiamo noi quali sono le cose da misurare, non affidiamoci acriticamente a prodotti già pronti presenti sul mercato.

Organizzazione e governance

In maniera diffusa di questo tema abbiamo parlato un po' durante tutto il processo di sviluppo del piano. Occorre comunque che in una fase iniziale del piano, o in una fase più avanzata, sia formalizzato lo schema organizzativo e di governance del progetto: chi fa che cosa, con chi, entro quali limiti, chi prende quali decisioni, quali sono le responsabilità e quali i limiti di autonomia. Un esempio banale: il community manager che gestisce la nostra pagina Facebook fino a dove può spingersi a rispondere alla community senza coinvolgere il reparto marketing dell'azienda, distogliendolo quindi dal proprio task principale di gestire i prodotti e la marca? E quando deve invece chiedere aiuto per l'elaborazione di una risposta a una domanda particolarmente critica, o tecnica, con l'obiettivo di evitare di generare un qualche tipo di crisi?
Le domande alle quali dobbiamo rispondere sono quindi: quali sono le risorse di cui abbiamo bisogno, interne ed esterne? Chi sono e dove le troviamo? Per quanto tempo ne necessitiamo? Con che percentuale di occupazione del loro tempo? Per quale costo totale? Quali sono i flussi e i processi, per evitare che quando c'è da approvare qualcosa si inizi a inseguire un responsabile impegnato in altri progetti e che non ha messo a budget tempo e risorse per valutare e prendere una decisione?

> *“Bisogna evitare il management by surprise.”*

In sostanza bisogna evitare il management by surprise, ovvero lavorare con il proprio team in un regime di sorpresa costante dovuto a una carenza di pianificazione.
Una volta definito, perché funzioni, questo piano deve essere applicato senza esitazioni e senza “stop & go”, cambi di idee, eccezioni frequenti, continue incursioni del management che invade il campo dei sottoposti cui erano state delegate responsabilità, senza fughe da queste ultime e manovre per evitare di decidere da parte di chi è stato nominato responsabile. Il tutto necessariamente formalizzato, condiviso, ben noto, in modo che si evitino incomprensioni e si dia la possibilità di fare melina basandosi sulla poca chiarezza della divisione dei compiti. Ricordiamoci che in

qualsiasi progetto complesso è assolutamente possibile ci sia qualcuno che remerà contro o che vorrà vederlo fallire.
Va d'altra parte tenuto conto che occorre anche evitare un'eccessiva rigidità dei processi, un approccio burocratico in cui, se non è possibile rispettare alla lettera le regole, tutto si ferma. Questo dipende anche molto dal DNA dell'azienda, dalla capacità di guardare all'obiettivo in modo funzionale ed efficiente rispetto a un approccio ministeriale e procedurale, dove conta più il processo che il risultato, dalla concentrazione delle persone sui risultati o sul raggiungimento/mantenimento di aree di potere personale.

In pratica

- Chi fa che cosa, con chi, entro quali limiti.
- Chi prende quali decisioni.
- Quali sono le responsabilità e i limiti di autonomia.
- Quali sono le risorse di cui abbiamo bisogno, interne ed esterne, chi sono, dove le troviamo.

Feedback e ripartenza del ciclo

Questo non è un capitolo del documento di strategia digitale, ma un'attività nondimeno fondamentale. A intervalli prestabiliti, definiti secondo la natura del progetto, e comunque in corrispondenza della conclusione di ognuna delle sue fasi principali, è opportuno fare il punto sullo stato di avanzamento dei lavori, verificare gli scostamenti rispetto ai timing, e soprattutto fare un riassunto di cosa è successo in termini di reazione del mercato rispetto alle nostre attività e di raggiungimento degli obiettivi prefissati. Lo scopo è capire e imparare, accumulare input ed esperienze, al servizio dell'obiettivo ultimo che è quello del successo della nostra attività. Dovremo utilizzare l'analisi di quanto fatto, ottenuto, capitato, come base importante per l'adeguamento della nostra strategia in corso d'opera e per lo sviluppo delle strategie per le attività successive.

In pratica

- Fissare dei momenti di verifica di quello che si sta facendo.
- Fare un'analisi di quanto è avvenuto e adeguamento della strategia in corso d'opera.
- Fare learning per lo sviluppo di strategie e attività successive.

Allegati alla strategia

Come già anticipato, sarà utile allegare una serie di approfondimenti (ma solo se veramente necessario) che forniscano ai partecipanti al progetto, non così dentro l'azienda ed esperti nel suo marketing, elementi di background e indicazioni di base utili per sviluppare strategie in linea con la politica, la filosofia, la marca. Anche se la natura degli approfondimenti dovrà variare caso per caso, in linea di massima è utile pensare di allegare questo tipo di documenti:

- **Approfondimento 1: la visione dell'azienda sul business e sulle implicazioni del digitale nel proprio business.** Una descrizione, se esiste, di come l'azienda intenda muoversi, quali siano le proprie strategie.
- **Approfondimento 2: la situazione di mercato**, problemi e opportunità da cogliere, le attività dei concorrenti, ciò che si è imparato dai comparable, focalizzando sugli aspetti in cui la comunicazione digitale può intervenire.
- **Approfondimento 3: le attività passate** di comunicazione digitale dell'azienda, cosa abbiamo imparato, i key learning accumulati nell'esperienza pregressa nell'uso degli strumenti digitali.
- **Approfondimento 4: ricerche**, attività pubblicitarie dell'azienda, percezione della marca, estratto delle ricerche recenti più significative sia nostre che di terzi (per esempio Audiweb).
- **Approfondimento 5: la marca.** Cos'è, come siamo, il DNA, i mandatory, il nostro positioning.

Quello del posizionamento è un concetto molto importante in tutto il marketing e la comunicazione, sia digitale sia tradizionale, tanto da meritarsi qui qualche riga di riflessione. In realtà, il posizionamento può significare cose diverse: per esempio, come è posizionato il prodotto all'interno del mercato, in che fascia di prezzo, in che area di consumo e così via; a noi però interessa il posizionamento in comunicazione, specificamente relativo alla marca. In grande sintesi vuol dire quali sono i valori che la marca ha deciso di prendere, come e dove si vuole mettere nello spazio delle altre. Per esigenze di spazio, e anche perché esiste abbondantissima letteratura sul tema, anche online, non tratteremo qui il tema di cosa sia il posizionamento, o positioning, né di come si sviluppi, dandolo per acquisito, visto anche che è uno dei concetti di base della comunicazione. Diciamo però che se il positioning è la definizione di dove la marca si vuole andare a mettere nella percezione delle persone rispetto ai prodotti concorrenti, e se viene definita per l'insieme dei suoi valori, delle sue caratteristiche, allora queste informazioni dovranno essere riassunte e allegate alla nostra strategia.

Figura 10.18 – La strategia non deve essere un freno alla creatività, anzi ne deve essere la base, come in questo caso: un museo dedicato alla Prima Guerra Mondiale ha creato il profilo e la storia di un soldato al fronte "facendo finta" che nel 1915 esistessero i social media (http://bit.ly/1rMYVxN).

Raccomandiamo di farlo in allegato, dato che molte delle persone che dovranno lavorare con il piano già conoscono, o dovrebbero conoscere, bene queste informazioni, e quindi è utile toglierle dal corpo principale del documento per non appesantirlo eccessivamente. Poiché però è possibile che vi siano partner che non conoscono bene la marca, come nel caso in cui si coinvolga una nuova agenzia, queste sono informazioni da passare assolutamente, perché determinano in modo fondamentale come comunica la marca, cosa può fare e cosa no all'interno della propria personalità, danno spunti e impongono vincoli.

CAPITOLO 11

METTERE IN OPERA LA STRATEGIA

Mettere in opera la strategia vuol dire scriverla, formalizzarla, farla approvare e ottenere l'appoggio, il supporto, l'impegno da parte del management; "venderla" a tutta l'azienda, perché se questa non collabora, il solo "team digitale", di norma, non riesce a portare a termine il lavoro e raggiungere gli obiettivi. Vuol dire definire il timing e le milestone: cosa fare quando, cosa raggiungere quando, avere un Piano B e varianti di piani tattici pronti. Se siamo lenti a raggiungere gli obiettivi, se succede... se capita... che facciamo?

Superare l'ansia da prestazione

Alla fine della lista vista nel capitolo precedente, di questo template di documento strategico, nasce inevitabile un pensiero: ci sono tantissime cose da fare e alle quali pensare e all'azienda, oberata di attività e impegni, può scattare la negazione, il rifiuto, il senso dell'impossibilità.
D'altra parte, creare una buona strategia digitale implica molto lavoro, molte cose da fare e soprattutto molte cose da capire. È proprio qui la difficoltà, il pregio e il valore di fare una strategia. Non è tanto, o solo, inventarsi brillanti approcci al mercato, idee e trovate. Ci obbliga a investigare, a scoprire e a capire cosa sta dentro e fuori l'azienda. È naturale che individualmente, o tutte insieme, queste esigenze siano onerose. È comprensibile che a questo punto una persona d'azienda possa passare a un atteggiamento di negazione: non ce la posso fare, sono troppe cose, sono troppo impegnato, ho bisogno di qualcosa di più semplice. È però un po' come dire che, pur essendo oberati di debiti, non ci si può permettere di pagarli: si può riuscire a cavarsela per un po', poi nel lungo o nel medio termine ci viene presentato il conto.

Nel nostro caso il conto rischia di presentarcelo il mercato, specialmente se abbiamo come concorrenti aziende smart, con le tasche profonde o con molta visione e determinazione, che queste cose già le fanno, mettendoci in un'evidente situazione di inferiorità.
Detto ciò, occorre anche saper però interpretare le cose con intelligenza. Per certe aziende tentare di diventare, di colpo, una internet company potrebbe essere un veleno più che una medicina. Ci sono imprese che hanno molto bisogno di cambiare marcia su digitale, e altre che ne hanno meno: per capirci, io non provo nessun desiderio che il mio salumiere apra un sito, o mi parli su Facebook, mentre desidero molto che i ristoranti in cui voglio andare siano ben presenti online, abbiano ottime recensioni su TripAdvisor, mi mettano i menu online, magari coi prezzi; siano espliciti sull'offerta per vegetariani o celiaci. Con un paio di ristoratori, dei quali sono diventato amico, mi fa piacere chiacchierare con loro sui social, ma sono un'eccezione.
Ogni azienda deve capire fino a dove occorre spingersi, fino a dove si può arrivare, in che tempi e con che passo. A volte correre è più pericoloso che stare fermi, sapendo comunque che stare fermi rischia di essere mortale.

Execution is strategy: alcune regole utili

Pensare, investire in strategia, ovviamente è la chiave del successo di un'operazione. Ma non possiamo mai sottovalutare il fatto che le più brillanti strategie devono comunque essere messe poi in opera praticamente, nel migliore dei modi possibili.
Per questo è utile, durante e dopo lo sviluppo della strategia, riguardare tutto con occhio critico. E porsi delle domande, attinenti proprio alla messa in pratica.
Per esempio, quelle che seguono: noi ce le facciamo spesso.

Dieci gruppi di domande chiave da farsi (durante e dopo lo sviluppo della strategia)

1. Siamo sicuri di aver definito **obiettivi** specifici, chiari, comprensibili "actionable", misurabili – per ogni piano, per ogni attività?
2. Abbiamo fatto l'inventario delle **risorse** disponibili (tempo, soldi, competenze, risorse umane)? Gli obiettivi del progetto sono compatibili con le nostre risorse?
3. I **tempi** che ci siamo dati sono realistici? (Meglio sempre darsi ampi margini di sicurezza, è nella natura dei progetti fare tutto il possibile per arrivare fuori tempo massimo.) Cosa deve succedere quando?

Qual è la pianificazione temporale delle attività (le date di consegna, pubblicazione online)?

4. **Target**: siamo sicuri di conoscerlo davvero, di averlo davvero capito? Abbiamo dati, prove concrete o andiamo "di pancia"? Siamo consapevoli che il target non siamo noi, che il nostro target probabilmente è diverso, ha una cultura, gusti, bisogni, desideri, abitudini, pregi e difetti diversi dai nostri?
5. Siamo sicuri che stiamo "parlando con" e non "parlando a"? Conversiamo o predichiamo? (Anche se, a volte, parlare dall'alto in basso può essere la strada che funziona, ma solo in determinate condizioni.) Siamo sicuri che stiamo dicendo loro quello che vogliono sentire o quello che hanno bisogno di sentire, ma che comunque è importante per loro, è **rilevante**, interessante? (Attenzione: non sempre quello che per noi è importante dire e quello che per loro è interessante ascoltare coincidono.)
6. Stiamo passando dei **concetti** chiari, sintetici, comprensibili, alla portata della cultura del nostro target, promesse e idee "single minded", spiegati linearmente, facili da decodificare e assimilare? (Visto anche il fatto che le persone ci dedicheranno poco tempo e poca attenzione, più siamo semplici più è possibile che saremo efficaci.)
7. I nostri **piani** sono chiari anche a chi non li ha sviluppati? Sono leggibili da chi non ha il nostro stesso background ma dovrà poi metterli in pratica? E chiaro cosa deve succedere, dove e quando?
8. Abbiamo focalizzato il tipo di **linguaggio** che dovremo usare? Abbiamo previsto che le persone che se ne dovranno occupare abbiano una chiara sensibilità sulle differenze tra i linguaggi che useremo on line e quelli che useremo su strumenti offline – sapendo che, anche se la marca parla con una sola voce, mezzi diversi richiedono modi diversi di esprimersi?
9. Abbiamo previsto meccanismi di **coordinamento**? (Non basta gettare il cuore oltre l'ostacolo, occorre organizzare il progetto in maniera coordinata e chiara.)
10. Abbiamo previsto meccanismi di learning attraverso la misurazione dei risultati? Cicli di feedback che dall'apprendimento ci portino (ci obblighino) a rivedere l'esistente e i nostri piani? (L'uomo propone, la realtà dei fatti dispone.)

Il team

Naturalmente tutte queste attività non possono essere svolte da una singola persona che abbia tutte le conoscenze e le competenze, almeno quan-

do parliamo di realtà aziendali complesse e strutturate, o di agenzie con grandi clienti. Nel caso di start up minimali, o di singoli consulenti, la realtà deve essere forzatamente diversa, ma anche ciò che si può fare e dove si può arrivare senza crescere strutturalmente è diverso. È quindi opportuno, nella logica che abbiamo scelto di adottare, spendere qualche parola sul team, sulle persone che possono pensare e rendere concreta una strategia digitale, per la propria azienda o per i propri clienti.
A livello operativo, ovviamente, la situazione è molto complessa, a seconda di obiettivi, modelli di business e così via, e nel team potranno, o meno, trovare posto community manager, account, project manager, esperti di e-commerce, programmatori, esperti di grafica e copywriter, pianificatori media, addetti al SEO, scienziati della usability e così via. Ma noi ci concentreremo solo sulla figura che ha un impatto maggiore sulla strategia: il digital planner, così come la vediamo noi e come riteniamo dovrebbe essere (your mileage may vary).

Figura 11.1 – In alcune aziende i team social sono ridotti a uno stagista o poco più. In aziende più evolute, invece, sono stati creati dei veri e propri *Centri di Controllo Missione*, nei quali un team dedicato monitora e interagisce 24/7 con il mondo social che ruota attorno a essa. Ma occorre ricordarsi che non tutte le aziende hanno poi così tanto da raccontare, in Rete. Ecco due esempi: Gatorade (http://bit.ly/1TeV4np) e National Rugby League in Australia (http://bit.ly/1NuIbVT).

Il ruolo del digital planner

Il digital planner è una funzione relativamente recente nelle agenzie digitali, ma anche in qualche azienda. È un profilo in parte mutuato dalla figura dello strategic planner, da anni presente in alcuni tipi di agenzie di comunicazione: ovvero colui al quale vengono affidate le responsabilità di definizione delle strategie di campagne e attività di comunicazione. Essendo un ruolo abbastanza giovane sul mercato, si sta ancora lavorando per definire bene quali siano responsabilità e competenze, tenendo conto anche del fatto che in altri mercati, più evoluti, vengono richieste competenze più sofisticate, ed esiste un maggior numero di candidati potenziali in grado di rispondere a questi requisiti.

Di sicuro, uno dei requisiti molto graditi è quello di una certa seniority, di un'esperienza che però allo stato attuale è complessa da richiedere proprio perché esiste da poco. Si tratta, dunque, spesso di persone che vengono da altri mestieri, ma che hanno comunque una consolidata esperienza nell'ambito delle strategie e del marketing, che dovrebbero conoscere bene il marketing tradizionale, sia perché quello digitale espande le logiche del primo e sia perché è sempre più importante la capacità di integrare le comunicazioni online con quelle offline.

In estrema sintesi possiamo dunque dire che il digital planner è la persona che si occupa di elaborare le strategie dei progetti, insieme all'head of digital. Ma questa descrizione è un po' vaga. Uno degli autori di questo libro ha, con l'obiettivo di innescare una discussione tra i digital planner e lanciare un processo condiviso di definizione del proprio ruolo, sviluppato una proposta di descrizione, il *Digital planner manifesto* (http://bit.ly/1TPlLLk).

Un'altra definizione, sviluppata dalla sezione italiana della International Web Association (http://www.iwa.it/) definisce la missione del digital planner così:

> "Il digital strategic planner comprende i veri bisogni e le vere necessità relative alla presenza e alle attività sulla Rete Internet e sul Web di un'organizzazione. È di supporto alle scelte strategiche indicate dal top management e fornisce input operativi alle altre figure professionali coinvolte nel processo".

Lo skill profile è consultabile all'indirizzo http://bit.ly/1TUmVbk.

Il Digital planner manifesto (sintesi)

Chi è e che cosa fa il digital strategic planner.

Intro: ha senso differenziare tra planner analogici e digitali? Probabilmente no. In un mondo ideale ci dovrebbero essere planner, per così dire, olistici. Spesso però i due ruoli sono divisi da esigenze imprescindibili.

Ecco quindi che cosa fa un digital strategic planner.

- *Conosce il mercato*
  Si occupa di studiare fenomeni, trend, dati, e di fare condivisione di questa conoscenza con il team e i clienti. Conosce le nuove tecnologie, applicazioni, siti, sa cosa sta succedendo, cosa è emergente. Osserva l'evoluzione di siti e servizi, anticipa gli scenari del prossimo futuro. Sa cosa si può fare e cosa no e aiuta il team a gestire le aspettative del cliente, a spiegare quello che rischia di diventare un boomerang in termini di immagine e relazione.
- *Conosce le persone*
  Conosce le persone e il loro rapporto con la Rete, perché è una di loro. Ma si rende conto che se lui è uno specialista del digitale, la maggior parte delle persone in Internet è diversa da lui. Identifica i cluster di individui con cui si deve parlare, li analizza, li capisce, comprende le loro motivazioni. In qualche modo è uno psicologo della Rete.
- *Si occupa di strategie*
  Dato l'obiettivo che il cliente, o il planner stesso, ha posto, deve capire attraverso quali strumenti, meccanismi, messaggi arrivarci, condividendoli con il team e con il cliente, dando in pasto ai creativi la strategia. Questi dovranno poi o usare il documento come piattaforma su cui costruire la creatività delle operazioni, oppure smontarla; partendo da questa, tutti insieme, si dovrà in questo caso arrivare a qualcosa di ancora più intelligente ed efficace.
- *Pensa alla marca?*
  In linea di principio sì. Ma in realtà in Rete conta di più quello che fai, che la costruzione di PowerPoint da 80 slide sulla piattaforma strategica di marca. Sicuramente deve capire cosa può e deve fare la marca online, e fuori, per raggiungere i propri obiettivi, che il DSP aiuta a settare, se necessario. Collabora con il planner analogico, se c'è. Soprattutto è focalizzato a capire come la marca possa agire. Una marca che ha il set di valori perfettamente a posto, ma che non si muove in Rete, è una marca morta.

- *Identifica gli strumenti*
  Il DSP identifica, dall'inizio, quali mezzi e strumenti sono i più adeguati, dati gli obiettivi del progetto e la sua soluzione strategica.
- *Passa il brief al team*
  Idealmente conduce, con l'account o il contatto cliente, il primo brief al team, ripulendo quello ricevuto dal cliente (se c'è, se no collabora a scriverlo), spiegando con il linguaggio la cultura dell'agenzia, ciò che il cliente vuole, traducendo se necessario il linguaggio del cliente. Insieme all'account, il DSP dovrebbe fungere da ponte tra i due mondi per migliorare la comunicazione.
- *Genera idee*
  In collaborazione con i creativi, e sulla base delle strategie formulate, genera idee, spunti, proposte da condividere con il team, contribuisce a fornire starter creativi.
- *Ibrida le idee*
  In un percorso inverso, partendo da idee di altre persone del team, ne genera di nuove, ne combina di diverse.
- *Allarga le idee, aiuta a definire l'experience*
  Partendo da una idea su un singolo strumento, collabora a estendere il concetto a una attività più integrata su altri strumenti. Da un'idea per un sito arriva a integrare la parte social, le operazioni di engagement e così via. Pensa a 360°, in 3D.
- *Tiene in riga il team?*
  In alcuni modelli, forse sì. Non dal punto di vista operativo (a questo ci pensa il project manager) ma da quello strategico. È il responsabile di ciò che le altre persone pensano e sviluppano in relazione alla totale coerenza con la strategia che è stata decisa, condivisa, approvata.
- *Fa la mappa del sito? Si occupa di information architecture?*
  A livello di primo impianto sicuramente ci lavora. Lavora alla stesura del primo concept, le grandi aree. A seguire dipende se nel team ci sono dei content specialist o content manager, con cui però deve collaborare per definire come i contenuti contribuiscano alla marca e al raggiungimento degli obiettivi.
- *È uno specialista di social media?*
  Deve conoscere bene questo mondo, visto che è estremamente di moda e i clienti lo chiedono a gran voce. Domani arriverà qualcos'altro e il DSP dovrà diventare esperto anche di quello. Deve essere un esperto, per quanto possibile, di tutto quanto è digitale.

- *Misura*
  È la persona in grado di valutare e misurare il grado di efficacia delle attività, maneggiando numeri, dati, risultati, output, e di sintetizzarli in forma comprensibile per il team e il cliente.
- *Non pianifica i media*
  Quello è un digital media planner.

Per approfondimenti e discussioni sul ruolo del digital planner, segnaliamo il gruppo su LinkedIn: http://bit.ly/1rMZCHx.

La necessità del supporto del management

Tutta l'esperienza fatta nella storia del digitale mostra che un progetto di digital marketing comporta implicazioni spesso inattese per l'azienda. Comporta un cambio di visione del mercato, dei target, dell'ecosistema dell'impresa. Implica una ridefinizione di ruoli e compiti dei dipendenti e del management, finisce con l'impattare sulla cultura aziendale, sulla sua organizzazione, sul lavoro quotidiano, sulle autonomie e la ridefinizione delle aree di potere. Tutti elementi con un forte potenziale polemico: da qui è possibile innescare attriti, conflitti, posizioni di opposizione.

Di conseguenza non è infrequente l'instaurarsi di una resistenza all'interno dell'azienda, motivata dalla perdita di potere, dalla paura di ritrovarsi incompetenti o obsoleti, paura che genera subito diffidenza e conservatorismo. Non solo: non di rado possono sorgere conflitti tra le mille priorità percepite, o assegnate, causate dalla necessità di delega, e quindi perdita di controllo, a persone più competenti e spesso più giovani, molto più in basso della scala gerarchica, che svolgono compiti che non si sanno valutare. Tutti fattori, questi, che possono portare alla mancanza di collaborazione al progetto, al non prenderlo sul serio. In ultimo, al fallimento del progetto o alla sua marginalizzazione a dimensioni che lo rendono inefficace.

“*Non di rado possono sorgere conflitti tra le mille priorità percepite.*”

Solo una chiara presa di posizione da parte del management può rendere chiara all'organizzazione l'importanza del progetto e la sua ineludibilità, cercando di motivare il team, ma senza temere di prendere posizioni forti rispetto a chi, volontariamente o no, sta boicottando il successo dell'iniziativa. Se il management non si schiera, le persone che credono nel progetto e hanno le competenze si demotiveranno e tenderanno a cercare imprese più moderne e competitive, facendo perdere all'azienda asset preziosi negli scenari di mercato attuali. È quindi necessario un forte commitment da parte del management, chiarendo come il digitale entri nel modello di business e nelle priorità.

La selezione dei fornitori

Non sempre l'azienda ha la possibilità di dotarsi al proprio interno di un team digital. In questo caso una delle difficoltà più grosse è orientarsi nella scelta di un fornitore per i servizi digitali. Gli elementi più spiazzanti sono diversi: la valutazione economica, che può andare da x a infinito senza che se ne comprenda a fondo il valore reale; le dimensioni dell'agenzia, che possono variare dal freelance alla multinazionale; l'esperienza maturata e così via.

È chiaro che non tutti i progetti sono uguali, e di conseguenza non tutte le agenzie possono essere dei partner ideali. Una volta chiarite le caratteristiche del vostro progetto, procedete con la valutazione di alcuni parametri oggettivi per farvi aiutare nella scelta.

1. Le dimensioni.
   È proprio necessaria una grande agenzia o un'agenzia piccola è sufficiente? Attenzione, però: non sempre agenzie grandi sono tangibilmente più costose di agenzie piccole.
   Quanto è specialistico il progetto che intendete realizzare? Se l'agenzia che state valutando è grande, verificate che al suo interno ci siano figure o reparti dedicati alle attività che vi interessano, altrimenti preferite una struttura più piccola e specializzata, ma che possa seguirvi meglio dal punto di vista delle competenze. Inoltre, ricordate di commisurare le dimensioni dell'agenzia che state per scegliere con quelle del vostro budget: a fronte di un budget non ampio, potreste essere per una grande agenzia l'ultimo dei clienti, ma per una piccola un cliente da coccolare e tenersi molto buono.
   D'altra parte, se il vostro progetto è complesso, e richiede vari tipi di attività, un'agenzia grande potrebbe avere il vantaggio di offrire tutti i servizi, evitando i problemi di gestione e coordinamento che l'azienda, od organizzazione, incontra se deve utilizzare, sullo stesso progetto, più agenzie specializzate verticalmente.
2. L'esperienza.
   Il portfolio dell'agenzia comprende progetti simili al vostro? Le esperienze che elenca sono adeguate alle vostre esigenze, per qualità e dimensioni? I progetti eseguiti sono stati documentati e pubblicati, dunque visibili? Se l'agenzia che vi si propone non ha già realizzato progetti in linea con quello di cui avete bisogno, chiedete come intende affrontare il vostro problema, e poi confrontate la loro soluzione con case history esistenti e chiedete di parlare con le persone che hanno elaborato la proposta. Forse nel loro portfolio personale ci sono esperienze simili, e/o ulteriormente rassicuranti.

3. Lo staff.
Quali figure professionali vi propone l'agenzia? Chi saranno i vostri referenti? La loro esperienza è visibile/verificabile in Rete (LinkedIn e Facebook possono essere molto utili per capire con chi avrete a che fare)? Chiedete di avere non più di uno/due referenti: di solito un account si occupa delle relazioni con il cliente, ma voi chiedete di conoscere almeno il project manager e lo strategic planner, che saranno le persone che fisicamente si occuperanno di voi. Chi elaborerà i contenuti? Chi la grafica (ce ne sarà bisogno in ogni caso)? La persona che si occuperà del social è un vero community manager?
4. L'assistenza post vendita.
Una volta pubblicato il progetto è prevista un'assistenza? Di che tipo? Se avete bisogno di una modifica urgente, o se per qualsiasi motivo è necessario l'intervento di un tecnico, l'agenzia è sicura di potervi assistere?
5. I servizi e gli SLA.
SLA significa Service Level Agreement[30], cioè l'insieme dei parametri che indicano il livello di servizio erogato. Di fatto, una volta stipulato il contratto, assumono il significato di obblighi contrattuali. Dedicate un tempo adeguato alla definizione del livello di servizio di cui avete bisogno, tenendo conto dei parametri di base che possono interessarvi. Alla definizione dei parametri (indicatori, sistemi di reportistica, condivisione dei target di servizio) devono essere associate le definizioni degli SLA prestazionali (disponibilità dei servizi end-to-end, tempi di risposta e altri parametri di questo tipo).
6. La conoscenza.
L'agenzia di comunicazione è un consulente che vi seguirà per un periodo più o meno lungo, e che comunque è probabile che funzionerà tanto meglio quanto più stretta sarà la vostra relazione. Perciò fatevi invitare in agenzia e cercate di respirarne un po' l'aria, oltre a conoscere qualcuno del team che vi seguirà. A volte le sensazioni aiutano molto nella scelta. Spesso infatti si organizzano degli incontri conoscitivi con le possibili agenzie partner, definiti *chemistry meeting* volti proprio a valutare se c'è quella "chimica" spesso fa la differenza nel lavorare insieme.

30. I Service Level Agreement (in italiano: accordo sul livello del servizio), in sigla SLA, sono strumenti contrattuali attraverso i quali si definiscono le metriche di servizio (per esempio, la qualità del servizio) che devono essere rispettate da un fornitore di servizi (provider) nei confronti dei propri clienti/utenti. Di fatto, una volta stipulato il contratto, assumono il significato di obblighi contrattuali (Wikipedia, Service level agreement, https://it.wikipedia.org/wiki/Service_level_agreement).

Parte IV

Considerazioni conclusive e raccomandazioni

Qui sostanzialmente finisce l'ambito di questo libro, che non vuole parlare degli aspetti di messa in opera, della tattica, dell'operatività, visto anche che ci siamo già dilungati oltre quello che era il nostro piano iniziale. Ci sono solo alcune avvertenze che ci sentiamo ancora di dare e alcuni, importanti, spunti di riflessione da proporre.

CAPITOLO 12

CONCLUSIONI

Keep it simple dovrebbe essere la parola d'ordine

Nelle strategie e nelle esecuzioni si dovrebbe sempre privilegiare la ricerca della semplicità. In genere le grandi idee di comunicazione, una volta viste, sono semplici. Proprio per questo hanno spesso richiesto molto lavoro per essere realizzate. Una massima zen dice che la perfezione si raggiunge quando non c'è più nulla da togliere. E questo è un lavoro che può richiedere molto tempo e fatica, ma in cambio può dare soluzioni molto potenti sul mercato. La cartina di tornasole dovrebbe essere questa: se un addetto ai lavori fa fatica a capire come funziona una strategia, un'esecuzione, figurarsi quanto la sentirà complicata una persona al di fuori dei giochi, diciamo il nostro target.
Quindi attenzione alle strategie arzigogolate, e ricorrete a esecuzioni complesse solo se veramente necessario (Figura 12.1).

Per mettere in pratica una strategia, il primo passo è scriverla, formalizzarla

Scrivere un documento non è una perdita di tempo. Scriverlo bene, con intelligenza, è dare valore aggiunto al progetto, non solo perché si condivide meglio, ma perché scrivere una strategia fa emergere tutti punti che ci sono ancora oscuri, quelli cui non abbiamo pensato bene, quali sono le decisioni che dobbiamo ancora prendere.

Figura 12.1 – Spesso le idee più potenti sono quelle più semplici. L'hard discount Lidl ha aperto a Stoccolma un ristorante di elevatissima qualità e basso prezzo, senza dire a nessuno che gli ingredienti provenivano dai suoi negozi low cost. L'effetto sorpresa, derivante dalla rivelazione, ha aiutato molti svedesi a cambiare idea su Lidl. Fonte: Lidl.se http://bit.ly/1TeHygj.

Attenzione alle assumption: meglio avere dei numeri a supporto

Altro aspetto delicato è quello delle assumption che facciamo alla base del nostro piano. In un mondo ideale, tutte le affermazioni che facciamo nel piano, tutte le decisioni che prendiamo, sono corroborate da numeri, fatti incontrovertibili, che rendano indiscutibile ciò che è stato sviluppato. Il mondo ideale non esiste, chiaramente, però quanto più riusciamo a basare piani e strategie sui fatti, tanto più sarà facile farli approvare e condividere dal management.

Quanto più piani e strategie sono basati su opinioni personali, o personali visioni, o affermazioni non basate su prove concrete, tanto più si lascia spazio alla loro messa in discussione e si rischia che il processo si blocchi. Anche perché, se si tratta solo di opinioni personali e di visioni soggettive, non è detto che siamo noi ad avere ragione e chi la pensa diversamente ad avere torto.

Come in tutte le attività aziendali, la ricerca di oggettività consente non solo di sviluppare strategie più solide, ma anche di farle approvare e condividere dalla struttura in modo più rapido e semplice.

Flessibilità: la strategia non è scolpita nel granito

No battle plan ever survives contact with the enemy.
Feldmaresciallo Helmuth Karl Bernhard Graf von Moltke

Anche assumendo di essere stati capaci di leggere correttamente la situazione e di avere, quindi, sviluppato una strategia efficace, dobbiamo tener conto che non operiamo in uno scenario statico: le persone cambiano, la tecnologia evolve, i concorrenti lanciano prodotti e campagne nuovi, le condizioni al contesto mutano, la stessa abitudine a consumare i nostri prodotti e relazionarsi con la nostra marca finisce per rendere differente il nostro target.
Adottare una cultura di flessibilità è un must per le imprese: occorre tenersi pronti a cambiare in corsa, perché la strategia è la nostra proposta verso il mercato, ma nello scontro con la realtà può essere necessario cambiare rotta. Non significa che si sia lavorato male, significa che ci si è resi conto che, perseverando ostinatamente in una direzione che non dimostra di funzionare, si rischia di più che a rimettere in discussione le decisioni e adattarsi ai mutamenti. Per questo è opportuno tenere sotto controllo la strategia e misurare, almeno qualitativamente, come stiamo andando, prevedendo anche nel piano momenti formali di controllo e decisione sulla strada da prendere, tenendo sempre un approccio sperimentale e non ideologico.

Fail fast, fail cheap

Il "fail fast, fail cheap, fail good" è un approccio interessante, per certe aziende un mantra, una strategia. In estrema sintesi, vuol dire che inevitabilmente in azienda si faranno errori: si sviluppano prodotti che non funzionano, si sperimentano soluzioni che si rivelano inadeguate. Dato che questa è una realtà della vita, è necessario che diventi un'opportunità per l'azienda, non un disastro.
Anche in un progetto di strategia digitale è meglio scoprire il prima possibile che si è presa una strada sbagliata, che una cosa che sembrava perfetta sulla carta, in pratica non funziona. Ostinarsi a cercare di salvare il progetto a tutti i costi, per poi abbandonarlo comunque molto tempo dopo, può essere devastante per l'azienda: costi, tempi, bisogna ricominciare da capo, si perdono forse dei treni.

L'approccio fail fast implica cercare di rendersi subito conto dei problemi e di minimizzare il tempo sprecato, e i costi relativi. Fail good indica però anche la necessità di non buttare via tutto lo sforzo fatto, ma di accumulare dei learning che permettano di partire con un nuovo progetto che funzioni.

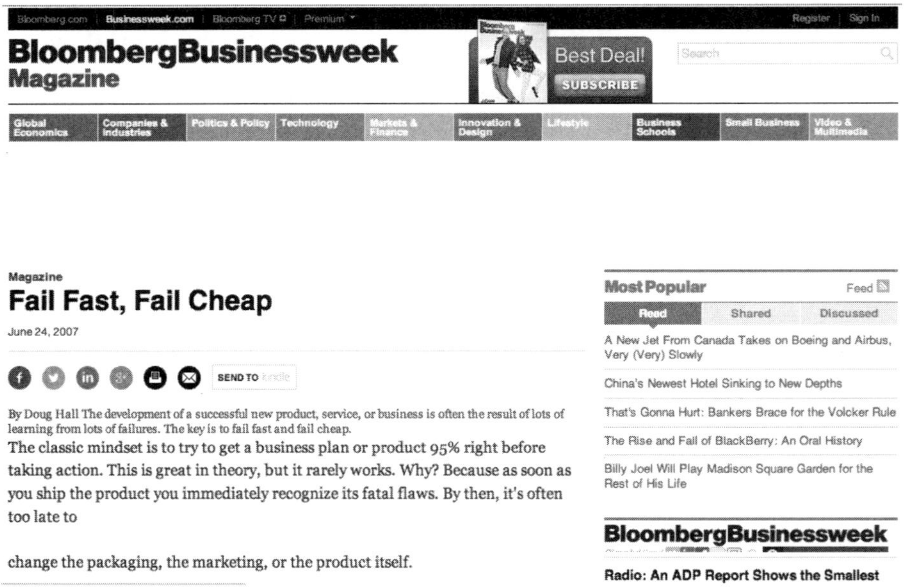

Bloomberg.com | Businessweek.com | Bloomberg TV | Premium | Register | Sign In

BloombergBusinessweek Magazine

Best Deal! SUBSCRIBE

Global Economics | Companies & Industries | Politics & Policy | Technology | Markets & Finance | Innovation & Design | Lifestyle | Business Schools | Small Business | Video & Multimedia

Magazine

Fail Fast, Fail Cheap

June 24, 2007

SEND TO kindle

By Doug Hall The development of a successful new product, service, or business is often the result of lots of learning from lots of failures. The key is to fail fast and fail cheap.

The classic mindset is to try to get a business plan or product 95% right before taking action. This is great in theory, but it rarely works. Why? Because as soon as you ship the product you immediately recognize its fatal flaws. By then, it's often too late to

change the packaging, the marketing, or the product itself.

Most Popular — Feed

Read | Shared | Discussed

A New Jet From Canada Takes on Boeing and Airbus, Very (Very) Slowly

China's Newest Hotel Sinking to New Depths

That's Gonna Hurt: Bankers Brace for the Volcker Rule

The Rise and Fall of BlackBerry: An Oral History

Billy Joel Will Play Madison Square Garden for the Rest of His Life

BloombergBusinessweek

Radio: An ADP Report Shows the Smallest

Figura 12.2 – Fail fast, fail cheap: http://bloom.bg/1rMZUxS.

Apprendere è una parola chiave

Dalla misurazione e dalle esperienze, sia positive che negative, emergono informazioni, input per la strategia del periodo successivo. Il mondo del digitale è in continua evoluzione, nella sua turbolenta gioventù: non dimentichiamoci che si tratta di un fenomeno che si deve ancora assestare, e a maggior ragione in questo campo le strategie non possono essere scolpite nella pietra e durare per anni.

Non solo: il processo strategico è iterativo perché, pur essendo un lavoro di team, difficilmente si riesce a sviluppare un risultato da "buona la prima". Di solito si procede per affinamenti successivi, sulla base di quanto imparato dall'esperienza nella messa in campo della prima versione.

Brief e briefing sono importanti

Il processo di passaggio delle richieste e informazioni alle persone che dovranno sviluppare un sito, o un qualsiasi altro progetto, si chiama briefing. Questo processo si basa su un documento chiave chiamato brief. L'elaborazione di questo documento è uno step molto importante nello sviluppo di un'operazione di comunicazione, sia che il lavoro venga delegato a una agenzia, sia che venga sviluppato internamente dall'azienda. Quando si passa l'informazione a chi dovrà occuparsene, il brief serve a far capire esattamente che cosa vogliamo e soprattutto di cosa abbiamo bisogno. Serve ad assicurarsi che chi dovrà creare e realizzare abbia capito, e non si perda tutti tempo lavorando su strade sbagliate per colpa di una cattiva comunicazione.
Più di ogni altra cosa, serve a certificare che l'azienda abbia le idee chiare su cosa intende fare su Internet, e abbia provveduto a sviluppare un adeguato pensiero strategico, procedendo a una sistematizzazione degli obiettivi e delle risorse necessarie. È, dunque, indispensabile che l'azienda abbia esaminato, definito e condiviso al suo interno tutti gli elementi di fondo del progetto prima della riunione di briefing. A questa si arriverà con le idee chiare, una strategia scritta, tutti i materiali di background che possono essere utili.
Il documento di brief deve essere completo ma, possibilmente, non contenere informazioni inutili. Deve essere chiaro e discusso in riunione con chi dovrà lavorare sul progetto, in modo da eliminare fraintendimenti e perdite di tempo.
Se l'azienda ha sviluppato il suo piano strategico, come illustrato nei capitoli precedenti, il brief potrà essere una sintesi del documento di strategia. Se non l'ha fatto, si corre ovviamente il rischio che non siano stati messi a fuoco elementi fondamentali per lo sviluppo del progetto.
Da un cattivo brief discendono in genere progetti che non funzionano, o proposte che "non piacciono", costringendo chi sviluppa a rilavorarci, con conseguenti slittamenti dei tempi.

Se è difficile, meglio farsi aiutare

Non tutte le aziende sono in grado di sviluppare una strategia di marketing (digitale o meno) in modo approfondito ed efficiente, specialmente se l'azienda non è abituata a pensare in termini di marketing, se non dispone di informazioni sufficienti sui target e mercati, o se non possiede gli skill per lo sviluppo di documenti di strategia.

In questi casi è raccomandabile un aiuto esterno, farsi aiutare da esperti, una struttura di consulenza in grado di aiutare l'azienda a impostare il progetto in modo efficace, senza incorrere in dispersioni di denaro e perdite di tempo derivanti da un'impostazione inadeguata del progetto digitale.

Nel caso che il progetto sia sviluppato "in proprio"

Sviluppare un documento di brief è fondamentale anche se il progetto viene realizzato internamente. È sempre opportuno darsi un brief: formalizzare dove si vuole andare, quali difficoltà superare, e quali opportunità cogliere con Internet.
Scrivere un brief costringe a pensare (o a ripensare) alla propria situazione, alla propria strategia sul web, alle proprie necessità. Obbliga a formalizzare e a rendere molto più oggettive quelle che possono essere impressioni e idee estremamente soggettive e istintive. Permette, quindi, di impostare il processo di sviluppo in una maniera molto più solida e produttiva.

La ciclicità della strategia

Quando intraprendiamo un progetto digitale la sua messa online non rappresenta la fine, ma l'inizio della sua fase cruciale. A differenza di ciò che era, ed è, fare pubblicità, non si tratta di lanciare un missile e poi attendere fiduciosi, pronti a spararne un altro a distanza di tempo. Qui ci si butta in pista e si continua a lavorare, praticamente senza soste per affinare, migliorare, arricchire, far evolvere, aggiungere, relazionarsi.
La messa in opera di una strategia deve essere misurata, altrimenti viaggeremo sempre alla cieca. A differenza dalla pubblicità, dove tutte le valutazioni erano sempre *post mortem*, perché difficilmente si poteva tornare indietro e modificare il messaggio pubblicitario, su Internet la chiave del successo, a volte, è proprio la modifica continua, sulla base di ciò che si è misurato, scoperto, imparato.

Il meglio è nemico del bene... e non potremo mai rispettare il template della strategia

Una volta sviluppato quello che è un template teorico, quello che in condizioni ideali sarebbe la struttura più efficace per sviluppare una solida strategia, occorre darci una solida dose di pragmatismo. Così come pro-

spettato, questo tipo di template è complesso e impegnativo, potente, funzionale agli obiettivi, ma fuori dalla portata di molte aziende.
In particolare, il lavoro e le conoscenze richieste sono cospicue, e richiedono competenze di cui l'azienda non sempre dispone. Spesso non ci sono le strategie di prodotto, l'approccio marketing da cui dovrebbe discendere naturalmente la strategia di comunicazione. Spesso, specialmente in una PMI, non ci sono risorse dedicate, tempo, know-how ed esperienza, o non è possibile un accesso collaborativo al team di marketing, se esiste. Nella pratica, quindi, specialmente in una PMI questo tipo di template si può spesso compilare solo parzialmente.
Il documento di strategia va però sempre fatto, e occorre cercare di farlo al meglio possibile. Non perché vi sia una validità intrinseca nel riempire un modulo, ma perché scriverlo è un viaggio nel pensiero di marketing dell'azienda, della marca, del prodotto. Perché obbliga a farsi delle domande molto forti cui occorre dare risposte importanti. Perché costringe a chiarirsi le idee e a prendere delle decisioni chiare.

Attenzione alle aspettative sui tempi

Un'azienda abituata al mondo dell'advertising, in cui a fronte di cospicui budget si ottengono risultati rapidi, rischia di provare delusione nel mondo digitale, dove i budget possono essere molto più contenuti, ma i risultati ottenibili di tipo molto diverso e in tempi estremamente più dilatati.
Se l'advertising, online oppure offline, è ottimo per creare rapidamente awareness e settare i valori della marca, anche grazie al fatto che irrompe nella vita delle persone, volenti e nolenti, il digitale – nelle sue varianti web, social, mobile e così via – deve invece essere ricercato dalle persone, lavora meglio sul fornire informazioni, risposte, servizio, per costruire una relazione, conversazioni.
Un vestito scollato può istantaneamente attirare l'attenzione di un uomo. Per farlo innamorare a volte occorrono mesi di frequentazione. Sul digitale è un po' lo stesso.
Vista da un altro punto di vista, l'innovazione del digitale sta anche nella permanenza e reperibilità dei contenuti. Il che impatta anche sul nostro marketing e la nostra comunicazione.

“Il content è praticamente permanente.”

Di particolare interesse è il fatto che se l'advertising è effimero, il content è praticamente permanente. Fatta una campagna pubblicitaria ed esauriti i suoi effetti (generalmente nel breve termine), questa scompare, dalla rete e spesso anche dalla mente delle persone. Un tool potente, la pubblicità, ma che ci costringe a ricominciare ogni volta, dove

l'effetto incrementale c'è – ma solo nella memoria delle persone se siamo stati bravi a crearla e a farla vedere.
Il content, invece, una volta pubblicato, continua a vivere in rete e a essere reperibile, sia attraverso il nostro sito sia soprattutto attraverso i motori di ricerca – che potranno portarci per lungo tempo persone interessate al tema, ottimizzando straordinariamente nel lungo periodo lo sforzo fatto per creare, pubblicare e posizionare il contenuto in modo corretto in ottica SEO.

Creatività contro strategia

La creatività non basata su una strategia rischia di essere arte priva di un committente. Se siamo fortunati può essere funzionale ai nostri obiettivi. Se non lo siamo, possiamo trovarci ad adottare soluzioni creative sul digitale che non portano risultati o che sono addirittura dannose, perché vanno in direzioni che non sono quelle necessarie per la nostra marca, o prodotto, o obiettivo. E quindi sprecare i nostri investimenti aziendali.
È ormai raro, comunque, sentire critiche rispetto alla strategia come killer della creatività. È peraltro vero che, ancora, si vedono con una certa frequenza iniziative di comunicazione, caso tipico i flashmob, che forse attirano l'attenzione, ma che non si capisce come contribuiscano al successo dell'azienda: in molti casi lo stesso flashmob potrebbe essere realizzato da aziende operanti in campi diversissimi su target molto diversi, e questo non è un buon segno.
La strategia, è vero, incanala il pensiero, evita (o almeno ci prova) che emergano idee non utili e, soprattutto, che vengano implementate. Una buona strategia dà molti spunti, informazioni (si pensi agli insight) che forniscono benzina al motore creativo, che lanciato nel vuoto di informazioni e di obiettivi rischia spesso di originare soluzioni banali, già viste.
Bisogna poi riflettere su dove sia da allocare, in organigramma, la creatività, chi debba essere creativo (probabilmente tutti). Bisogna riflettere anche su chi debba decidere quali strade approfondire e quali realizzare. Dev'essere "qualcuno" con il potere di scartare le vie non fruttuose o potenti, anche se supportate da persone che in azienda hanno entusiasmo e potere, che spingono con forza la propria idea, ma che si comportano da dilettanti allo sbaraglio. Persone, queste ultime. Che non vogliono limitarsi a un utile ruolo di dare spunti, su cui magari altri più competenti possono sviluppare soluzioni forti.

> “*Mai innamorarsi di un'idea.*”

Mai innamorarsi di un'idea e difenderla a tutti i costi, acriticamente. Si può combattere sino all'ultimo per farla passare, ma dobbiamo essere noi i primi a domandarci se davvero abbiamo ragione, se le critiche

che riceviamo sono sensate, se non esiste modo di prendere spunto da queste critiche per migliorare la nostra idea. Le idee che nascono per compromessi successivi ed equilibri politici, per un sincretismo di vari posizioni per salvare un po' tutto, sono generalmente le soluzioni peggiori e più inefficaci.

Si impara solo facendo

Anche se vi siamo profondamente grati per aver comprato, o quanto meno letto fin qui, il nostro libro, dobbiamo avvisarvi che la semplice lettura delle nostre pagine non basterà a rendervi degli esperti. Come in tutte le attività umane, l'esperienza diretta è insostituibile. La nostra raccomandazione, che predichiamo da anni, è che per diventare esperti, e quindi poter agire in modo autonomo sul digitale, occorrono tre cose: bisogna studiare, bisogna sporcarsi le mani, bisogna esserci.

È necessario documentarsi, approfondire, esporsi a nuovi stimoli, alcuni o molti dei quali troveremo giusti e altri sbagliati, visto che in Rete si trova di tutto. Serve ascoltare ciò che si dice in Internet, leggere cosa dicono gli opinionisti autorevoli, per poi farsi una propria opinione ed eventualmente dissentire, ma a ragion veduta.

Bisogna esserci: è estremamente improbabile che un manager che rifiuta di essere sui social possa prendere buone decisioni rispetto alle strategie Facebook aziendali. Più si è parte di quel mondo, più lo si capisce, più si può operare correttamente. Non a caso, in molte aziende di articoli sportivi vengono impiegati ex atleti. Un product manager che debba occuparsi di articoli da calcio, e a cui il football non piaccia e quindi evita di interessarsene nel suo tempo libero, difficilmente potrà fare un buon lavoro.

Bisogna sporcarsi le mani: difficilmente un consigliere matrimoniale scapolo potrà dare dei buoni consigli. Una pratica diretta porta insostituibili esperienze, comprensione delle difficoltà. Bisognerebbe affiancare allo studio un'esperienza personale: aprirsi un blog, anche solo a fini autodidattici/di sperimentazione personale, lavorare sul personal branding, essere attivi su Facebook, sperimentare in modo, non superficiale, i principali social, testare a fondo le nuove proposte della Rete.

Buon lavoro. E grazie.

POSTFAZIONE

di Paolo Iabichino

Il colpo di straccio [la metafora del bar]

Gli appuntamenti con Roberto erano sempre al bar sotto casa, alle otto del mattino, o giù di lì, prima che lui si avviasse verso la metropolitana, dopo esserci raccontati un po' di tutte quelle cose che si accumulavano durante lunghe settimane a rincorrere cose, persone, progetti, idee, pensieri, prima del prossimo caffè insieme a rovesciarle tutte sul tavolo del bar sotto casa le cose, le persone, i progetti, le idee, i pensieri.
Un caffè. Due. Una sigaretta e l'Internet che se ne stava in un angolo per il tempo che si passava insieme a parlare anche di Internet, ma soprattutto di tutto il resto. Mi avevi raccontato il progetto di questo libro insieme a Giuliana e mi era piaciuto tantissimo che tu potessi scrivere con lei che questo mestiere lo conosce in maniera così profonda e onesta. E in fondo questo mestiere, quello del digitale, ha bisogno solo di professionisti seri, onesti, motivati ed è per questo che forse rilanciasti sui tuoi canali sociali il post che pubblicai su *Wired*. Ai tempi avevo un blog fisso da quelle parti e ogni tanto affidavo a quelle pagine parte delle riflessioni che a volte ci stimolavano durante il nostro caffè al bar; e questo post parla di Internet e parla di un bar. E credo sia il modo migliore per omaggiare il tuo pensiero, il tuo scrivere, la tua intelligenza e anche i nostri caffè alle otto del mattino. Che un po' mi mancano, e allora ho cambiato bar. Ma la metafora regge ancora.

> *I miei genitori avevano un grande bar sulla circonvallazione di Milano. All'angolo di una grande piazza, con tante vetrine, una posizione di grande passaggio, per capire meglio, sarebbe come trovarsi ai primi posti di un motore di ricerca, senza fare grandi sforzi, ché si sale solo grazie al traffico.*

Ecco, io ho cominciato a stare dietro il banco di quel bar che ero molto piccolo. Poco più che un bambino e non era lavorare, mi divertivo io e si divertivano i clienti che chiedevano una Spuma e salivo sulle punte per raggiungere il bancone.
Mio padre non mi ha insegnato granché, ma mi diceva che dovevo ***passare e ripassare il banco in continuazione con un colpo di straccio****. Anche quando non serviva. Non solo per pulire. O per togliere qualche briciola. Non per asciugare qualche goccia.*
Un colpo di straccio era un segno di attenzione. Era salutare il cliente che decideva cosa ordinare. Era non farsi trovare con le braccia incrociate. Era dare la sensazione di muoversi e intanto accogliere l'altro che trovava il banco pulito.
Non andava di moda la trasparenza, Internet, il customer care e il marketing del sorriso. Non avevamo paura di TripAdvisor e non si dovevano guadagnare recensioni online. Dovevamo solo servire il passante, o il cliente abituale. E il nostro colpo di straccio sul banco era quasi un rito. Un tic. Una piccola ossessione. Che ritrovo ancora in certi vecchi bar vicino alle stazioni ferroviarie.
Ecco, forse il colpo di straccio è quello che manca oggi alle nostre pubbliche relazioni che nell'euforia dell'Internet 2.0 perdono di vista il banco pulito. Il servizio. La qualità del prodotto. L'accoglienza.
Internet è come la circonvallazione. Se hai la fortuna di una bella posizione, devi saperla mantenere. Possiamo chiamarla brand reputation. Per me è solo il colpo di straccio.
Un piccolo gesto. Un tic. Un'ossessione. Che deve contagiare tutti quelli che stanno dietro il bancone. Che magari sono giovani e stanno sulle punte per servire quello che stanno imparando a fare.
A loro bisogna insegnare il colpo di straccio sul banco. Per tenere in ordine. Per accogliere. Per salutare l'altro e predisporsi ad ascoltare quello che chiede. Non è zen. Non è PNL. Non è new age. Ma un gesto di attenzione assoluta. Che è quello che ti fa tornare in quel posto, ogni volta che ti ritroverai a passarci davanti.

Paolo Iabichino
Chief Creative Officer – Group Ogilvy & Mather Italy